PROGRAMMATION

JAVASCRIPT

CHEZ LE MÊME ÉDITEUR

J.-F. Macary, C. Nicolas. – **Programmation JAVA**.
N°8916, 1996, 240 pages.

I. Cohen – **CGI/Perl et Javascript**. *Création de pages HTML interactives.*
N°8918, 1996, 312 pages + disquette PC/Mac.

P. Chaleat, D. Charnay. – **HTML et la programmation de serveurs Web**.
N°8873, 1996, 280 pages + disquette PC/Mac.

J.-F. Susbielle. – **Téléphonie sur l'Internet**.
N°8926, 1996, 312 pages.

A. Lefebvre. – **Intranet : client-serveur universel**.
Collection Informatiques Magazine. N°8927, 1996, 224 pages.

O. Andrieu. – **Méthodes et outils de recherche sur l'Internet**.
N°8939, 1996, 220 pages environ, à paraître.

C. Huitema. – **Le routage dans l'Internet**.
N°8902, 1995, 432 pages.

C. Huitema. – **Et Dieu créa l'Internet**...
N°7508, 1996, 216 pages, édition de poche.

O. Andrieu, D. Laffont. – **Internet et l'entreprise**. p
N°8906, 1995, 416 pages.

O. Iteanu. – **Internet et le droit**.
N°8877, 1996, 232 pages.

O. Hance. – **Business et droit d'Internet**.
Best of Editions/McGraw Hill. N°8921, 1996, 438 pages.

Collection Fi System dirigée par Thierry THÉVENET

PROGRAMMATION JAVASCRIPT

Cyrille LECOMTE

Thomas LEDUC

avec la participation de Cédric NICOLAS

EYROLLES

ÉDITIONS EYROLLES
61, Bld Saint-Germain
75240 Paris Cedex 05

Préface

L'histoire retiendra peut-être que le fantastique développement de l'Internet est en quelque sorte comparable aux grandes explorations des siècles précédents. Découverte du monde, virtuel certes, mais qui a déjà repris le vocabulaire des expéditions précédentes : naviguer, explorer. Mais tout le monde n'est pas Christophe Colomb et il ne nous viendrait pas à l'idée de nous aventurer en pleine mer sans instruments de navigation adaptés.

Jusqu'au début de l'année 1996, la plupart des navigateurs (ces logiciels qui nous permettent de surfer sur l'Internet) ne connaissaient de la navigation que les quelques balises permettant de sortir du port, et, sitôt passé le chenal, nous laissaient tout démunis face à l'immensité du large. On était loin des rêves de surfs effrénés sur les quarantièmes rugissants.

L'irruption soudaine de Javascript dans le monde des navigateurs Internet est en quelque sorte comparable à l'invention de la boussole et du sextant. Elle va enfin nous donner les moyens de partir à la découverte du monde sans assistance extérieure (celle que nous apporte aujourd'hui les serveurs du World Wide Web). Javascript est l'instrument de l'autonomie du navigateur, les grandes étendues sauvages sont enfin à sa portée.

Lorsque j'ai commencé l'informatique dans les années 80, le langage Basic a été l'instrument de l'autonomie du micro-ordinateur par rapport au site central. Bill Gates a fondé Microsoft et a connu le succès que l'on sait grâce à ce langage. Souhaitons à Javascript la même réussite dans le monde de l'informatique communicante. Grâce à sa simplicité et à l'étendue de ses possibilités, je suis persuadé qu'il sera bientôt utilisé dans les écoles et l'université pour apprendre les fondements de la programmation comme Basic le fut il y a quelques années.

Je remercie les auteurs de ce livre de nous communiquer leur passion et de participer à ce mouvement d'éducation, de manière à la fois ludique et sérieuse.

ERIC JUIN
Responsable Nouvelles Technologies
C2S — Groupe BOUYGUES

Remerciements

Que tous ceux qui ont pu nous aider ou nous conseiller pour le bon déroulement du projet et la réalisation de cet ouvrage trouvent ici l'expression de nos sentiments les plus sincères.

Nous remercions plus particulièrement :

Frédéric ALIN, Philippe BACONNET, Denis LAFONT, Francis LAFOSSE-MARIN, Frantz LASVIGNES, Jean-Francois MACARY, Benjamin MAURY, Alexandra MEUNIER, Frédéric PARRET, Emmanuel SELLIER, Florence RIVIERE, Renaud SAVALLE, Olivier TEITGEN, Jean-Marc MBIELEU TAFFOU et Thierry THEVENET…

Table des matières

Avant-propos

Les sites Web français sur le Net ont actuellement tendance à se multiplier, quoi que puissent en penser les traditionnels défaitistes ! Il s'agit à présent de s'adapter le plus vite possible aux nouvelles technologies.

Par contre, les ouvrages de vulgarisation en langue française sur Java et Javascript sont peu nombreux.

Nous avons décidé d'écrire ce livre pour communiquer notre passion au plus grand nombre de personnes. Ce livre, nous l'espérons, contribuera à la démystification de l'étiquette technologique attribuée à Internet.

A qui s'adresse ce livre ?

Javascript est un tout nouveau langage, encore plus récent que Java. Il s'adresse à un public très large : aujourd'hui connaître Javascript s'impose si...

- Votre désir est de vous lancer dans la création de pages Web, et vous ne savez pas par quoi commencer !
- Vous connaissez déjà bien l'HTML (HyperText Markup Language) et vous êtes de nature curieuse !
- Vous voulez réaliser des pages interactives : vous devez passer aujourd'hui par Javascript...
- Vous avez atteint les limites de l'HTML, et vous avez besoin d'un langage pour réaliser des traitements au cœur de vos pages : Javascript est un vrai langage qui va répondre à vos besoins.
- Vous connaissez Java ; vous savez certainement dans ce cas que malgré sa simplicité d'apprentissage il reste lourd à mettre en œuvre, notamment parce qu'il nécessite d'être compilé alors que Javascript est interprété. De plus sa rapidité d'exécution effective peut dépendre de la charge du réseau. Javascript, lui, parce qu'il déporte totalement les traitements sur le poste client, permet de soulager la charge du serveur et du réseau !
- Bref, vous souhaitez dynamiser votre site et lui donner le "souffle" qui lui fait défaut actuellement.

Que contient-il ?

Si vous ne connaissez rien d'Internet, vous trouverez dans le premier chapitre des informations d'ordre général qui permettront de définir si nécessaire quelques concepts de base.

La seconde partie traite de Javascript : *le langage*. Vous trouverez des informations sur la façon de manipuler ce langage avec des exemples et des commentaires. C'est une approche progressive afin de faciliter la maîtrise du langage.

Des chapitres d'exemples vous feront découvrir une partie de ce qu'il est possible de réaliser avec Javascript. Au cours de ces exemples nous vous donnerons nos remarques sur différents sujets (problèmes rencontrés, compatibilité, performance...).

Enfin les plus téméraires trouveront des chapitres d'approfondissement dans lesquels nous détaillons des points connexes à Javascript.

Ce livre se termine par des outils qui se révèlent vite pratiques dès que l'on commence à développer avec un langage. En l'occurrence une référence Javascript et des FAQ (Frequently Asked Questions) en français qui facilitent toujours la tâche au début.

Conventions typographiques

Dans la mesure du possible nous avons voulu vous simplifier la lecture de ce document en structurant la typographie :

Disponible sur le CD-Rom (Compact Disk Read Only Memory) joint. Saluons au passage l'entrée récente du terme "cédérom" dans nos dictionnaires !

Remarque ***Astuce ou remarque digne d'intérêt.***

Important ***Point important, à lire avec attention.***

Dans la plupart des cas les exemples de code source et de résultats d'affichage seront présentés sous la forme de copies d'écran.

```
Ce style d'affichage sera utilisé pour les sources dont il n'y a pas
de copie d'écran.
```

```
Le même en "Gras" s'il s'agit du résultat de l'exécution.
```

Matériel et logiciels nécessaires

Il suffit de posséder un ordinateur muni d'un système d'exploitation 16 ou 32 bits et d'y installer votre navigateur préféré compatible Javascript pour commencer à programmer.

Pour tester Javascript (c'est l'adopter) il faut vous procurer une version 2.0 ou ultérieure de Netscape. En effet, depuis la version 2.0 de son célèbre navigateur, Netscape intègre directement et sans aucun *plug-in* le langage Javascript. Vous pouvez aussi, bien sûr, vous procurer la version 3.0 de Internet Explorer de Microsoft.

Pour obtenir ces produits vous pouvez :

- les acheter directement auprès des distributeurs,
- les télécharger sur Internet aux adresses :
  http://www.netscape.com,
  http : //www.microsoft.com,
- ou plus simplement, utilisez le Netscape Navigator 3.0 du CD-Rom joint.

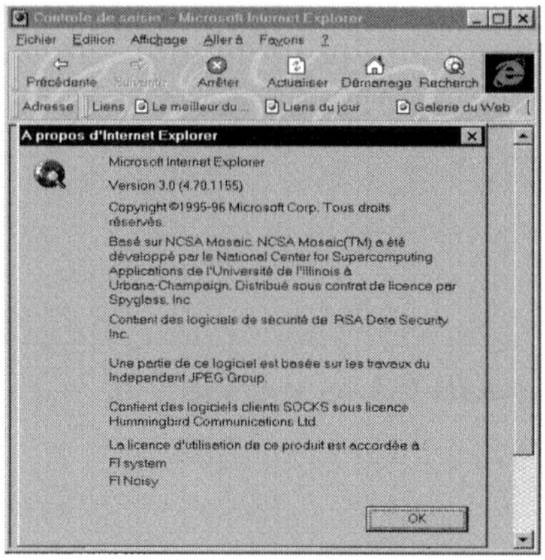

Figure 1 : Internet Explorer 3.0

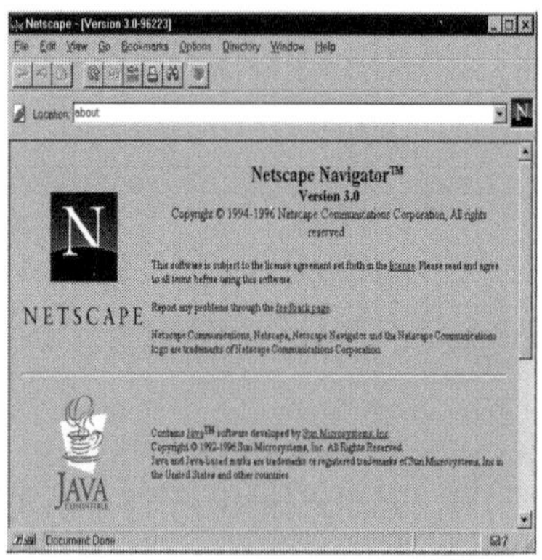

Figure 2 : Netscape Navigator 3.0

Vous trouverez sur le CD-Rom une copie de Netscape Navigator 3.0, pour vous éviter de télécharger des fichiers de plusieurs Mo. C'est la version la plus récente au moment de l'impression de ce manuel. Les hyperliens du CD-Rom vous permettront d'accéder aux sites spécialisés "to download the latest release" !

Il n'est même pas nécessaire de posséder une liaison Internet. Netscape et Internet Explorer sont automatiquement configurables en mode autonome et Javascript est tout à fait apte à fonctionner en mode déconnecté.

Une fois installé, il suffit de charger une page HTML en double-cliquant sur son icône :

Vous pouvez aussi charger la page par le menu, comme ci-dessous.

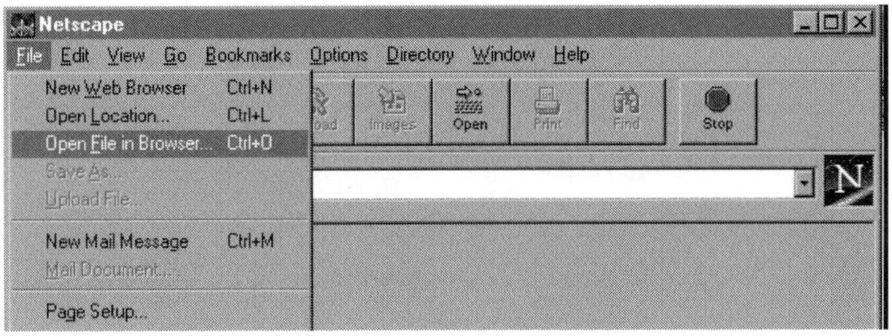

Figure 3 : Ouverture sous Netscape d'un fichier local

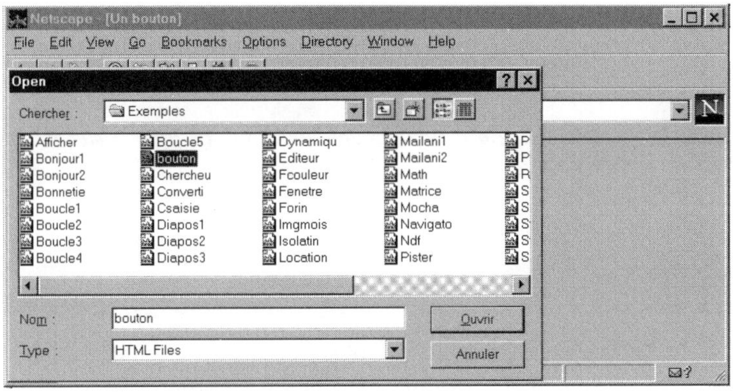

Figure 4 : Ouverture de la page HTML : BOUTON.HTM
contenant de l'HTML et du Javascript

Sous Internet Explorer la procédure d'ouverture est similaire, la page se présente ainsi :

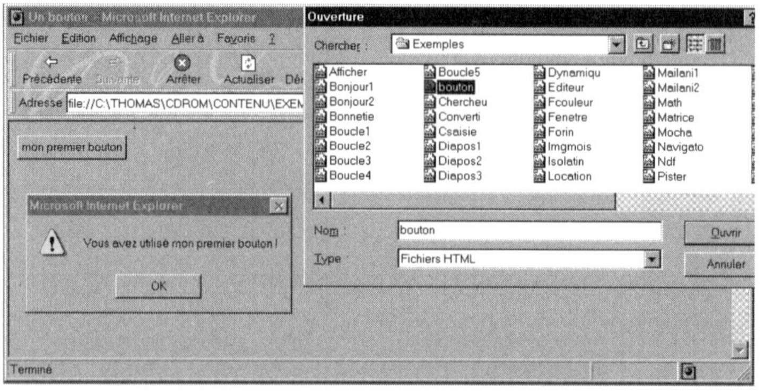

Figure 5 : La page BOUTON.HTM sous Internet Explorer 3.0

Cette page réalise :

1. L'affichage d'un bouton.
2. Au clic sur le bouton, l'ouverture d'une boîte d'alerte.

Si vous possédez déjà une connexion Internet, il suffit de démarrer votre navigateur, compatible Javascript, en mode non connecté, c'est-à-dire sans lancer la connexion au démarrage.

Par la suite, vos propres applications Javascript pourront être mises sur un serveur Web et rendues ainsi accessibles par Internet (votre "Home Internet" par exemple) pour la joie de tous les "internautes".

Sur le CD-Rom nous avons regroupé quelques listes de distribution. Vous y trouverez des accès à des sites Web de particuliers exposant leurs réalisations.

Les prérequis

Bien que Javascript ait été écrit dans un souci de vulgarisation, il est préférable d'avoir quelques notions sur Internet et les mécanismes de programmation avant de se lancer dans une programmation acharnée en Javascript.

Rappelons tout de même que les difficultés sont minimes. La simplicité de compréhension et de mise en œuvre de ce langage font de lui un excellent outil pour débutant qui servira par la suite de tremplin vers Java !

Enfin, des notions sur la conception de pages Web en HTML sont les bienvenues. Il est en effet plus facile de commencer en ayant quelques connaissances sur le principe des balises d'une page Web écrite en langage HTML.

Présentation de Javascript

Chapitre 1

Javascript est un langage récent, il mérite à ce titre d'être présenté dans son contexte. Ce langage participe à la révolution informatique en cours autour du Web. Vous ne pouvez donc pas passer à côté.

Javascript peut se définir comme le liant des autres outils d'aujourd'hui : HTML, Java, CGI.

L'accès à Internet, aujourd'hui, n'est plus concevable sans l'utilisation de ces programmes que l'on installe sur le poste client et que l'on nomme navigateurs (butineurs) ou "browsers".

Le navigateur, comme son nom l'indique, vous transforme en "internaute " le temps d'un voyage au travers des différents sites de Internet. Sur le marché, ces navigateurs sont très nombreux et offrent chacun leurs spécificités.

Aujourd'hui Netscape, l'un des précurseurs dans le domaine, innove et propose une intégration de service supplémentaire : Javascript, un langage interprété développé conjointement avec Sun.

Microsoft suit le mouvement en intégrant un interpréteur du langage Javascript dans la dernière version 3.0 de son navigateur Internet Explorer[1].

Ces deux navigateurs dominent aujourd'hui largement le marché. Ils tentent d'imposer un standard de fait. En terme de standard et de compatibilité, Javascript possède aujourd'hui une petite avance car VB Script s'oriente comme un sous-ensemble de Visual Basic adapté au navigateur.

Le navigateur acquiert de ce fait une nouvelle dimension. Il propose une troisième solution pour l'exécution de traitements sur Internet : *l'utilisation d'un langage de programmation intégré.*

L'évolution d'Internet : la nécessité d'un Javascript

Utiliser les ressources du navigateur

Netscape, qui est déjà populaire pour la qualité de ses navigateurs, fait battre un peu plus fort le cœur des programmeurs et des "NetSurfers" en proposant en standard l'introduction de Javascript dans son navigateur. Ce langage dédié à la "programmation Internet" est accessible à tous.

Javascript va répondre aux besoins générés par l'évolution d'Internet. Il va confirmer l'idée que les navigateurs sont un point de passage obligé pour Internet : le langage fait partie intégrante du navigateur et réalise une partie des traitements, allégeant ainsi la tâche du serveur et celle du réseau. Le langage possède en effet des instructions capables de générer de l'HTML.

---

1. Microsoft a acheté la licence Javascript à Netscape pour faire de son navigateur un outil à la fois complet et compatible avec le couple Java/Javascript et le couple VB Script/ActiveX.

Un outil de développement du Web

Ce langage se positionne comme l'un des outils de développement des sites Web "grand public", au même titre que les CGI, Java...

Jusqu'à une date récente, la majorité des traitements étaient réalisés par les serveurs. Les postes clients n'avaient alors quasiment pas d'autres fonctions que d'afficher les résultats des requêtes qu'ils avaient soumises. Nous étions dans un rapport serveur (très) actif et client (relativement) inactif. Dans ce schéma classique, le serveur exécute un programme ou un script CGI (Common Gateway Interface), puis émet un résultat qu'il transmet au client. Ce dernier interprète la réponse HTML et l'affiche.

En fait, ce couple CGI-HTML a atteint ses limites face à une demande croissante des clients. Sur le poste client, ce couple permet d'arriver à des résultats corrects, grâce notamment aux produits d'aide à la conception. Toutefois leur mise en œuvre reste lourde et compliquée et il faut être bien conscient du problème : les serveurs sont surchargés... La solution actuelle est de déporter le maximum de traitements sur les postes clients !

Grâce à Java, il est désormais possible de télécharger des traitements à exécuter par le poste client : les *applets*. Cependant, si la puissance est associée à Java par son "orientation réseau", ce langage nécessite une bonne connaissance de la programmation objet, un compilateur, un débogueur... C'est un outil de spécialiste !

Aujourd'hui avec Javascript (ou encore avec VB Script au fonctionnement similaire), l'exécution des traitements est déléguée au navigateur. Javascript a la particularité d'être "lu" séquentiellement par le navigateur du poste client selon un principe assez proche du mécanisme de traitement de l'HTML. Il y a bien évidemment enrichissement ! En effet, le langage de script permet une réelle interactivité avec l'utilisateur, accompagnée de traitements adaptés, bien après le chargement complet de la page, ce qui n'est absolument pas le cas de l'HTML. Javascript possède aussi des instructions qui permettent de générer dynamiquement du code HTML.

Et pourtant ce langage n'est pas encore "orienté réseau". C'est un complément d'HTML, nous pouvons dire qu'il est "orienté HTML" en ce sens qu'il s'insère, génère, contrôle et dynamise les documents en hypertexte. Il présente donc une solution intermédiaire satisfaisante aux besoins des utilisateurs et des concepteurs de sites Web.

Les dessins et comparatifs ci-dessous expliquent brièvement la différence de "philosophie" entre le schéma HTML-CGI et celui de Javascript ou de Java.

Nous nous situons dans un cas général de connexion sur Internet. Commençons par une communication basée sur le schéma HTML-CGI :

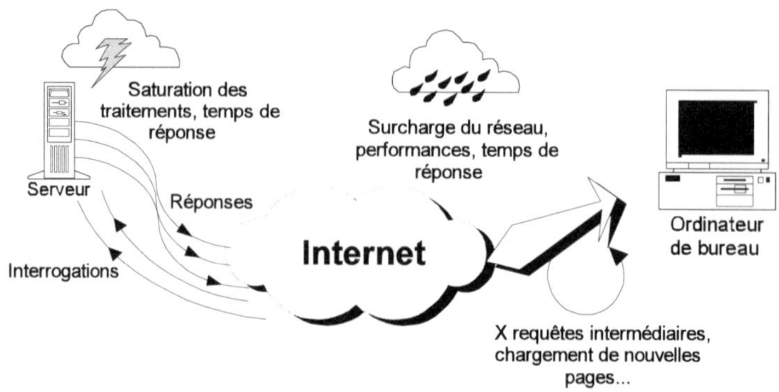

Figure 1-1 : Une page HTML en communication avec un processus (interface CGI)

Que se passe-t-il en terme de flux de communication…

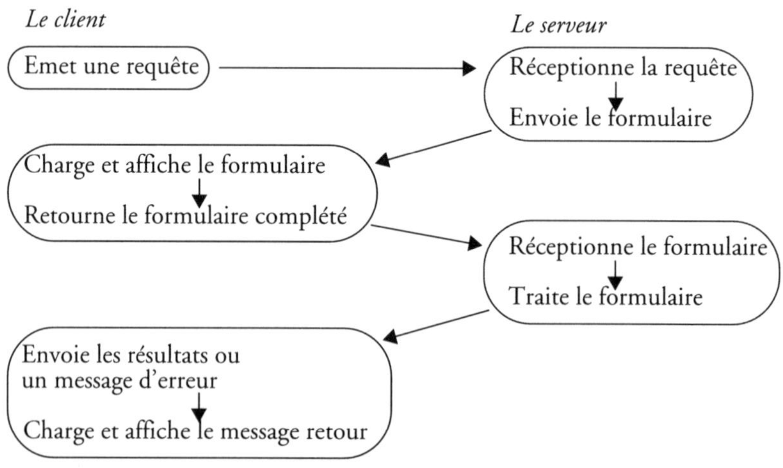

Figure 1-2 : Le client-serveur en CGI

Remarque ***Le formulaire est ici pris dans un sens très général : un formulaire de saisie, c'est-à-dire un ensemble de zones de saisies, de boutons, de contrôles...***

Avec des produits comme Javascript ou Java, on allège les serveurs et les réseaux en déportant le traitement sur le client. Celui-ci passait jusqu'à maintenant la plupart de son temps à attendre.

Javascript rend le poste client si ce n'est "intelligent", au moins autonome. Vous aurez remarqué sur les dessins ci-après, qu'il permet d'éviter les aller-retour client-serveur qui sont forcément consommateurs de bande passante sur les réseaux... De plus, en conférant une certaine autonomie de traitement au poste client, le serveur se trouve soulagé d'une bonne partie de ses tâches.

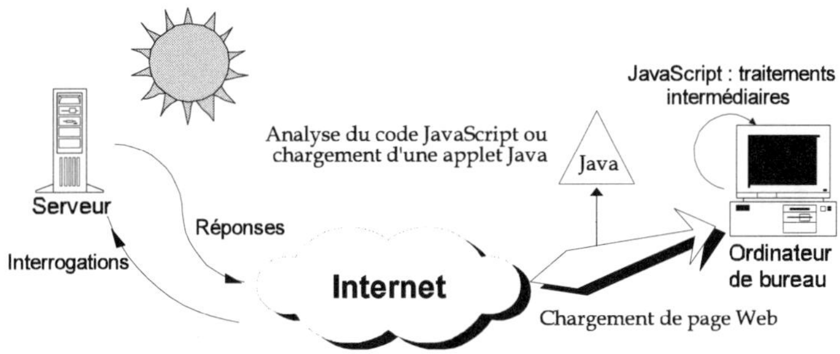

Figure 1-3 : Résultats avec une page HTML incluant Javascript en communication avec un processus du serveur

Reprenons notre schéma sur la communication...

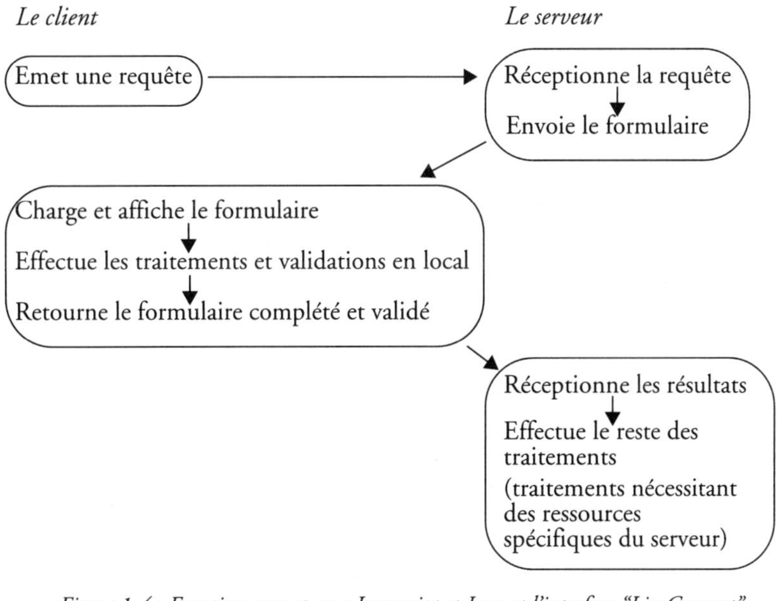

Figure 1-4 : Fonctionnement avec Javascript et Java et l'interface "LiveConnect" par exemple ou un quelconque processus avec une interface CGI

En résumé

Dans le cas des CGI : pour être très concret vous pouvez imaginer que chaque action de l'utilisateur sur un élément d'une page (clic sur un bouton, sélection dans une boîte de liste...) génère une requête sur le navigateur qui ne sait que la propager sur le réseau vers le serveur.

Dans le cas de Java : l'applet est téléchargée sur le poste client et est assez indépendante du navigateur.

Dans le cas de Javascript : c'est le navigateur et le programme qui traitent l'information en générant si nécessaire de l'HTML.

Les acteurs

Netscape est le premier navigateur à incorporer le langage Javascript. Cependant la concurrence existe : Microsoft avec son offre Internet Explorer 3.0 intègre aussi un nouveau langage VB Script[2], tout en conservant la compatibilité avec Javascript[3].

Javascript en deux mots...

Javascript, mais qu'est-ce donc ?

Javascript est un langage de commandes interprétées (Scripting Language). Ce langage de programmation est à mi-chemin de Java et de l'HTML.

- A première vue Javascript ressemble à Java... Il donne même l'impression d'en être un sous-ensemble. Mais en fait, tel n'est pas le cas. Ces deux langages ont deux optiques très différentes... Java est un vrai langage de programmation qui doit être semi-compilé sur le serveur. Javascript, lui, constitue un ensemble d'instructions qui sont à encapsuler directement dans la page HTML pour être interprétées par le navigateur.

2. L'objectif apparent de Microsoft, avec VB Script, est de proposer un langage permettant aux développeurs d'applications Visual Basic et d'OCX (nouvellement ActiveX) de porter leurs développements sur le Web.

3. Javascript, lui, a été intégré dans Internet Explorer parce qu'il a été adopté comme standard de fait (Netscape a détenu près de 80% du marché des navigateurs).

- Il ressemble dans sa syntaxe à du Java mais reste beaucoup plus simple que le langage objet Java. Il n'est pas nécessaire pour l'utiliser d'être formé à la POO (programmation orientée objet), bien qu'il nous offre la possibilité de manipuler des objets.
- Javascript est conçu pour le grand public, contrairement à Java qui est réservé aux spécialistes. Javascript offre un nouvel outil à tous les concepteurs de pages Web (qu'ils soient graphistes, responsables de la communication, dirigeants, particuliers, passionnés...) : la programmation.
- C'est une couche de programmation indépendante et supplémentaire à l'HTML.
- Il introduit la programmation structurée au sein du code HTML qui ne l'est pas. Javascript est un langage orienté HTML, c'est-à-dire que l'on utilise dans Javascript toutes les possibilités offertes par HTML (la gestion d'événements, des INPUT, ...)
- Javascript est structuré, il augmente donc la durée de vie des développements Web[4].
- L'insertion de Javascript dans l'HTML est homogène, par l'ajout d'une nouvelle balise ou "Tag" en l'occurrence : <SCRIPT> </SCRIPT>.
- Javascript n'a pas de raison d'être en dehors d'un navigateur... Contrairement à Java qui est un langage de développement à proprement parler. A ce titre donc, Javascript est bien une "extension" de l'HTML permettant de manipuler le navigateur du client.

Ce langage n'est pas réellement un langage orienté objet (LOO). Il lui manque au moins une notion capitale : l'héritage entre classes et entre objets. De plus, il n'est pas possible d'évoquer les autres notions propres aux LOO : pas d'héritage, pas de polymorphisme. Il permet cependant de faire de l'encapsulation "limitée" et permet l'instanciation multiple d'objets à partir d'un niveau de pseudo-classes.

4. D'ailleurs, il y a eu rapidement une prise de conscience du problème avec l'arrivée des éditeurs "wysiwyg".

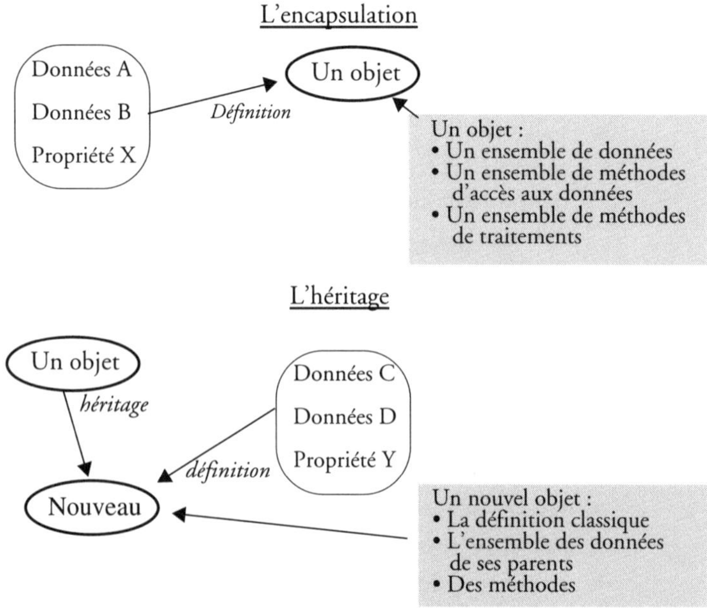

Figure 1-5 : Javascript intègre la notion d'objet, avec des méthodes et des propriétés, il lui manque la notion de sous-classe

Il est sûrement plus juste de penser que Javascript est un langage intégré à un navigateur. De ce fait il peut accéder à une majorité des objets inclus dans ce dernier. Il en découle une forte corrélation entre l'évolution du langage et celle du navigateur.

Le navigateur va générer par ses différentes versions des évolutions du langage. Il va proposer de nouveaux objets et de nouvelles fonctionnalités.

Avec la dernière version du navigateur de Netscape Navigator 3.0, on parle dès aujourd'hui de nouveaux objets de communication et d'un "Javascript 1.1". Pour plus de détails consultez le chapitre "Javascript 1.1"

Quelques exemples

Ce chapitre ne prétend nous apprendre ni Javascript, ni HTML. Il va servir à donner une vision générale du triplet (navigateur, HTML, Javascript).

Nous utilisons volontairement des concepts que nous détaillons par la suite.

Afficher du texte

Javascript permet d'afficher du texte ou du code HTML dans tout le contexte graphique du navigateur (toute la page) exactement au même titre que l'HTML.

Comment ça marche ? C'est tout simple, on utilise :

```
document.write ("Texte ou code HTML");
```

Cette méthode de l'objet *document* de la fenêtre en cours (celle-ci n'a pas besoin d'être précisée) permet d'écrire du code HTML dans la zone de texte du navigateur.

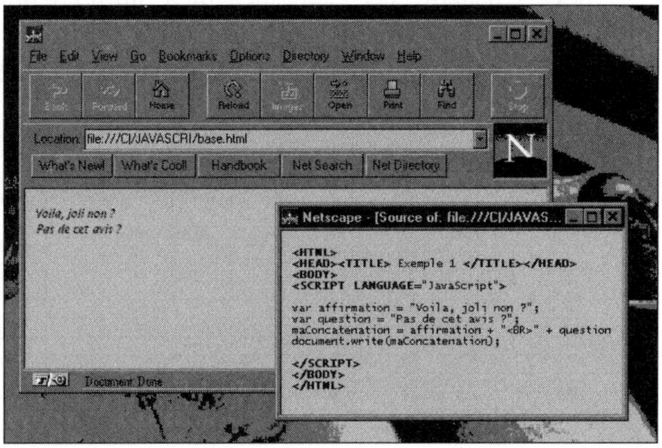

Figure 1-6 : L'exemple de base d'un langage : affichage d'un texte

Il n'y a pas de différence avec le code HTML qui aurait pu être le suivant pour produire le même résultat :

```
<HTML>
<HEAD>
<TITLE> Exemple 1 </TITLE>
</HEAD>
<BODY>
Voila, joli non ? <BR>
Pas de cet avis ? <BR>
</BODY>
</HTML>
```

Les boîtes de dialogue modales du navigateur

Ou "boîtes d'alerte" de Javascript !

Les navigateurs utilisent souvent des boîtes de dialogue modales. "Modale" signifie que l'application est en attente d'une réponse de l'utilisateur. Tout autre traitement au sein de l'application est momentanément suspendu.

Les boîtes modales en Javascript sont de trois types : saisie (prompt), message d'alerte (alert) et branchement sur test (confirm).

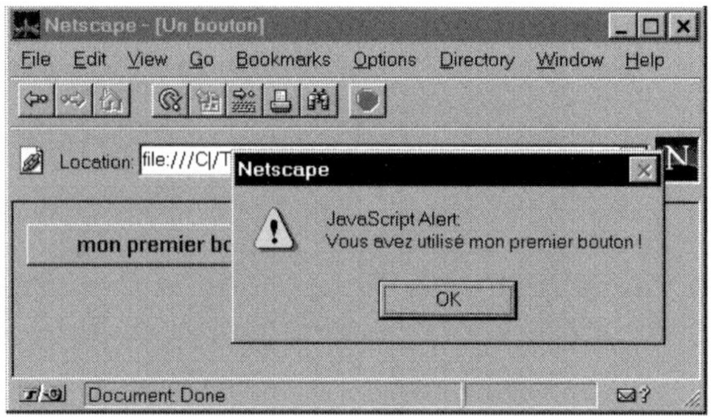

Figure 1-7 : Ouverture d'une boîte de dialogue sous Javascript avec Netscape

Des "frames"

Les *frames* sont des fenêtres secondaires gérées depuis la version 2 du navigateur Netscape. La gestion des *frames* que nous détaillerons ultérieurement permet de dynamiser l'affichage. En effet ces *frames*, qui partagent la fenêtre principale de notre navigateur, permettent de charger plusieurs pages HTML indépendantes sur un seul et même écran. Nous le verrons plus tard, ces *frames* peuvent elles-mêmes contenir d'autres *frames*. Il s'établit ainsi une hiérarchie de *frames* au sein du navigateur.

Cette fonctionnalité HTML est aussi disponible sur Internet Explorer depuis la version 3.

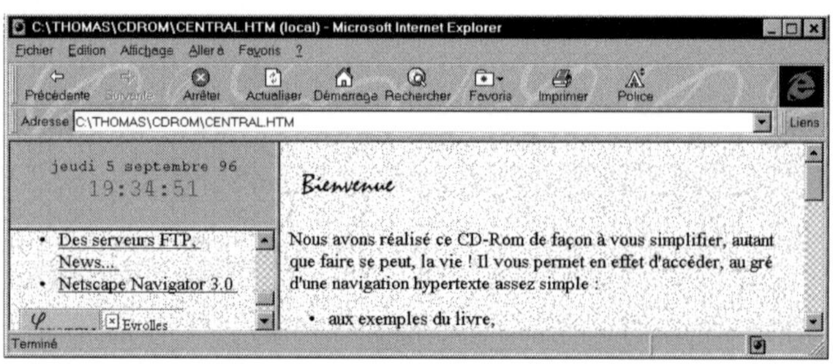

Figure 1-8 : Gestion des frames sous Internet Explorer 3.0

Une autre utilisation de la barre d'état ou "StatusBar"

Les navigateurs ont généralement une barre d'état. Il s'agit d'une bande d'information en bas de la fenêtre principale permettant le plus souvent l'affichage de l'adresse de destination quand la souris se positionne sur un lien HTML. Javascript permet aussi l'accès à cette barre. Il sera donc possible de réaliser de petits messages qui s'afficheront et défileront dans cette barre en dehors de son utilisation "classique" :

Remarque ***L'adresse est aussi appelée URL (Uniform Resource Locator) ou adresse universelle de ressource.***

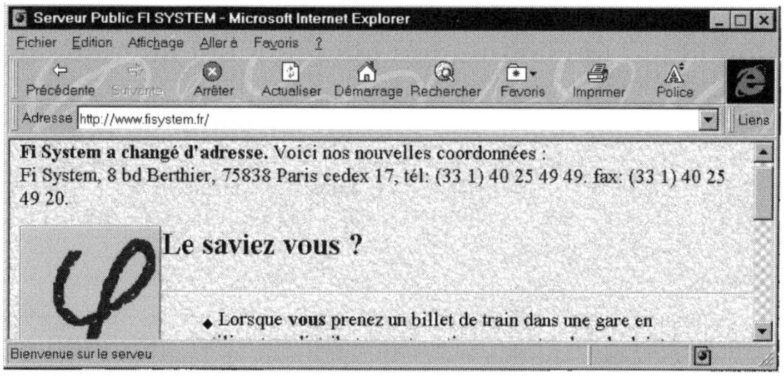

Figure 1-9 : Sous Internet Explorer 3.0, affichage d'une page HTML gérant la barre d'état

Même écran sous Netscape avec affichage des sources de la page HTML.

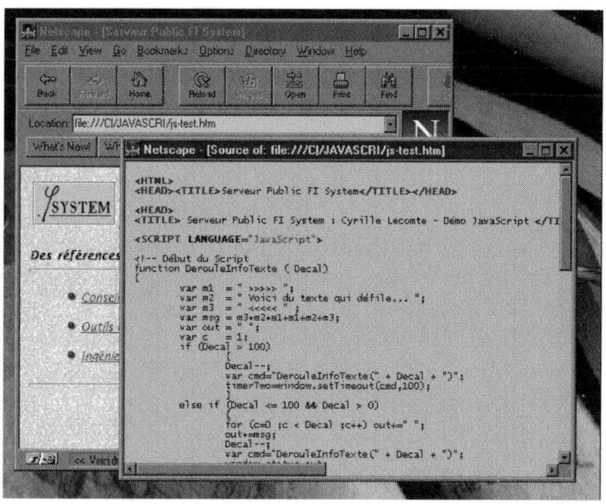

Figure 1-10 : Affichage des sources de cette même page sous Netscape Navigator

La représentation des sources avec Netscape facilite l'affichage des blocs d'informations. C'est un atout pour faciliter la vie des débutants.

La jungle HTML, Java, Javascript...

Qui est qui ? Qui fait quoi ?

Le nom Javascript "exprime" plus précisément que ce langage décline une partie de la syntaxe de Java et surtout qu'il se positionne comme un intermédiaire idéal entre HTML et Java.

Netscape et Sun se sont alliés et proposent un outil de type "grand public" qui modernise la conception des pages et des sites Web. On y gagne en :

- souplesse, car c'est un véritable langage,
- évolutivité,
- performance, grâce à la baisse de l'activité des serveurs et du réseau,
- durée de vie, facilités de maintenance...

Important **HTTP (HyperText Transfer Protocol) est le protocole principal de transfert d'informations sur Internet. Pour des raisons liées à ce protocole de transaction entre le client et le serveur, il n'est pas question (pour l'instant) d'envisager de se passer totalement de l'HTML.**

Javascript est l'outil qui va permettre de rassembler et surtout de gérer les langages et les normes qui régissent aujourd'hui Internet : HTML, Java et l'interface CGI. Cependant, dans l'état actuel des choses, Javascript ne peut pas les remplacer. Javascript est transparent pour la norme HTML. Il procure aussi à HTML des possibilités nouvelles. Au passage HTML bénéficie de toutes les fonctionnalités que Javascript encapsule.

Au moment de la lecture d'une page HTML (c'est-à-dire l'interprétation), des mots clés réservés indiquent au navigateur d'interpréter non plus du code HTML, mais du code Javascript afin de l'exécuter.

Tout le code du langage peut tenir dans une seule page Web écrite en HTML. Une application complète peut donc tenir sur une seule page Web !

A l'inverse du mécanisme HTML, Javascript est interactif. Il peut effectuer des calculs et des contrôles au cœur d'une page Web, en utilisant la ressource du poste local, le client. Ceci est bien une révolution par rapport à HTML qui, composé de mots clés (des balises ou "Tags"), ne sert qu'à enrichir le texte et faire des liens sur d'autres pages.

Certes HTML a progressé au fil de ses différentes versions ou "normes" — la dernière spécification aujourd'hui traite du HTML 3.2. Cependant il n'a pas véritablement évolué ; il s'est seulement enrichi et modernisé.

Grâce à des formulaires de saisie et des boutons, il est toutefois capable de simuler l'interface utilisateur d'une application. Il gère des images, des simili-icônes, des tableaux, des listes, des sons, des animations... Tout ceci est de plus en plus performant et intéressant, mais HTML reste statique et ne change pas sa philosophie. Même si à première vue il peut ressembler à un langage de programmation, il en reste très loin. De plus, la récupération des valeurs saisies et le traitement associé ne peuvent pas être faits en HTML.

Javascript ne va pas bouleverser tout cet existant. Ce serait dommage, d'autant plus que Netscape a largement contribué à l'évolution des normes HTML. Javascript va simplement ajouter, dans la même philosophie, de vraies structures de programmation (objets, itérations, contrôles, traitements automatisés...) ainsi que des moyens pour manipuler le navigateur.

Finalement, nous disposons d'un vrai langage de programmation et de manipulation du navigateur.

Par exemple, là où HTML appelle systématiquement un script CGI, Javascript, lui, permet de réaliser une vérification ou un traitement quelconque avant de faire cet appel. De ce fait il permet d'éliminer tous les appels intermédiaires au serveur ou bien tous les appels que l'on sait d'avance infructueux. On peut encore aller plus loin en imaginant que la réponse est non plus donnée par le résultat d'un CGI ou le chargement d'une nouvelle page mais plutôt par un programme Javascript.

Ce mécanisme est tout aussi applicable à Java, c'est pourquoi on dit souvent que Javascript est un véritable "liant" permettant d'harmoniser le bon fonctionnement de HTML, de Java et des CGI...

Si on poursuit le raisonnement, on s'aperçoit — et ce n'est pas non plus un hasard — que Javascript se positionne aussi comme le langage d'interface avec Java.

Ce dernier, tout aussi révolutionnaire, est un langage beaucoup plus complexe qui a été conçu en partie pour la spécialisation client-serveur de deuxième génération. Javascript, lui, a été conçu particulièrement pour le poste client.

Bien que Java et Javascript soient deux langages fort différents, ils agissent dans le même but : donner de l'interactivité aux sites Web sur Internet.

Dans cet ouvrage, vous trouverez dans le chapitre "Note de frais sur Internet" en page 281, un exemple de calcul de note de frais en Javascript qui montre l'autonomie et la capacité de calcul de Javascript.

Un autre exemple, un éditeur HTML en Javascript à la section "L'éditeur de code HTML" en page 131, montre l'adéquation entre Javascript et HTML.

L'apport de Javascript

Une syntaxe simplifiée

Un des avantages de Javascript est sa syntaxe simplifiée destinée à un large public. Ce langage permet de réaliser en toute simplicité ce que l'on était obligé de faire de manière plus complexe en Java ou avec une interface CGI et un quelconque langage de programmation.

Avec Javascript et l'HTML vous manipulerez des objets et des concepts de programmation importants sans même vous en rendre compte. Il n'est pas nécessaire d'avoir des connaissances sur la programmation objet. La définition des objets, des variables et des fonctions est réduite au minimum.

Un nouveau moyen de personnaliser le navigateur

Pour enrichir les fonctionnalités des navigateurs il existe plusieurs moyens :

Le plug-in

Le plus ancien se nomme plug-in : il consiste à ajouter des modules supplémentaires au navigateur pour que celui-ci puisse traiter de nouvelles informations. Ces plug-ins sont variés et touchent le plus souvent le fonctionnement au cœur du navigateur.

On utilise par exemple des plug-ins pour que le navigateur puisse afficher de nouveaux formats d'images, de documents, de sons ou de séquences vidéo, etc.

Rapidement voici quelques exemples de plug-ins et de leurs effets sur le navigateur :

- Le plug-in Shockwave permet d'afficher dans la fenêtre de votre navigateur des séquences animées du logiciel Director.
- Le plug-in de QuickTime permet de la même façon d'afficher les animations QuickTime.

Les plug-ins sont de véritables "kits d'extension" des possibilités du navigateur.

Important

Attention "plug-in" est à différencier des "helper apps" de Netscape. Sous le nom barbare de "helper apps" se cache en fait le moyen de paramétrer le navigateur pour que, lorsqu'il trouve un document qu'il ne sait pas traiter, il puisse le soumettre à l'application adaptée.

A titre d'exemple : prenons le cas d'un document contenant des pages de produits de bureautique (MS-Word, AmiPro, PowerPoint, Excel...). Si votre navigateur possède les plug-ins nécessaires il n'y aura pas de problème d'affichage, tout se passera de façon transparente. A l'inverse, si vous ne les avez pas, vous devrez posséder votre propre application externe permettant l'affichage. Pour cela il faut l'ajouter dans la liste des "helper apps" de votre navigateur. L'affichage ne se fait plus alors que de manière externe par appel de votre filtre d'affichage.

Java

Plus récemment, avec la naissance de Java, le téléchargement d'applets interprétées a permis d'enrichir fonctionnellement le navigateur.

Java permet de concevoir de véritables applications compilées. Si celles-ci sont exécutées dans l'environnement du navigateur après avoir été précompilées sur un serveur, elles prennent le nom d'*applets*. Sinon, elles peuvent aussi être compilées en tant qu'applications indépendantes.

Javascript

Enfin Javascript apporte à son tour le moyen d'améliorer les capacités du navigateur. Comme dans les deux cas précédents, le but avoué est d'augmenter la capacité de traitement du poste client (en local).

Cette fois, l'ensemble du code source est directement transmis au poste client (sans compilation préalable). Celui-ci le stocke, l'interprète et l'exécute alors. Les traitements sont transmis depuis le serveur sollicité, au navigateur du client puis traités par celui-ci.

Remarque ***Les possibilités d'extension du navigateur qui visualise ou "exécute" les pages d'un serveur Web offrent réellement des perspectives de nouveaux types d'applications.***

Javascript est sans doute le "liant" idéal qui faisait défaut puisqu'il permet le paramétrage des applets ou des plug-ins et aussi parce qu'il est très orienté génération, manipulation et intégration de l'HTML.

Une intégration de services supplémentaires

Grâce à cette faculté d'intégrer du code exécutable dans des pages Web, Javascript va révolutionner Internet. Il va tout simplement servir de ciment à toutes ces "briques" que sont les serveurs Web, les mails, les serveurs Wais, les NewsGroups, etc.

Toutes ces composantes sont parfois difficiles à maîtriser. Grâce à Javascript il va être possible de construire des pages HTML "intelligentes".

En toute simplicité, ces pages HTML incluant du code Javascript se comporteront comme d'authentiques applications Internet. Des intégrations de services sur mesure pourront voir le jour. Internet va réellement devenir interactif.

Peut-être trouvez-vous que c'est déjà le cas avec les navigateurs Web ?

Il est vrai que certains sites Web font preuve d'imagination et proposent par l'intermédiaire du navigateur l'apparence de véritables applications. Malheureusement ce n'est qu'illusion. Aujourd'hui l'information dispersée sur Internet est désespérément statique.

Pour une plus grande simplification

Concrètement, vous allez bientôt pouvoir travailler sur Internet. A l'aide d'un "terminal Internet[5]" vous récupérerez votre environnement de travail. Vous pourrez consulter dynamiquement des bases d'informations, passer des commandes, jouer... Et cela sans avoir au préalable installé une kyrielle de "kits clients" !

Vos outils et vos données seront sur le Net. Les informations seront accessibles via un poste de travail banalisé.

Certains vont peut-être penser que l'innovation de Javascript est toute relative puisqu'un bon programmeur HTML, connaissant bien les scripts CGI est en mesure de réaliser des interfaces assez puissantes... Pourtant CGI a de nombreux défauts :

- L'utilisation de l'interface CGI implique la présence d'un langage de développement et de son interpréteur ou compilateur sur le serveur, ce qui induit une surcharge inutile du serveur.
- De plus CGI est souvent synonyme d'un trou dans la sécurité assez flagrant.
- Qui maîtrise dans une entreprise les scripts CGI ?
- Le CGI variant selon les plates-formes, doit-on récrire les traitements de chaque application selon son environnement ?
- Comment et qui va maintenir les scripts CGI ?

Le premier programme en Javascript

L'installation du navigateur Netscape

Il suffit de lancer le fichier exécutable que vous trouverez sur le CD-Rom ou que vous aurez récupéré à l'adresse http://www.netscape.com.

Vous trouverez sur le CD-Rom la version auto-installable de Netscape Navigator 3.0 qui a permis la mise au point des programmes de ce livre. Ces exemples sont aussi utilisables avec Microsoft Internet Explorer 3.0.

L'installation doit s'effectuer de la façon suivante :

1. Localisez votre installateur, c'est-à-dire le fichier exécutable que vous avez récupéré soit sur le CD-Rom, soit sur Internet.
2. Vérifiez que vous disposez d'au moins 10 Mo sur votre disque.

---

5. Ce que "certains" commencent à appeler NC (Network Computer).

3. Lancez l'installation.

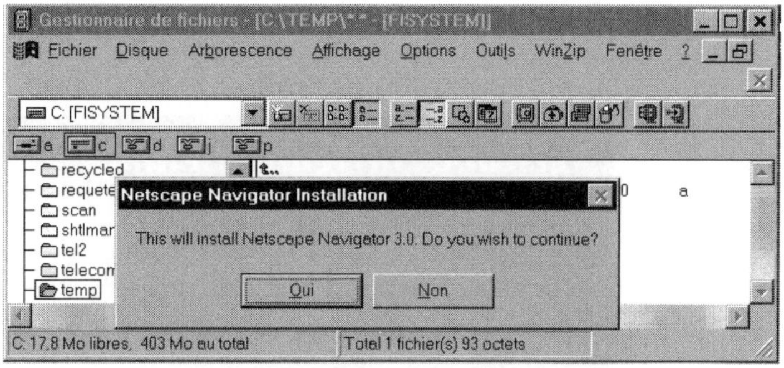

Figure 1-11 : Lancement de l'installation et demande de confirmation

4. Suivez les instructions… Il s'agit d'une installation classique de produits sous Windows.

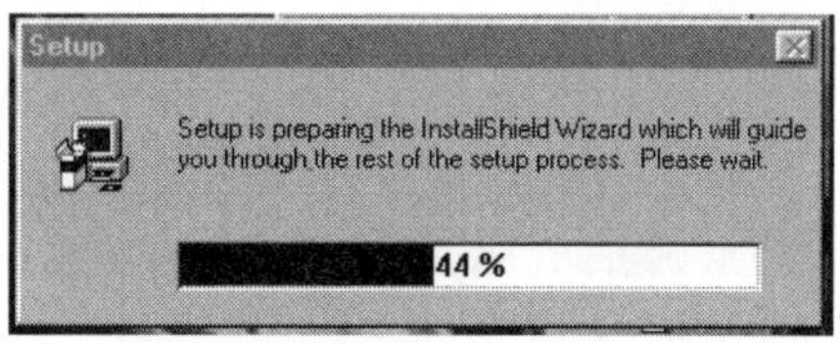

Sous Windows 95, l'installation de "InstallShield Wizard" est automatique.

Sous Windows 3.xx, cette étape automatique n'existe pas.

Figure 1-12 : Début de l'installation

5. L'installateur va maintenant poser des questions sur le paramétrage de l'installation : localisation, licences... A tout moment il est possible de revenir à la page précédente par le bouton *Back*.
6. Pour continuer choisissez le bouton *Next.*

Figure 1-13 : Changement de répertoire d'installation : clic sur Browse

7. Il n'y pas d'autre étape nécessaire à l'installation de Netscape !

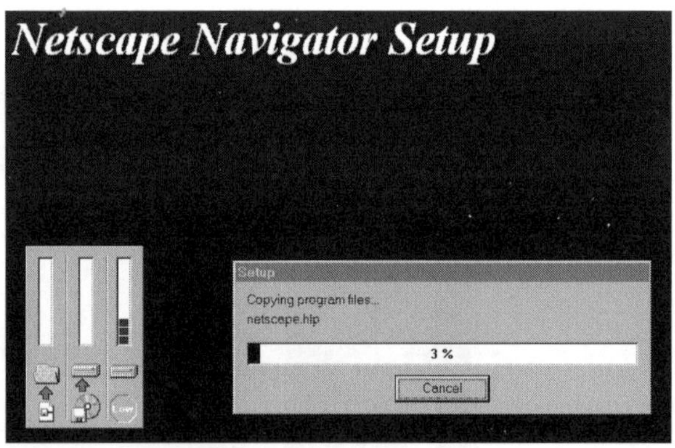

Figure 1-14 : L'installation commence : affichage de la progression

8. La copie des fichiers terminée, l'installateur ajoute "Netscape Navigator" dans le "Menu Démarrer". Il n'est pas nécessaire d'installer les composantes "Internet" pour tester Javascript (installation du modem, choix d'un fournisseur d'accès, paramétrage réseau...). Vous pouvez passer toutes les autres étapes.

Le navigateur est installé en mode "local" sur votre poste.

Comment ça marche ?

Notre but n'est pas de vous familiariser avec l'accès à Internet mais plutôt d'expliquer comment réaliser votre première page HTML et votre premier script Javascript. C'est pourquoi nous n'allons pas fonctionner en mode "connecté à Internet", mais en mode "local".

Lancement du navigateur

Lors de son lancement, le navigateur commence généralement par rechercher une page par défaut. Comme nous n'avons pas d'accès à Internet, le navigateur va chercher et retourner une erreur.

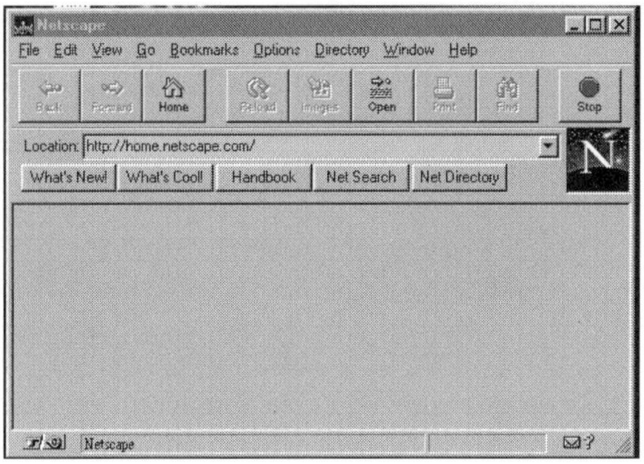

Figure 1-15 : Le navigateur recherche sans fin le site home.Netscape.com

Il est alors possible d'arrêter la recherche avec un clic sur le bouton *Stop*, sinon le navigateur affichera :

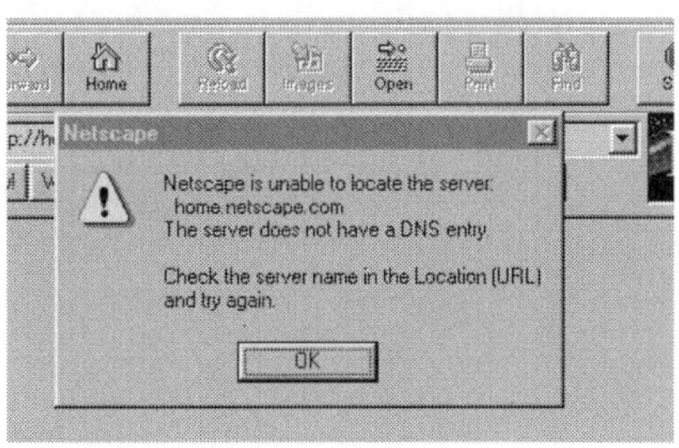

Figure 1-16 : Le navigateur n'a pas trouvé l'URL

Il est possible de définir la page de démarrage comme page vierge ou comme étant une page locale. Cela se fait dans le menu "Configurer" du navigateur.

Création de la première page

Pour créer votre premier script, vous devez disposer d'un éditeur de texte : Notepad (Bloc-notes), Write, WordPad, Word, Visual C++, etc. Bien sûr si votre éditeur connaît l'HTML, n'hésitez plus !

Remarque ***Si vous avez des soucis avec l'HTML, utilisez les outils adaptés : consultez le paragraphe suivant qui traite des outils disponibles sur le marché.***

Dans un premier temps vous écrivez votre page HTML et le code Javascript, puis vous chargez la page dans le navigateur.

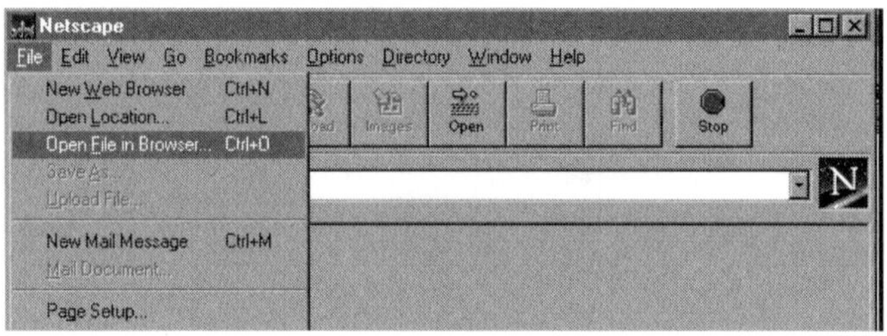

Figure 1-17 : Ouverture du fichier HTML local

Le fichier que vous avez créé doit avoir l'extension ".htm" ou ".html" pour être reconnu par le navigateur. Vous pouvez également double-cliquer sur l'icône (le navigateur se lancera avec la page sélectionnée).

- Sous Netscape vous ne pouvez que consulter les sources ; pour les modifier il est nécessaire de travailler avec un éditeur (à moins que vous n'ayez installé une version "gold").
- Pour que la modification de votre source soit prise en compte, vous devez "recharger la page" par le bouton *Reload* ou *Actualiser.*

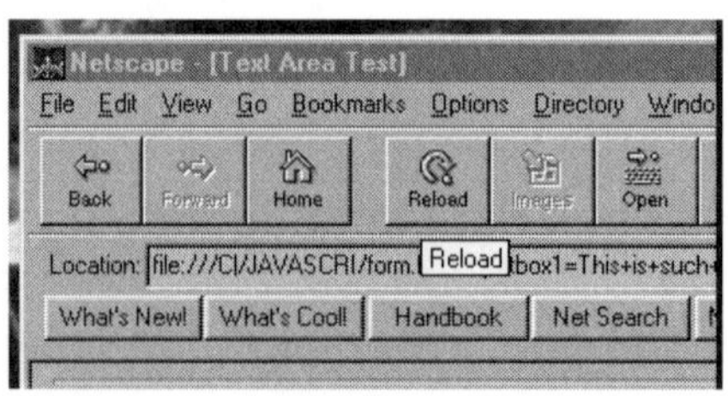

Figure 1-18 : Reload *de Netscape*

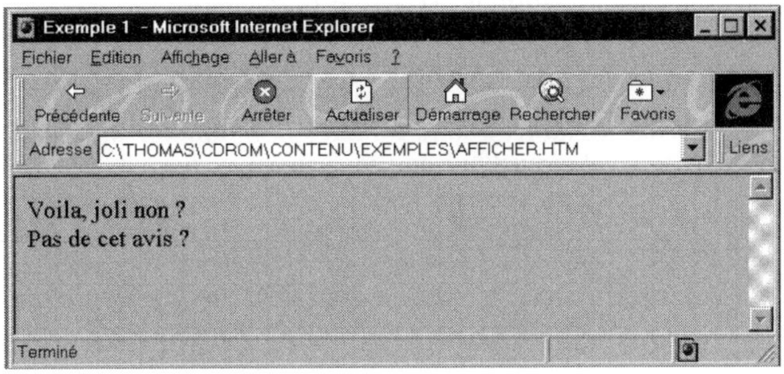

Figure 1-19 : Actualiser *de Internet Explorer 3.0*

- Sous Internet Explorer 3.0 la consultation des sources ouvre le Bloc-notes, il est donc possible d'effectuer directement des modifications.

Le programme

La volonté d'utiliser Javascript est souvent motivée dans un premier temps par cette question :

Comment rendre ma page Web un peu plus dynamique ?

Nous avons choisi comme premier exemple un programme Javascript qui personnalise très simplement une de vos pages Web.

Nous irons malgré tout assez vite dans l'explication car le but de ce chapitre n'est pas de vous expliquer complètement le code Javascript, mais plutôt de vous montrer l'association de Javascript et HTML.

Une solution simple et imaginative est de concevoir un programme Javascript qui, en fonction du numéro du mois, change dynamiquement le code de la page HTML en chargeant l'image du mois par exemple.

Pour ce faire, on récupère la date du système, puis on charge l'image NUMERO_DU_MOIS.EXT, où *ext* est le type de l'image (son extension). Les types reconnus par Netscape et Internet Explorer sont : gif, bmp, jpg, etc.

Remarque ***Les abréviations curieuses* gif, bmp, jpg *ou* jpeg *sont des formats d'images.***

BMP : ***Le type BMP est le plus ancien il signifie "BitMaP", c'est-à-dire image de points répartis sur plusieurs plans (le nombre de plans déterminant le nombre de couleurs possibles dans une palette et ce pour chaque point). Ce format est à l'origine non comprimé mais il comporte aujourd'hui des sous-formats qui eux le sont (OS/2, codage RLE - origine Windows, format 16 millions de couleurs). Il est très répandu, surtout sur les plates-formes PC mais il reste très "gourmand" en ressources.***

GIF : ***Ce format est arrivé rapidement après le BMP. GIF signifie Graphics Interchange Format. Il est devenu très populaire pour sa rapidité d'affichage, ses qualités de compression et la disponibilité des sources ! Seul problème de faible importance à l'origine mais se révélant comme un handicap aujourd'hui : la limitation des couleurs à 256 simultanées. Aujourd'hui de nouveaux sous-formats ont vu le jour, variant selon le type de compression (dont le très efficace ZIP notamment), le nombre de couleurs et, dernièrement, le GIF89 ou GIF animé qui permet, dans un même fichier graphique, de stocker plusieurs images qui s'affichent successivement en donnant l'impression d'une animation. Ce dernier format est très en vogue sur Internet. Le principe de compression est classique mais efficace : on code l'information qui se répète.***

JPEG : ***Ce format est très récent, il provient des réflexions d'un groupe de travail : Join Photographic Experts Group (son fonctionnement est à rapprocher d'une norme plus connue pour la vidéo MPEG). Il est basé sur le format JFIF qui est une compression fractale où il faut indiquer le taux de perte en qualité pour obtenir un taux de compression (plus la qualité est faible, plus la compression est bonne). Ce format JPEG ne gère que des images en 16 millions de couleurs. Il excelle dans la compression d'images à haute définition ayant au moins 16 millions de couleurs. Il n'existe pas à notre connaissance de meilleurs taux de compression. Son handicap majeur est sa lenteur lors de la décompression (ce qui est largement compensé par la puissance des machines d'aujourd'hui).***

Revenons à nos préoccupations… et écrivons une page qui change d'allure automatiquement.

Nous supposons cependant que les images en question se trouvent dans le répertoire actif et qu'elles sont nommées correctement (c'est-à-dire 1.GIF ou 1.JPG pour le mois de janvier, 2.GIF pour le mois de février et ainsi de suite…).

Le programme Javascript peut se présenter de la façon suivante :

Il s'agit d'abord de récupérer la date du jour. Pour cela :

```
<SCRIPT language = "Javascript">
```

- Il faut créer l'objet date du navigateur (système) : on parle de création d'un objet *date*.

```
var date = new Date();
```

- L'objet *date* est affecté à la variable *date* sur laquelle il va être possible d'appliquer les méthodes (fonctions) prévues pour l'objet.

```
var mois  = date.getMonth() + 1;
```

- Afin de récupérer le mois on utilise la méthode *getMonth()* sur l'objet *date* que l'on affecte cette fois à la variable *mois*.

```
var img = "Nous sommes le "
   + date
   + "<BR><CENTER><IMG SRC="
   + mois
   + ".jpg></IMG><BR> Voici l'image du mois ! <CENTER>";
document.write(img);
</SCRIPT>
```

Remarque ***Vous remarquerez que l'on manipule objets, variables, méthodes sans le savoir. On ne se préoccupe d'ailleurs pas non plus des types des variables !***

- Maintenant, il ne reste plus qu'à écrire l'instruction HTML de chargement de l'image en construisant son nom selon le mois. Ici, *mois* + *"jpg"* pour par exemple 7.JPG (soit l'image de juillet).

Mise en œuvre

Saisissez l'exemple à l'aide d'un éditeur.

Si le courage vous manque, vous trouverez cet exemple sur le CD-Rom.

Ensuite il faut ajouter "l'enrobage" HTML pour que la page soit lisible par le navigateur :

```
<HTML>          // Début de la page
<HEAD>          // Partie dans laquelle s'affichera
                // l'image avec Javascript
<SCRIPT>        // Début de Javascript
// Ici on insère du Javascript
</SCRIPT>       // Fin de Javascript
</HEAD>         // Fin de la tête de page
<BODY>          // Corps de la page
// Votre code HTML
</BODY>         // Fin du corps
</HTML>         // Fin de la page
```

Remarque ***Pour plus d'informations sur le langage HTML, reportez-vous en fin de l'ouvrage au chapitre "Plus d'informations".***

Voici l'exemple complet :

```
<HTML>
<HEAD>
<SCRIPT language = "Javascript" >
var date = new Date();
var mois = date.getMonth() + 1;
var img = "Nous sommes le "
   + date
   + "<BR><CENTER><IMG SRC="
   + mois
   + ".jpg></IMG><BR> Voici l'image du mois ! </CENTER>";
document.write(img);
</SCRIPT>
</HEAD>
<BODY>
<H1> Facile non ? </H1>
</BODY>
</HTML>
```

Voilà, tout est terminé, observez le résultat…

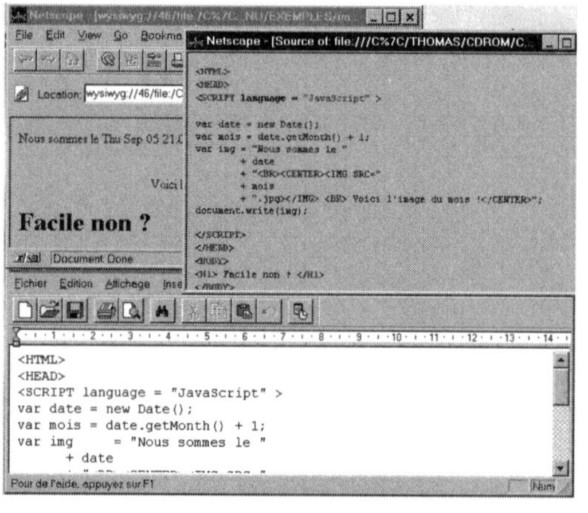

Figure 1-20 : Cette copie d'écran comporte l'exécution de la page et l'affichage des sources

Le fonctionnement

La page HTML est chargée dans le navigateur.

Si ce dernier connaît l'interprétation de Javascript, il est en mesure de reconnaître la balise <SCRIPT> , sinon il l'ignore.

Il charge le code Javascript en réalisant une simple analyse syntaxique, il n'y a pas encore d'interprétation. En fait assez peu d'erreurs sont détectées à ce niveau.

Le reste du code HTML est chargé normalement par un navigateur.

Le programme Javascript est exécuté dès qu'un appel de fonction est effectué. S'il n'y a pas de fonction, comme dans l'exemple, l'exécution démarre : ici, dès la lecture de la section <HEAD> de l'HTML.

Que peut-on faire d'autre avec Javascript

Le manque d'imagination est peut-être la plus grosse limitation ! Voici quelques exemples où Javascript est fort utile :

- Lors d'une authentification sur un site, une base de données, etc, vous devez effectuer un certain nombre de contrôles pour respecter un minimum de règles de gestion :
  - au moins un chiffre dans le mot de passe,
  - six caractères au moins pour le mot de passe et le nom de login,
  - mot de passe et nom de login différents,
  - si confirmation : vérification de l'égalité du mot de passe et la confirmation,
  - etc.
- Toutes les applications nécessitant du calcul en local. Prenons l'exemple d'une note de frais. La totalité de la saisie et des calculs se font sur le poste local au cœur même de la page HTML grâce à Javascript.
- La réalisation d'affichages dynamiques de tous types : grâce à Javascript vous maîtrisez tous les éléments du navigateur avec un langage complet.
- La génération de code HTML : vous trouverez dans cet ouvrage un éditeur HTML écrit en Javascript à la section "L'éditeur de code HTML" en page 131. Cet exemple est bien entendu disponible sur le CD-Rom.
- Tous les contrôles de saisie qui doivent respecter les règles de gestion sont exploitables facilement avec Javascript. C'est toujours une partie longue et importante du développement.

L'exemple suivant illustre les différents contrôles pour la saisie.

Nous avons choisi quelques contrôles : la valeur d'une MLE (MultiLineEdit) qui correspond à un objet éditeur, la valeur de l'élément sélectionné d'une boîte de liste (ListBox), la saisie d'un nombre et enfin un mini-formulaire pour poster un message.

Important — ***La vocation de Javascript est différente de celle de Java. Javascript n'est pas prévu pour la conception de A à Z d'applications dignes de ce nom. Il préfère se limiter à la réalisation de tâches plus simples ou liées au paramétrage des éléments développés dans d'autres langages (applets, plug-in...).***

Les sources Javascript

Afficher le contenu d'une MLE en Javascript.

```
// -----------------------------------------------
// Action : Affiche contenu de MLE
// Param  : FORM HTML Multi Line Edit
// Retour : Rien
// -----------------------------------------------

function AfficheMle (ma_form_mle)
  {
  // Cette instruction permet d'afficher le contenu de la MLE
  alert (ma_form_mle.ma_mle.value);
  }
```

- *La boîte de dialogue standard affiche le contenu saisi de la MLE.*

La fonction *AfficheMLE (form)* est appelée lors d'un clic (*onClick*) du bouton *Valeur de la MLE.*

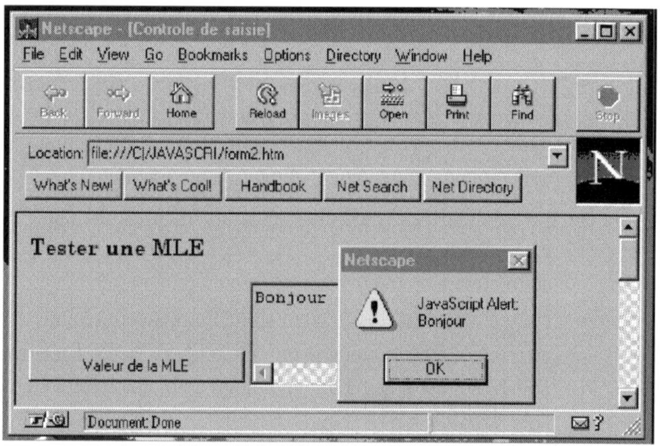

Figure 1-21 : Le cas d'une MultiLineEdit

Affichage de la valeur sélectionnée d'une ListBox :

```
// ----------------------------------------------------
// Action : affiche la valeur sélectionnée d'une ListBox
// Param  : FORM HTML
// Retour : Rien
// ----------------------------------------------------
function Selection (ma_lb)
  {
  alert (ma_lb.ma_listbox.selectedIndex);
  alert (ma_lb.ma_listbox.options
           [ma_lb.ma_listbox.selectedIndex].text);
  }
```

- *Deux boîtes de dialogue : une pour l'index et l'autre pour la valeur sélectionnée.*

La fonction *Selection* est appelée sur le clic (*onClick*) du bouton *Tester sélection.*

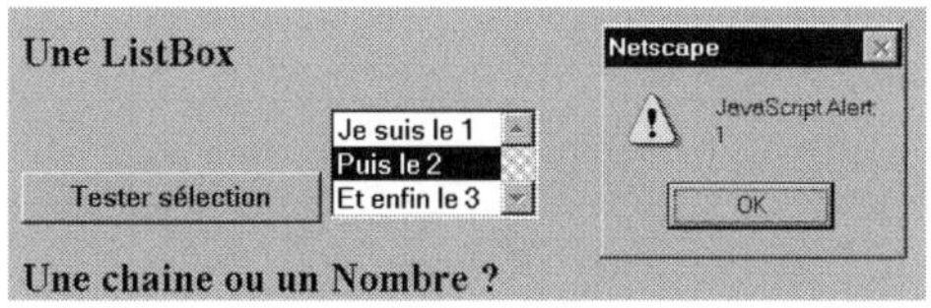

Figure 1-22 : La ListBox : affichage de la sélection (index)

Puis au clic sur le bouton *OK.*

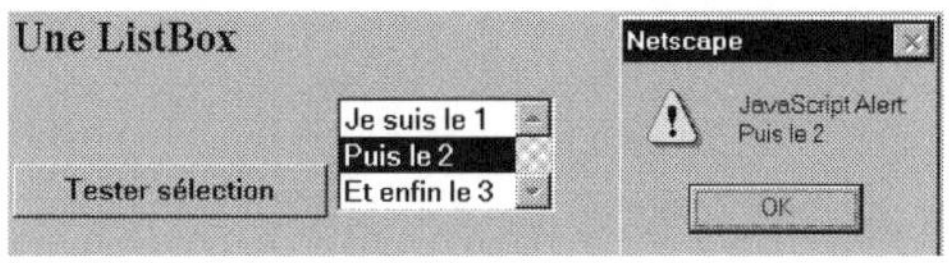

Figure 1-23 : La ListBox : affichage de la valeur sélectionnée

Tester la saisie dans une EntryField par un appel de la fonction *Chiffre_dans_chaine* :

```
// -----------------------------------------------------------
// Action : Vérifie la présence d'un chiffre dans une chaîne
// Param  : Chaine à traiter
// Retour : Vrai dès qu'un chiffre est rencontré
//            et faux sinon
// -----------------------------------------------------------
function Chiffre_dans_chaine (Chaine)
   {
   if (Chaine.length==0) return (false);
   var Chiffre ="1234567890";
   for (Cpt=0; Cpt < Chaine.length; Cpt++)
      {
      temp = Chaine.substring (Cpt, Cpt+1);
      if (Chiffre.indexOf (temp,0)==-1)
         return (false);
      }
   return (true);
   }
```

- *La fonction* Chiffre_dans_chaine *teste si au moins un caractère est un chiffre.*

```
// -----------------------------------------------------------
// Action : Vérifie la saisie d'un chiffre au moins dans EF
// Param  : EF
// Retour : Rien
// Appel  : Chiffre_dans_chaine ()
// -----------------------------------------------------------
function tester (Ef)
   {
   TestVar = Chiffre_dans_chaine (Ef.value)

   if (TestVar == true)
      alert ("Il y a au moins un chiffre : c'est peut
               être un nombre ! ");
   else
      alert ("Il n'y a pas QUE des chiffres : c'est une
               une chaine ! ");
   }
```

Le bouton Un Nombre ? de la copie d'écran ci-dessous permet, sur un clic, d'afficher une boîte de dialogue dont le contenu est adapté au résultat logique renvoyé par la fonction *Chiffre_dans_chaine.*

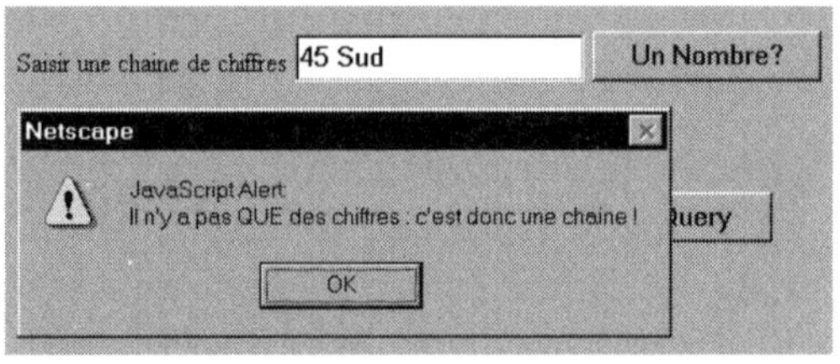

Figure 1-24 : Saisie de caractères et d'un nombre

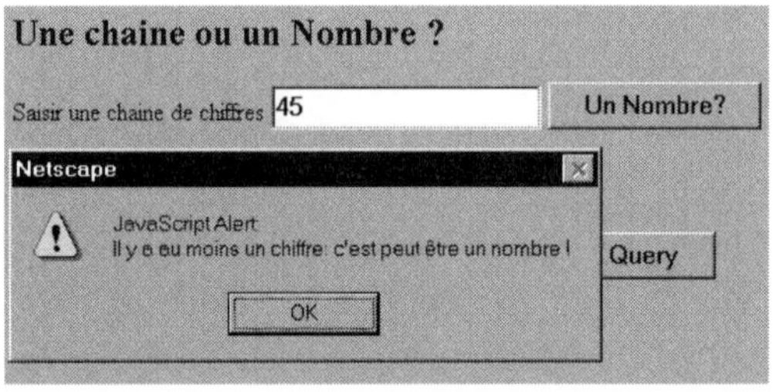

Figure 1-25 : Saisie d'un nombre à deux chiffres

Envoyer un message :

```
// --------------------------------------------------------
// Action : saisie des valeurs du formulaire et envoi du mail
// Param  : FORM HTML avec les EntryField
// Retour : Rien
// --------------------------------------------------------
function Postmail (ma_form)
   {
   Sujetmail = document.ma_form.sujet.value;
   mailCC    = document.ma_form.cc.value;
   mailBCC   = document.ma_form.bcc.value;
```

- *Récupération des valeurs saisies :*

```
   location = "mailto:fiWebmaster@fisystem.fr?subject="
```

- *On utilise simplement l'action* mailto *avec les valeurs récupérées :*

```
      + Sujetmail
      + "&Bcc="
      + mailBCC
      + "&cc="
      + mailCC;
```

- *Retour toujours à vrai sur le* onSubmit.

```
   return 1;
   }
```

Quand l'utilisateur clique sur le bouton *Submit Query*, le protocole *mailto* est activé avec les informations recueillies.

La copie d'écran ci-après permet de voir la fenêtre qui est générée après saisie des informations (concernant le sujet, les adresses en copie...) et clic sur le bouton *Submit Query*.

Important ***Attention cette option ne fonctionne pas avec Internet Explorer, puisqu'il n'y a pas de messagerie électronique intégrée au navigateur (sauf si vous avez paramétré un gestionnaire externe comme MS-Mail).***

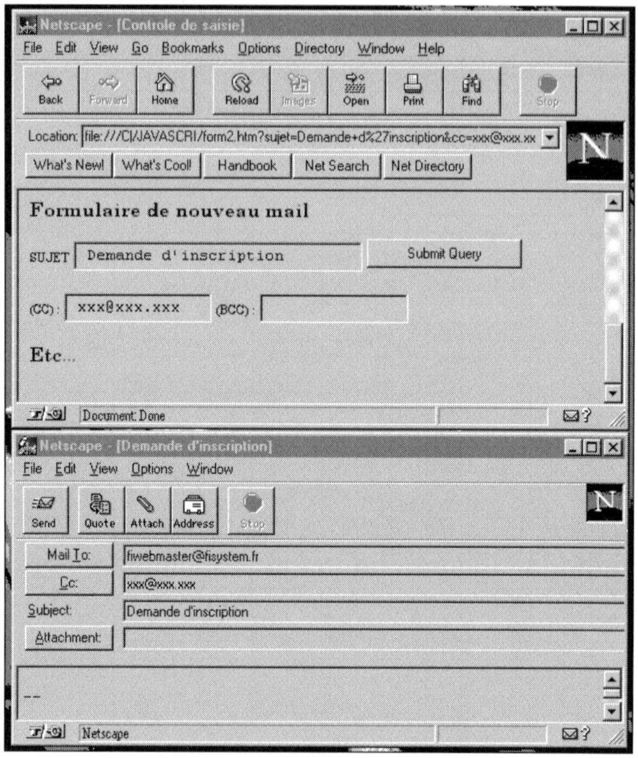

Figure 1-26 : Un clic sur le bouton Submit Query
lance la fonction mail *de Netscape avec les informations récupérées*

Les sources HTML

On utilise les structures de saisie HTML et on vérifie les résultats avec Javascript.

```
<HTML>
<HEAD>
<TITLE> Controle de saisie </TITLE>
<SCRIPT LANGUAGE="Javascript">
… il faut placer ici le code Javascript…
</SCRIPT>
</HEAD>
<BODY>
```

Retrouvez l'exemple complet des contrôles Javascript sur le CD-Rom.

- Le test d'une MultiLineEdit (MLE) : TEXTAERA en HTML, correspond à une zone de libre saisie de texte.

```
<H2> Tester une MLE </H2>
<FORM NAME="generic_form">
<INPUT TYPE=BUTTON
   NAME="tester"
   VALUE="Valeur de la MLE"
   onClick="AfficheMle (this.form)">
<TEXTAREA NAME="ma_mle" COLS="20" ROWS="3">
</TEXTAREA>
</FORM>
```

- Le test d'une sélection d'une ListBox.

```
<H2> Une ListBox </H2>
<FORM NAME="generic_form" ACTION="" METHOD="GET">
<INPUT TYPE=BUTTON
   NAME="Tester"
   VALUE="Tester sélection"
   onClick="Selection(this.form)">
<SELECT NAME="ma_listbox" SIZE="3">
   <OPTION> Je suis le 1
   <OPTION> Puis le 2
   <OPTION> Et enfin le 3
</SELECT>
</FORM>
```

- Un test de saisie.

```
<H2> Une chaine ou un Nombre ? </H2>
<FORM NAME="generic_form">
Saisir une chaine de chiffres
<INPUT TYPE=TEXT
   NAME="ma_ef"
   VALUE="">
<INPUT TYPE=BUTTON
   NAME="Tester"
   VALUE="Un Nombre?"
   onClick="tester(this.form.ma_ef)">
</FORM>
```

- Envoyer un message par un formulaire.

```
<H2> Formulaire de nouveau mail </H2>
<FORM NAME="ma_form" onSubmit="return Postmail(this.form)">
SUJET
<INPUT TYPE=TEXT
   NAME="sujet"
   VALUE="Demande d'inscription"
   SIZE=30>
<INPUT TYPE=SUBMIT> <P>
(CC) :
<INPUT TYPE=TEXT
   NAME="cc"
   VALUE="xxx@xxx.xxx"
   SIZE=15>
(BCC) :
<INPUT TYPE=TEXT
   NAME="bcc"
   VALUE=""
   SIZE=15>
</FORM>
<H2> Etc… </H2>
</BODY>
</HTML>
```

Voici une vision globale de l'exemple.

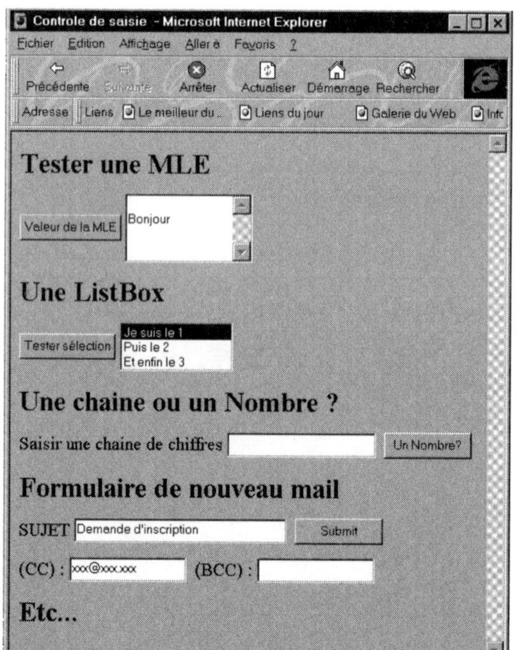

Figure 1-27 : La page de tests complète, cette fois sous Internet Explorer

Les outils d'aide à la conception de pages Web

Il n'existe pas encore de navigateur-éditeur de Javascript ou d'environnement de développement proprement dit. Il existe cependant un certain nombre d'outils d'aide à la création de sites Web. Ce ne sont encore en majorité que des éditeurs HTML ou des outils de mise en page HTML.

Voici une liste non complète de quelques-uns de ces outils (certains sont plus que des éditeurs...) :

Produit	Editeur	Particularité
Netscape Gold	Netscape	Version Gold des Produits Netscape inclut un éditeur Wysiwyg
FrontPage	Microsoft	Editeur Wysiwyg HTML et de site Web
Web Designer	Corel	Editeur HTML Wysiwyg
Page Mill	Adobe	Editeur HTML Wysiwyg pour Mac et PC

Il existe pourtant un nouveau produit proposé par Microsoft qui à l'origine est conçu pour compléter son offre ActiveX mais qui s'avère aussi très intéressant et performant à utiliser pour du Javascript.

Cet outil se nomme "ActiveX Control Pad". Il est conçu pour intégrer dans une page HTML des contrôles ActiveX, ou des "HTML Layout" (objets graphiques) contrôlés par du VB Script et accessoirement du Javascript.

Le principe est celui d'un éditeur HTML standard sur lequel on attache du code ou des objets. L'attachement se fait sur les événements disponibles et selon le contexte.

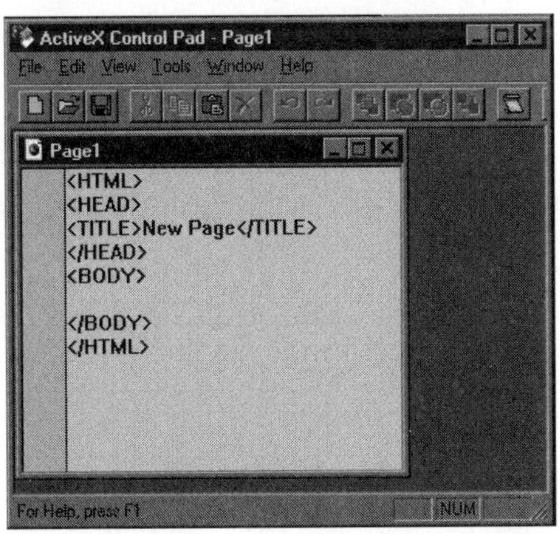

Figure 1-28 : L'environnement Microsoft avec ActiveX Control Pad

Cet éditeur permet de concevoir des pages HTML comportant des contrôles Microsoft et des scripts de contrôle dans le langage de votre choix : VB Script (Visual Basic Script) ou Javascript.

L'écran qui suit correspond au début de la saisie d'un programme Javascript dans une page HTML. On branche sur les événements des méthodes, des objets, ou des fonctions Javascript.

Ne vous inquiétez pas, nous détaillerons tous ces concepts au long de cet ouvrage.

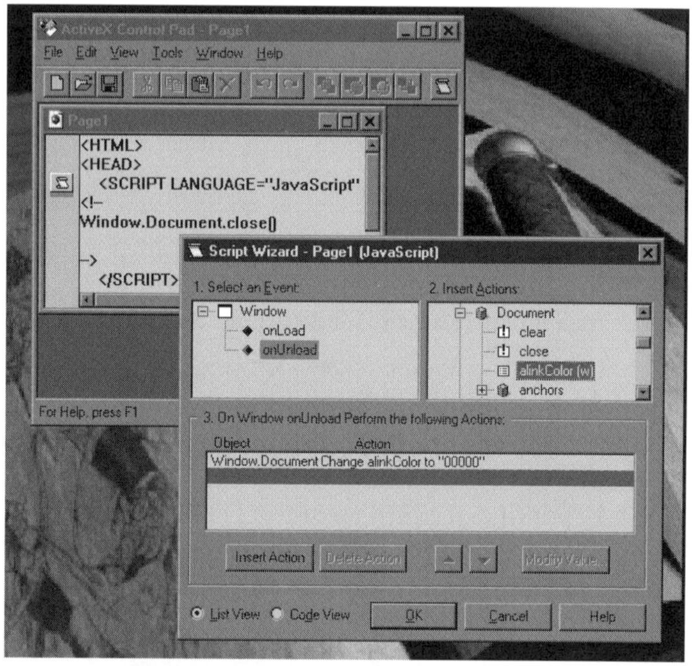

Figure 1-29 : ActiveX Control Pad en action !

ActiveX Control Pad permet aussi de saisir du code Javascript. Ce produit peut en effet servir à la fois d'éditeur et de générateur de code Javascript.

Javascript en détail

Comme tout nouvel outil, il est nécessaire de le connaître dans le détail pour en avoir la maîtrise.

Javascript est orienté HTML. Il possède de véritables structures de langage en restant malgré tout abordable par tous.

Chapitre 2

Variables et constantes, les mots du langage

Ce qui suit n'a rien de particulièrement enthousiasmant... et c'est bien le moins que l'on puisse dire. Nous pourrions en première lecture mettre ce chapitre de côté, pourtant il nous paraît important de le laisser ici. Car, assurément, de même qu'il est préférable de prendre la pioche par son manche pour aller casser du caillou, de même faut-il avoir les idées claires sur les bases du langage pour programmer correctement en Javascript.

Il s'agit, en effet, ici de préciser quelques points de théorie avant d'écrire notre premier script, cette fois détaillé pas à pas.

Tout d'abord, sachons-le, Javascript est un langage faiblement typé. Ce qui signifie par exemple qu'une variable déclarée dans un type peut être utilisée dans un autre type sans générer pour autant un message d'erreur. Mais, en fait, qu'est-ce qu'une variable dans Javascript ?

Les identificateurs de variables

Pour utiliser, conserver et modifier des valeurs données au sein d'un code Javascript, nous avons besoin de variables. Pour manipuler ces variables il faut les désigner par le biais d'un identificateur. Ces identificateurs doivent absolument respecter les règles suivantes :

- un identificateur de variable est une chaîne de caractères commençant par une lettre de l'alphabet ou par le caractère de soulignement (underscore) ;
- pour le reste de la chaîne, les chiffres sont aussi autorisés.

Important ***Javascript fait la distinction entre les majuscules et les minuscules.***

Aussi nous faut-il prendre soin de ne pas mélanger les deux. Les identificateurs de variables suivants, par exemple, sont autorisés :

```
Arnold_Et_Sylvestre
_mon_manche_de_pioche_rien_que_a_moi
```

et il ne faut surtout pas les confondre avec les identificateurs suivants :

```
arnold_et_sylvestre
_mon_Manche_de_Pioche_rien_que_a_Moi
```

Les variables

Nous l'avons déjà dit, Javascript est faiblement typé. Aussi, à la déclaration d'une variable, n'a-t-on pas besoin de spécifier son type. Voici des exemples de déclaration de variables :

```
var monTourDeBiceps = 45;
var NomDeMaPetiteSoeur = "Sharon";
var UneVariableSansValeurInitiale;
```

Comme nous pouvons le noter, nos identificateurs de variables sont (un peu) longs mais assez significatifs ! C'est voulu ! Relire un code de 5000 lignes avec des identificateurs de variables tels que "XWZT1454aa" est assez peu amusant... surtout si "XWZT1454aa" désigne le tour de taille de ma petite sœur !

Attardons-nous un peu sur le mot clé du langage var

Le mot clé *var* permet, en Javascript, de déclarer des variables et, éventuellement, de leur affecter une valeur initiale donnée. Cette instruction est optionnelle mais recommandée pour une question de lisibilité des scripts. En effet, nous pouvons nous contenter de "déclarer" une variable en lui affectant une valeur donnée au cours du script.

La portée des variables

Le mot clé *var* s'impose lorsqu'il s'agit de déclarer une variable locale au sein d'une procédure ou fonction. L'exemple suivant permet de fixer les idées en ce qui concerne la portée des variables (notion de variables globales et de variables locales).

```
<HTML>
<HEAD>
<SCRIPT LANGUAGE="Javascript">
```

- *Commençons par définir la variable globale* i.

```
var i=1;
```

- *Dans la fonction qui suit, nous déclarons une variable locale de même nom i que la variable globale définie précédemment et nous lui affectons la valeur 2.*

```
function enLocal()
   {
   var i=2;
   return i;
   }
```

- *Dans la fonction qui suit, nous affectons la valeur 3 à la variable i (qui n'est pas locale mais globale puisque nous avons "oublié" le mot clé var).*

```
function enGlobal()
   {
   i=3;
   return i;
   }
```

- *Dans la fonction qui suit, nous ajoutons 100 à la variable (de nom i) passée en argument. Celle-ci est en fait locale à la fonction (même si elle porte le même nom que la variable globale i). Donc, nous ne modifions pas la valeur de la variable globale.*

```
function enArgument(i)
   {
   i += 100;
   return i;
   }
</SCRIPT>
</HEAD>
```

- *Enfin, affichons dans le corps du document HTML les résultats avant et après passage par les diverses fonctions...*

```
<BODY>
<SCRIPT LANGUAGE="Javascript">
document.write ("Valeur de la variable globale i = "
   + i + "<BR>");
document.write ("Valeur de la variable locale i = "
   + enLocal()
   + " (avec le mot clé var) <BR>");
document.write ("Valeur de la variable globale i = "
   + i + " (celle-ci n'a pas été modifiée) <BR>");
document.write ("Valeur de la variable \"locale\" i = "
   + enGlobal()
   + " (sans le mot clé var) <BR>");
document.write ("Valeur de la variable globale i = "
   + i + " (celle-ci a été modifiée) <BR>");
document.write ("Valeur de la variable locale i = "
   + enArgument(i)
   + " (après passage en argument de la fonction) <BR>");
document.write ("Valeur de la variable globale i = "
   + i + " (celle-ci n'a pas été modifiée) <BR>");
</SCRIPT>
</BODY>
</HTML>
```

A l'écran, nous obtenons le résultat suivant :

```
Valeur de la variable globale i = 1
Valeur de la variable locale i = 2 (avec le mot clé var)
Valeur de la variable globale i = 1 (celle-ci n'a pas été
modifiée)
Valeur de la variable "locale" i = 3 (sans le mot clé var)
Valeur de la variable globale i = 3 (celle-ci a été
modifiée)
Valeur de la variable locale i = 103 (après passage en
argument de la fonction)
Valeur de la variable globale i = 3 (celle-ci n'a pas été
modifiée)
```

Important ***Pour éviter les effets de bord indésirables il est recommandé d'utiliser le mot clé*** **var** ***pour la déclaration de variable locale. Cela permet à l'interpréteur d'éviter de confondre une variable globale avec une variable locale de même nom.***

Les types

Ici, arrêtons-nous un peu. Si Javascript est effectivement faiblement typé, il est cependant capable de reconnaître les différents types (dits prédéfinis) suivants :

- les nombres (entiers ou non),
- les deux valeurs logiques *true* et *false*,
- les chaînes de caractères, comme par exemple :
  "Quelle belle journée !"
- le type à valeur unique *null* (qui sera étudié plus tard).

Notons qu'il n'y a pas de distinction explicite entre les valeurs entières et les valeurs dites réelles.

On peut aussi remarquer qu'il n'existe pas de type de données relatif aux dates bien que des objets *Date* existent et soient très facilement utilisables du fait du grand nombre de méthodes implémentées dans Javascript.

Remarque ***Vous trouverez plus de détails sur les objets*** **Date** ***dans les chapitres suivants.***

La conversion de type

Non non, nous n'allons pas nous attarder sur les chutes de cheval du sieur Saül… il s'agit ici, plus prosaïquement, d'établir le schéma de conversion de type… Celui-ci est basé sur le principe suivant : le type majeur est le type chaîne de caractères.

Et avec le décodeur ça donne quoi ?

Etudions l'exemple suivant :

```
var monNombre = 13;
var maChaine = "78";
var autreChaine = "toto";
uneChaine = maChaine + monNombre;
unNombre = monNombre + maChaine;
uneErreur = monNombre + autreChaine;
uneAutreChaine = autreChaine + monNombre;
```

Nous nous sommes donné trois variables : *monNombre, maChaine* et *autreChaine.*

Nous leur avons affecté respectivement un nombre, une chaîne de caractères numérique et une chaîne de caractères non numérique. Puis, forts de ces superbes données, nous nous sommes amusés avec l'opérateur "+" que nous verrons plus en détail un peu plus loin. Nous pouvions légitimement espérer que la deuxième opération nous retournerait "91" et la troisième une erreur…

Il n'en est rien, le type dominant est la chaîne de caractères et la seule opération que nous avons faite plus haut est une concaténation de chaînes. Bref, voici les valeurs contenues dans nos "nouvelles" variables :

- *uneChaine* contient la valeur "7813"
- *unNombre* contient la valeur "1378"
- *uneErreur* contient la valeur "13toto"
- *uneAutreChaine* contient la valeur "toto13"

Il importe aussi de savoir que la conversion de type s'opère automatiquement à l'interprétation du code sur la machine cliente.

Les constantes non nommées (ou littérales) et les caractères spéciaux

Un "littéral" désigne en fait une valeur constante. C'est-à-dire encore, que contrairement à une variable, une constante ne peut pas être modifiée. On ne peut donc pas lui affecter une autre valeur que celle avec laquelle on la déclare. Les constantes sont de plusieurs types.

Les constantes entières

Les constantes entières se présentent sous trois formes :

- constantes décimales (base 10),
- octales (base 8),
- et hexadécimales (base 16).

Les constantes décimales

Une séquence de chiffres ne commençant pas par un 0 (zéro) est une constante décimale.

Important ***Sauf le nombre "0" qui vaut toujours zéro, attention !***

Exemple : 510, 0 et 1492 sont trois constantes entières décimales.

Les constantes octales

Une séquence de chiffres (différents des chiffres 8 et 9) commençant par un 0 (zéro) est une constante octale.

Exemple : 011 est une constante octale (qui vaut 15 en base 10).

Les constantes hexadécimales

Une séquence formée des chiffres allant de 0 à 9 ou des lettres a, b, c, d, e ou f (ou A, B, C, D, E ou F) précédée de 0x où 0X est une constante hexadécimale.

Exemple : 0xF est une constante hexadécimale (qui vaut 15 en base 10).

Les constantes à virgule flottante

Elles se présentent sous la forme suivante : un signe (facultatif), puis une mantisse et enfin un exposant (facultatif). C'est-à-dire encore qu'il s'agit d'une séquence (vide ou non) de chiffres, précédée (ou non) du signe "-", suivie d'un point "." et d'une autre séquence de chiffres (facultatifs). A cette première séquence, on peut ajouter l'exposant précédé d'un "e" (en minuscule ou en majuscule).

Exemple : 3.141592, -2E2, .28e-2 sont trois constantes à virgule flottante.

Les constantes booléennes

Le type booléen admet les deux constantes *true* et *false.*

Les constantes chaînes de caractères

Une constante chaîne de caractères est une séquence de caractères entourée de guillemets doubles (") ou simples ('). Une telle constante est obligatoirement délimitée par des guillemets de même nature (c'est-à-dire simples ou doubles). Ce qui permet par exemple d'utiliser des guillemets (") dans une chaîne délimitée par (') et vice versa. On peut introduire des caractères spéciaux au sein de telles constantes. Exemples de constantes chaînes de caractères :

```
"avant tabulation \t après tabulation"
'le 23 mai 1996'
"Ceci est ma première ligne \n et ceci ma seconde"
```

Les caractères spéciaux

Au sein des constantes chaînes de caractères, il est possible d'insérer les caractères spéciaux suivants :

Caractère	Correspondance
\b	effacement du caractère précédent
\f	saut de page
\n	passage à la ligne
\r	retour chariot
\t	tabulation horizontale

Rappel du premier script : déception !

Comme nous l'avons déjà dit, le script va s'insérer directement dans le code de la page HTML. Une première façon de faire est de placer les lignes de code entre les deux balises <SCRIPT LANGUAGE="Javascript"> et </SCRIPT> directement au sein du corps de notre page HTML.

```
<HTML>
<HEAD> <TITLE> Exemple 1 </TITLE> </HEAD>
<BODY>
<SCRIPT LANGUAGE="Javascript">
var affirmation = "Voila, joli non ?";
```

- affirmation *et* question *sont des noms de variables qui auraient pu s'appeler* toto, maChaineDebut...

```
var question = "Pas de cet avis ?";
maConcatenation = affirmation + "<BR>" + question
document.write(maConcatenation);
</SCRIPT>
</BODY>
</HTML>
```

En résultat, nous voyons s'afficher (avec un navigateur compatible Javascript, faut-il encore le préciser) ce qui suit :

```
Voila, joli non ?
Pas de cet avis ?
```

Comme notre œil perçant n'a pas manqué de le remarquer, placer un *var* devant une variable ne s'impose pas. Nous n'en avons pas mis devant la variable *maConcatenation* ! De même, nous aurions pu nous passer d'écrire un ";" à la fin de chaque ligne... Une fin de ligne est aussi un délimiteur d'instructions.

Mais qu'avons-nous fait réellement ?

Partant d'un code HTML simpliste composé des balises <HTML>, <HEAD>, <TITLE> et <BODY>, nous avons enrichi le corps de la page d'une nouvelle balise <SCRIPT>. Celle-ci admet l'attribut LANGUAGE qui permet de spécifier le langage choisi, Javascript en l'occurrence[1] ! Nous délimitons ainsi une zone de programmation implantée (encapsulée) directement au sein d'une page HTML.

A partir de là, nous pouvons définir deux variables :

- *affirmation*
- et *question*

auxquelles nous affectons deux constantes chaînes de caractères.

Puis dans un second temps, nous pouvons concaténer ces deux variables en intercalant la constante chaîne de caractères "<BR>" (balise HTML de saut de ligne) et affecter le résultat à la variable *maConcatenation.*

Enfin, pour visualiser le résultat, nous avons appliqué la méthode *write* à l'objet document (de la fenêtre en cours, du navigateur en cours) en passant la chaîne *maConcatenation* en argument. Nous verrons plus tard ce que cela signifie.

1. En effet, la norme a prévu de pouvoir spécifier d'autres langages. Aujourd'hui en l'occurrence Microsoft propose VB Script.

Et pourtant, nous sommes franchement un peu déçus ! Quel est l'apport de Javascript à l'HTML dans cet exemple précis ? Un surplus de complexité principalement et aucun résultat brillant pour justifier l'investissement ! Ne désespérons pas pour autant, ces quelques lignes sont déjà prometteuses... au moins du point de vue du traitement des chaînes de caractères.

Expressions et opérateurs

Les expressions

Remarque ***Dans cette partie nous allons traiter de la syntaxe de Javascript. Les utilisateurs avertis connaissant déjà le C ou la syntaxe de Java peuvent certainement se permettre de survoler cette partie !***

Une expression est une série de constantes, variables, opérateurs, fonctions ou expressions formant un ensemble valide du point de vue de la syntaxe Javascript et pouvant être assimilé, après validation, à une valeur unique. Cette valeur peut être numérique, logique ou chaîne de caractères. On distingue ici deux types d'expressions, celles qui affectent une valeur à une variable et celles qui retournent simplement une valeur.

Ainsi "x = 7" est une expression d'affectation tandis que "3 < 7" est une expression de valeur logique *true*.

Dans les expressions retournant des valeurs, on distingue les expressions arithmétiques (celles qui renvoient une valeur numérique), des expressions logiques (celles qui renvoient une valeur logique) et des expressions chaînes de caractères (celles qui renvoient une valeur chaîne de caractères).

Exemples :

```
(3 + 4) * 5
```

est une expression arithmétique,

```
(5 > 4) && (true || false)
```

est une expression logique de valeur *true* (c'est même une tautologie),

```
7 + " fleurs "
```

est une expression chaîne de caractères.

Le cas particulier de l'expression conditionnelle (opérateur ternaire)

Elle se présente de la façon suivante :

```
(maCondition) ? expressionAlors : expressionSinon
```

Et signifie "si la condition *maCondition* est vraie (de valeur logique *true*) alors évaluer l'expression *expressionAlors*, sinon évaluer l'expression *expressionSinon*". Exemple :

```
EligibleAuSenat = (age >= 35) ? "oui" : "non"
```

Cette expression affecte le résultat d'une expression conditionnelle (test sur l'âge renvoyant la chaîne de caractères "oui" ou "non") à la variable *EligibleAuSenat*.

Les opérateurs

Lorsqu'on présente les opérateurs, il est de bon ton de parler d'arité. Un opérateur d'arité *n* (avec *n*, entier naturel non nul) est un opérateur qui requiert *n* opérandes. Un opérateur d'arité 1 est aussi appelé opérateur unaire ("opérateur" "opérande" ou bien "opérande" "opérateur") et un opérateur d'arité 2 un opérateur binaire ("opérande n°1" "opérateur" "opérande n°2").

Nous avons déjà vu un exemple d'opérateur à 3 opérandes... Il s'agit de ce que l'on a défini sous le nom d'expression conditionnelle ("opérande n°1" ? "opérande n°2" : "opérande n°3").

Opérateurs arithmétiques

Opérateurs arithmétiques unaires

Ils sont au nombre de cinq.

L'opérateur et l'opérande	Descriptif associé
- opérande	changement de signe
++ opérande	incrémentation préfixée
-- opérande	décrémentation préfixée
opérande ++	incrémentation post-fixée
opérande--	décrémentation post-fixée

L'incrémentation en détail

Elle peut être préfixée (elle se présente alors sous la forme ++n où *n* est l'opérande c'est-à-dire la variable à pré-incrémenter d'une unité) ou post-fixée, (elle se présente alors sous la forme n++). Si l'incrémentation est préfixée alors l'expression ++n renvoie la valeur de la variable après incrémentation d'une unité. Si l'incrémentation est post-fixée, alors l'expression n++ renvoie la valeur de la variable avant incrémentation d'une unité.

Exemples :

```
var n = 4;
m = n++;
```

affecte à *n* la valeur 5 et à *m* la valeur 4, alors que :

```
var n = 4;
m = ++n;
```

affecte à *n* la valeur 5 et à *m* la valeur 5.

La décrémentation en détail

C'est la même chose, à l'envers !

Exemples :

```
var n = 4;
m = n--;
```

affecte à *n* la valeur 3 et à *m* la valeur 4, alors que :

```
var n = 4;
m = --n;
```

affecte à *n* la valeur 3 et à *m* la valeur 3.

Opérateurs arithmétiques binaires

Il y a d'abord les quatre opérateurs standard l'addition (+), la multiplication (*), la soustraction (-) et la division (/) auxquels on ajoute l'opérateur modulo (%). Il s'agit du reste dans la division entière d'un entier relatif par un autre.

Exemples :

```
var m = (-61 % 7);
var n = (61 % 7);
```

affecte la valeur entière "-5" à la variable *m* et la valeur entière "5" à la variable *n*.

Opérateur	**Descriptif associé**
opérande1 + opérande2	addition
opérande1 - opérande2	soustraction
opérande1 * opérande2	multiplication
opérande1 / opérande2	division
opérande1 % opérande2	reste dans la division entière de opérande1 (entier relatif) par opérande2

Opérateurs logiques

Ils peuvent porter sur des valeurs de variables booléennes ou bien directement sur des bits.

Les trois opérateurs logiques :

- L'opérateur de conjonction est le "&&" : c'est ce qui correspond au fameux AND de quelques autres langages.
- Celui de la disjonction, le "||", correspond au OR.
- Enfin, celui de la négation, le "!" est souvent utilisé en NOT.

Dans le détail…

```
(exp1 && exp2)
```

est vraie (a la valeur logique *true*) si et seulement si *exp1* et *exp2* sont deux expressions de valeur logique *true*.

```
(exp1 || exp2)
```

est vraie (a la valeur logique *true*) si et seulement si l'un des deux opérandes au moins est de valeur logique *true*.

```
(! exp)
```

est vraie si et seulement si l'opérande *exp* est de valeur logique *false*.

Remarque **(true || exp)** ***est toujours vraie quelle que soit la valeur logique de*** **exp *;* (false && exp)** ***est toujours fausse (a la valeur logique*** **false*)*** ***quelle que soit la valeur logique de*** **exp.**

Opérateurs logiques bit à bit, "bitwise"

Ils sont au nombre de 6. De tels opérateurs considèrent leurs opérandes comme des suites de 0 et de 1. Ainsi, ils commencent par convertir leurs opérandes en entiers sur 4 octets (32 bits). Chaque bit de la première série de bits (le premier opérande) est couplé au bit correspondant de la deuxième série de bits (le deuxième opérande) et l'opérateur s'applique alors au couple formé par les deux bits ainsi définis. Le résultat s'obtient alors comme construction de la série de bits résultants.

On définit les trois opérateurs binaires suivants :

- le "AND bit à bit" (&) renvoie 1 si et seulement si les deux bits opérandes sont à 1 ;
- le "OR bit à bit" (|) renvoie 1 si et seulement si l'un au moins des deux bits opérandes est à 1 ;
- le "XOR bit à bit" (^) renvoie 1 si et seulement si un seul des deux bits opérandes est à 1.

On définit aussi les opérateurs de décalage bit à bit :

Ce sont des opérateurs binaires dont le premier opérande est la valeur à "décaler" et le second le nombre de positions de décalage. Ces trois opérateurs sont :

```
"<<", ">>" et ">>>"
```

Ainsi, les expressions suivantes :

```
16<<2
-16<<2
16 >> 2
16 >>> 2
-16>>2
-16>>>2
```

renvoient respectivement pour résultat :

```
64
-64
4
4
-4
1073741820
```

L'opérateur de concaténation

L'opérateur de concaténation de chaînes de caractères est, comme nous l'avons déjà vu, le "+".

Opérateurs d'affectation

Ils sont au nombre de 12. Le plus simple d'entre eux est celui que nous manipulons depuis le début "=". Il affecte la valeur de l'opérande de droite à l'opérande de gauche. Celui-ci doit être une variable.

Opérateurs spécifiques d'affectation arithmétique :

Opérateur	Descriptif associé
x+=y	x=x+y
x-=y	x=x-y
x*=y	x=x*y
x/=y	x=x/y
x%=y	x=x%y

Opérateurs spécifiques d'affectation bit à bit :

Opérateur	Descriptif associé
x>>=y	x=x>>y
x<<=y	x=x<<y
x>>>=y	x=x>>>y
x&=y	x=x&y
x|=y	x=x|y
x^=y	x=x^y

Opérateur spécifique d'affectation de chaînes de caractères :

Opérateur	Descriptif associé
x +=y	x=x+y

Opérateurs de comparaison

Ces opérateurs peuvent porter sur des opérandes numériques ou sur des chaînes de caractères. Quand ils sont utilisés avec des opérandes de type chaîne de caractères, la relation d'ordre est de type lexicographique.

Opérateur	Descriptif associé
opérande1 == opérande2	renvoie le résultat logique *true* si et seulement si les deux opérandes sont égaux.
opérande1 != opérande2	renvoie le résultat logique *true* si et seulement si les deux opérandes ne sont pas égaux.
opérande1 > opérande2	renvoie le résultat logique *true* si et seulement si l'opérande de gauche est strictement supérieur à l'opérande de droite.
opérande1 < opérande2	renvoie le résultat logique *true* si et seulement si l'opérande de gauche est strictement inférieur à l'opérande de droite.
opérande1 >= opérande2	renvoie le résultat logique *true* si et seulement si l'opérande de gauche est supérieur ou égal à l'opérande de droite.
opérande1 <= opérande2	renvoie le résultat logique *true* si et seulement si l'opérande de gauche est inférieur ou égal à l'opérande de droite.

Priorités

Le tableau ci-dessous résume les ordres de priorité par opérateur en allant du “moins” prioritaire au “plus” prioritaire. Comme vous pourrez le constater, les parenthèses l'emportent sur tout le reste… aussi nous ne saurions trop vous conseiller de mettre le plus possible vos expressions entre parenthèses, cela vous évitera de mauvaises surprises !

Opérateur	Syntaxe
virgule	,
affectation	=, +=, -=, *=, /=, %=, >>=, <<=, >>>=, &=, |=, ^=
expression conditionnelle	? :
disjonction logique (OR)	||
conjonction logique (AND)	&&
Ou (OR) bit à bit	|
Ou exclusif (XOR) bit à bit	^
Et (AND) bit à bit	&

Opérateur	Syntaxe (suite)
Tests d'égalité	==, !=
Tests d'inégalités (ordres)	<, >, <=, >=
Décalage bit à bit	<<, >>, >>>
Addition, soustraction	+, -
Multiplication, division, modulo	*, /, %
Opérateurs de "négation", d'incrémentation	!~, -, ++, --
Parenthèses	(), []

Exemple : L'évaluation de "3 + 4 * 2" retournera 11 et non 14 car la multiplication l'emporte sur l'addition. Pour obtenir 14, il faudrait écrire "(3 + 4) * 2".

Les instructions du langage

Les structures de contrôle

Utiliser les structures de contrôle du langage consiste à employer l'un des mots clés suivants avec la syntaxe appropriée :

```
break
if... else
commentaires  (voir § les commentaires)
return (voir § procédures et fonctions)
continue
var (voir § les variables)
for
while
for in
with
function (voir § procédures et fonctions)
```

Remarque ***Une instruction peut être écrite sur plusieurs lignes. Une ligne peut contenir plusieurs instructions à condition de séparer celles-ci par des points-virgules (;).***

Instructions conditionnelles

Elles sont de deux types : "si… alors" et "si… alors… sinon", et s'écrivent comme suit en Javascript :

```
if (maCondition)
   {
   instructionAlors
   }
else
   {
   instructionSinon
   }
```

d'une part, et :

```
if (maCondition)
   {
   instructionAlors
   }
```

d'autre part.

L'instruction *instructionAlors* sera traitée si et seulement si la valeur de *maCondition* est *true.*

Les boucles itératives et interruptions de boucles

L'instruction for

Voici la syntaxe de cette instruction :

```
for (expressionInitiale ; conditionDePoursuite ; miseAjourCompteur)
   {
   bloc d'instructions
   }
```

Elle permet de boucler sur un bloc d'instructions tant que la condition de poursuite de boucle *conditionDePoursuite* est vraie. A chaque itération, il y a mise à jour de l'expression *miseAjourCompteur.* La condition initiale est donnée par *expressionInitiale.*

Quelques exemples d'utilisation

```
for (var compteur = 0 ; compteur< 10 ; compteur += 2)
   {
   alert("A ce passage le compteur vaut " + compteur);
   }
```

Nous verrons cinq boîtes de dialogue s'afficher.

```
for (var i = 24 ; i > 10 ; i -= 10)
   {
   alert("A ce passage le compteur vaut " + i);
   }
```

Nous verrons deux boîtes de dialogue s'afficher.

```
for(;;)
   {
   if (confirm("Voulez-vous continuer cette boucle infinie ?")==false)
      break;
   }
```

L'exemple ci-dessus peut, s'il est mal contrôlé, s'avérer très dangereux. Il permet en effet de boucler indéfiniment (instruction *for(;;)*). Dans ce cas précis, seul le *break* (instruction que nous étudions plus loin) permet de sortir de la boucle infinie.

for… in *par l'exemple*

Construisons un tableau…

```
function tableau (n)
   {
   for(var i=0 ; i<n ; i++)
      this[i]=i;
   }
```

et servons-nous de l'instruction *for… in* pour parcourir l'objet tableau A comme suit :

```
function ForIn ()
   {
   A = new tableau(4);
   for (c in A)
      {
      alert(c);
      }
   }
```

L'instruction while

Voici la syntaxe de cette instruction :

```
while (conditionDePoursuite)
   {
   bloc d'instructions
   }
```

Elle permet de boucler sur un bloc d'instructions tant que la condition de poursuite de boucle *conditionDePoursuite* est vraie.

Quelques exemples d'utilisation

```
var i = 1;
while (i < 5)
   {
   alert("Voici le passage numero " + i);
   i++;
   }
```

Il y aura quatre passages (boîtes de dialogues).

Dans l'exemple suivant, par contre, il s'agit d'une boucle infinie (puisque le mot clé du langage *true* est toujours vrai) dont nous ne sortirons que grâce à l'instruction *break* (voir plus loin).

```
while (true)
   {
   if (confirm("Voulez-vous continuer cette boucle infinie ?")==false)
      break;
   }
```

L'instruction break

Cette instruction permet d'interrompre "prématurément" la boucle *for* ou *while* en cours et de passer à l'instruction qui suit immédiatement. Reprenons les deux exemples vus précédemment :

```
while (true)
   {
   if (confirm("Voulez-vous continuer cette boucle infinie ?")==false)
      break;
   }
```

Cet exemple comme le prochain ne doivent leur “interruption” qu’à l’instruction *break*. Attention, ce type de branchement n’est pas toujours très “sain”.

```
for (;;)
   {
   if (confirm("Voulez-vous continuer cette boucle infinie ?")==false)
      break;
   }
```

L’instruction continue

De même que l’instruction *break*, l’instruction *continue* provoque une interruption de l’itération en cours. Là, en revanche, nous ne quittons pas forcément la boucle ; en fait, cette instruction nous force à abandonner le traitement en cours et à passer à l’itération suivante.

Important

Déboguer un programme qui abuse des instructions* break *et* continue *est chose plutôt ardue. Aussi, nous vous recommandons d’éviter, dans la mesure du possible, d’y faire appel.

L’instruction *with* par l’exemple

Cette instruction permet d’éviter de rappeler à chaque fois le nom de l’objet auquel nous faisons référence (quand il s’agit du même objet !). Dans l’exemple qui suit, *maintenant* est un objet prédéfini *Date*. Or, nous lui appliquons plusieurs méthodes différentes. Comme nous avons jugé trop répétitif le fait d’écrire à chaque fois *maintenant.get***()*, nous avons préféré placer le mot clé *with* en en-tête. Cette instruction porte, naturellement, sur tout le bloc d’instructions qui la suit immédiatement et qui est encadré par des accolades. Pour plus de détails sur les objets *Date*, consultez le Chapitre 3.

```
maintenant = new Date();
with (maintenant)
   {
   document.write(getDate() + "<BR>");
```

- document.write (toto) *permet d’afficher le contenu de* toto.

```
   document.write(getDay() + "<BR>");
   document.write(getMonth() + "<BR>");
   document.write(getHours() + "<BR>");
   document.write(getMinutes() + "<BR>");
   }
```

Procédures et fonctions

Une procédure est un sous-programme, relativement autonome, qui peut être appelé depuis un autre endroit du programme principal. Une fonction est un cas particulier de procédure qui retourne une valeur alors qu'une procédure n'en retourne pas systématiquement.

Ecrire une procédure permet d'éviter les redondances de code inutiles. Mais cela permet aussi de structurer le code, de le rendre plus lisible et donc plus facile à maintenir.

Syntaxe d'une procédure

```
function identificateurDeLaProcedure (parametre1,…, parametreN)
  {
  liste des instructions de la procédure
  }
```

Syntaxe d'une fonction

Une fonction retourne effectivement une valeur (par le biais du mot clé *return* du langage) au programme appelant. Sa syntaxe est la suivante :

```
function identificateurDeLaFontion (parametre1,…, parametreN)
  {
  liste des instructions de la fonction
  return (resultat);
  }
```

Un petit exemple

Si nous devons calculer le volume de plusieurs sphères de rayons différents, nous gagnons du temps à écrire au préalable une fonction qui calcule le volume d'une sphère dans le cas général. La fonction suivante renvoie justement le volume d'une sphère en fonction du rayon :

```
function volumeSphere (rayon)
  {
  var resultat = 4 * Math.pow(rayon,3) * Math.PI / 3;
  return (resultat);
  }
```

Pour plus d'explications sur la raison d'être du *Math.pow()* et du *Math.PI* ci-dessus, reportez-vous à ce qui concerne l'objet "built-in" *Math* dans le Chapitre 3.

Les commentaires

Ils permettent de placer au sein d'un code des remarques faites par l'auteur qui ne doivent pas apparaître à l'affichage (c'est-à-dire à leur interprétation) sur le navigateur du client. Il ne faut pas confondre les commentaires du langage Javascript avec ceux propres à l'HTML.

En HTML

Les lignes de commentaire doivent être placées au sein d'une balise spéciale commençant par "<!-" et se terminant par "->", comme dans l'exemple suivant :

```
<!- Première ligne de commentaire HTML
Deuxième ligne de commentaire HTML
Troisième ligne de commentaire HTML ->
```

En Javascript

Javascript présente deux types de commentaires :

Le commentaire sur une ligne se présente de la façon suivante :

```
// Voici une ligne de commentaire Javascript
```

Le commentaire sur plusieurs lignes se présente de la façon suivante :

```
/* Première ligne de commentaire Javascript
Deuxième ligne de commentaire Javascript
Troisième ligne de commentaire Javascript */
```

Quelques conseils et rappels

Placer le code Javascript

Où placer le code Javascript dans une page HTML ?

Une seule réponse...

Il est préférable de placer le script dans l'en-tête de page HTML (c'est-à-dire entre les balises <HEAD> et </HEAD> après le titre du document). De cette façon, le code des procédures et fonctions est chargé en premier. Cela évite les messages d'erreur en cas de tentative d'accès à des fonctionnalités non encore chargées.

… à nuancer !

A défaut de pouvoir placer tout le code Javascript dans l'en-tête, il faut tout de même veiller à y mettre au moins les définitions de fonctions, procédures et méthodes (constructeurs y compris).

Et pour les navigateurs non compatibles

Comment masquer le code Javascript aux navigateurs non compatibles ?

Il existe encore beaucoup de navigateurs clients incapables de lire et d'interpréter du code Javascript. Pour ces "malchanceux", il faut être tolérants et même compréhensifs en leur évitant de supporter pléthore de signes cabalistiques au chargement de nos scripts… Comment faire ?

Il suffit en fait de placer tout le contenu de nos scripts en commentaires HTML… de la façon suivante :

```
<HTML>
<HEAD>
<TITLE> Soyons gentils </TITLE>
<SCRIPT LANGUAGE="Javascript">
<!-
… nous venons d'ouvrir une balise de commentaire HTML…
… plaçons ici nos lignes de code Javascript…
… il faut à présent fermer notre commentaire HTML (et placer la
balise de fermeture elle-même en commentaire pour l'interpréteur
de code Javascript…
// -->
</SCRIPT>
</HEAD>
<BODY>
… plaçons ici le contenu de notre page HTML…
… et nos scripts si besoin, en prenant soin de reproduire la
technique vue dans l'en-tête de document…
</BODY>
</HTML>
```

Appeler le code Javascript

Comment appeler du code Javascript à partir d'une page HTML ?

Il y a deux façons de procéder : par insertion d'un script au sein du corps de document HTML, ou par activation des attributs (liés à la réception d'événements) de certaines balises de l'HTML.

Important **_Ne confondons pas l'appel d'une fonction avec la définition de cette fonction. La définition doit précéder l'appel… de même qu'il vaut mieux avoir été mis au monde pour pouvoir être "appelé" sous les drapeaux !_**

La définition d'une fonction consiste à écrire la suite des instructions qui la composent. L'appel d'une fonction est une instruction composée uniquement du nom de la fonction et de la suite des arguments concernés (entre parenthèses).

Appel de code Javascript au sein du corps d'un document HTML

Il faut procéder de la façon suivante :

```
<HTML>
<HEAD>
<TITLE> Un exemple </TITLE>
</HEAD>
<BODY>
<SCRIPT LANGUAGE="Javascript">
alert("Bonjour");
```

- *La fonction* alert() *est une fonction prédéfinie du langage (ou plus précisément encore une méthode de l'objet* window*).*

```
</SCRIPT>
</BODY>
</HTML>
```

Appel de code par activation d'attribut de balise HTML

Il faut procéder de la façon suivante :

```
<BALISE surEvenement = "le Code Javascript">
```

L'exemple suivant a exactement le même effet que le précédent :

```
<HTML>
<HEAD>
<TITLE> Un exemple </TITLE>
</HEAD>
<BODY onLoad = "alert('Bonjour');">
```

- *La fonction* alert() *est une fonction prédéfinie du langage (ou plus précisément encore une méthode de l'objet* window*).*

```
</BODY>
</HTML>
```

Les guillemets simples et doubles

Qu'appelons-nous guillemets simples et doubles ?

Un guillemet simple, c'est une apostrophe ('). Des guillemets doubles (") sont un type particulier de guillemets.

Il faut alterner leur utilisation

Observons de plus près l'instruction suivante :

```
<BODY onLoad = "alert('Bonjour');">
```

Que remarquons-nous ? D'abord, les guillemets simples et doubles fonctionnent par paires (il faut toujours fermer un guillemet qui a été ouvert au préalable, qu'il soit simple ou double). Ensuite, nous cherchons à insérer la constante chaîne de caractères 'Bonjour' (placée entre guillemets simples) comme argument au sein d'une séquence de code elle-même entre guillemets doubles. Pour prévenir tout risque de confusion des fins de chaînes par l'interpréteur, nous sommes obligés d'alterner l'emploi des guillemets simples et doubles. Mais nous aurions aussi pu chercher à insérer la constante " Bonjour " (entre guillemets doubles) comme argument au sein d'une séquence de code elle-même entre guillemets simples, comme dans l'exemple suivant :

```
<BODY onLoad = 'alert("Bonjour");'>
```

Eh bien ça marche aussi ! Fantastique, n'est-ce pas ? La vie en "LiveScript[2]" est décidément une bien belle chose.

Compliquons le problème

Premier temps

Si nous souhaitons voir apparaître un message d'alerte lui-même placé entre guillemets doubles au sein de notre fenêtre de dialogue, il va nous falloir écrire l'instruction suivante :

```
<BODY onLoad = 'alert(" \" Bonjour \" ");'>
```

---

2. "LiveScript" a été la première dénomination de Javascript. Il se peut que vous trouviez encore des documents comportant la balise <SCRIPT LANGUAGE = LiveScript>. Aujourd'hui ce terme revient à la mode car on parle de LiveObject pour décrire des objets de communication placés sur le Net entre des processus Java ou Javascript (LiveScript) et un site de type LiveSite ou LiveWire. Vous trouverez en fin de cet ouvrage, dans le cadre des évolutions Javascript 1.1, des informations sur "LiveConnect".

Comme nous pouvons aisément le deviner, la barre oblique inverse (\) placée devant le guillemet double au sein d'une chaîne de caractères force l'interprétation du guillemet double comme caractère "normal".

Deuxième temps

Si nous souhaitons voir apparaître un message d'alerte lui-même placé entre guillemets simples au sein de notre fenêtre de dialogue, il va nous falloir écrire l'instruction suivante :

```
<BODY onLoad = "alert(' \' Bonjour \' ');">
```

Comme nous pouvons aisément le deviner, la barre oblique inverse (\) placée devant le guillemet simple au sein d'une chaîne de caractères force l'interprétation du guillemet simple comme caractère "normal".

Les fonctions dites "built-in" de Javascript

Les fonctions "built-in" sont des primitives autonomes du langage qui peuvent nous rendre de grands services. Par autonome, nous voulons signifier que nous ne les rattachons pas à un type d'objets bien précis... Elles peuvent donc s'utiliser comme de simples fonctions : seules.

escape

Cette fonction prend un caractère ISO Latin-1 en argument et renvoie le code ASCII correspondant. Ainsi, les deux lignes qui suivent :

```
document.write(escape("é") + "<BR>");
document.write(escape("&") + "<BR>");
```

renvoient en résultat (la balise <BR> réalisant au passage le saut de ligne) :

```
%E9
%26
```

Ceci donne donc le code ASCII correspondant aux caractères "é" (l'hexadécimal E9 correspond au décimal 233) et "&".

Cette fonction peut être pratique pour traiter des textes en provenance de plates-formes différentes.

eval

Cette primitive évalue des expressions arithmétiques et renvoie un nombre. Comparons les deux lignes de code suivantes :

```
document.write(eval("15 + 15") + "<BR>");
document.write("15 + 15" + "<BR>");
```

La première retourne "30" et la seconde "15 + 15", avouons que ça n'est pas exactement la même chose !

Interprétation dynamique de code

En fait, la primitive *eval* permet d'évaluer (nous pouvons presque dire d'interpréter) dynamiquement une expression à l'exécution du script. Cette fonction, d'apparence assez modeste, peut s'avérer très utile. Mais, pour nous en persuader, étudions le petit script ci-dessous. Attention, il fait appel à plusieurs outils et mots clés du langage qui ne sont pas tous absolument triviaux... aussi pouvons-nous nous y arrêter un peu.

Le but de ce script est d'évaluer à l'exécution le contenu d'un objet tableau à un indice donné. C'est-à-dire encore de restituer la valeur de A[2] sans l'écrire explicitement mais en évaluant en fait la concaténation de caractères suivante : "A" + "[" + 2 + "]". Ainsi, comparons les deux instructions suivantes (A étant défini comme tableau) :

```
document.write( eval("A" + "[" + 2 + "]") )
document.write("A" + "[" + 2 +"]")
```

Alors que la première retournera la valeur contenue dans A[2] (c'est-à-dire "4" dans le script qui suit), la seconde retournera la chaîne de caractères "A[2]" non évaluée !

```
<HTML>
<BODY>
<SCRIPT LANGUAGE="Javascript">
var taille = 3;
```

- *Nous venons de déclarer une variable globale appelée taille, qui correspond au nombre d'éléments que nous allons placer dans les tableaux A et B.*

```
function tableau(n)
   {
   for (var i=0 ; i < n ; i++)
      this[i]=2*i;
   }
```

- *Ce constructeur est un constructeur de tableaux. Il affecte la valeur "2*i" au*
- *$i^{ème}$ élément du tableau.*

```
A = new tableau(taille);
B = new tableau(taille);
```

- *Nous venons de déclarer A et B comme tableaux à 3 éléments chacun (ce sont des variables globales). Les deux boucles imbriquées ci-dessous permettent de parcourir les deux tableaux A et B.*

```
for (var i=41 ; i < 43 ; i++)
   for (var j=0 ; j < taille ; j++)
      {
```

- *unescape("%41") renvoie la lettre A*
  unescape("%42") renvoie la lettre B

```
      element = unescape("%" + i) + "[" + j + "]";
      document.write(element + " = " +eval(element) +"<BR>");
      }
```

- *La variable* element *permet de répertorier les différentes chaînes de caractères "A[0]", "A[1]", "A[2]", "B[0]", "B[1]" et "B[2]".*

```
</SCRIPT>
</BODY>
</HTML>
```

A l'exécution, nous obtenons le résultat suivant :

```
A[0] = 0
A[1] = 2
A[2] = 4
B[0] = 0
B[1] = 2
B[2] = 4
```

Remarque ***C'est cette technique que nous allons employer dans l'exemple de la note de frais.***

isNaN

Cette méthode, qui ne fonctionne que sur certaines plates-formes (et pas sous Windows), teste son argument et renvoie la valeur logique *true*, si et seulement si celui-ci est un *NaN*, et *false* sinon. Elle permet d'envisager les cas où la méthode *parseFloat* (ou *parseInt*) renvoie *NaN* pour résultat. Nous évitons ainsi de "bloquer" notre navigateur pour une erreur dans une expression numérique (car *NaN*, contrairement à 0, n'est pas un nombre).

parseFloat

Cette méthode prend en argument une chaîne de caractères et renvoie le nombre en virgule flottante associé ou bien 0 (ou *NaN*, selon la plate-forme cliente) en cas d'échec. Voici quelques exemples classiques :

```
document.write(parseFloat(" 3.14 ") + "<BR>");
document.write(parseFloat(" - 314E-2") + "<BR>");
document.write(parseFloat(" 0.0314e+2") + "<BR>");
document.write(parseFloat(" toto ") + "<BR>");
```

et les résultats correspondant obtenus sur un type de client :

```
3.1400000000000001
-3.1400000000000001
3.1400000000000001
0
```

parseInt

Cette méthode prend deux arguments en entrée (une chaîne de caractères *ch* et un entier *b*) et retourne l'entier correspondant à *ch* écrit dans la base *b* ou bien 0 (ou *NaN* selon la plate-forme) en cas d'échec. Voici quelques exemples d'utilisation. Tous renvoient l'entier 15.

```
document.write(parseInt(" 15 ", 10) + "<BR>");
document.write(parseInt(" F  ", 16) + "<BR>");
document.write(parseInt(" 17 ", 8) + "<BR>");
document.write(parseInt(15.99 ,10 ) + "<BR>");
```

unescape

Cette fonction prend une chaîne de caractères en argument et renvoie le caractère ISO Latin-1 correspondant. La chaîne de caractères à passer en argument doit être du type "%n" où *n* est un entier naturel compris entre 0 et 255. Les deux lignes qui suivent permettent d'afficher le caractère "&" sur notre navigateur :

```
document.write(unescape("%26"));
document.write(unescape("%" + 0x1A));
```

Comme nous pouvons le constater, nous avons utilisé la numérotation hexadécimale dans le deuxième cas (rappel : 26 s'écrit 0x1A en base 16).

Le petit script suivant permet d'afficher la liste des caractères ISO Latin-1 affichés par notre navigateur préféré (0x0 et 0xFF désignent respectivement 0 et 255 en base 10)...

```
<HTML>
<BODY>
<SCRIPT LANGUAGE="Javascript">
for (var i=0x0 ; i <= 0xFF ; i++)
   document.write(i + " -- " + unescape("%" + i) + "<BR>");
</SCRIPT>
</BODY>
</HTML>
```

Tout comme le suivant... à ceci près que là, nous faisons un peu de mise en forme ! Nous avons en effet décidé de placer tous ces caractères dans un tableau de 16 lignes, 16 colonnes et d'inscrire dans chacune des cases l'indice de la case et sa correspondance ISO Latin-1 (avec pour séparation un trait horizontal large de 75%).

```
<HTML>
<BODY>
<SCRIPT LANGUAGE="Javascript">
document.write("<TABLE BORDER>");

for (var i=0 ; i <= 15 ; i++)
   {
   document.write("<TR>");
   for (var j=0 ; j <= 15 ; j++)
      {
      indice = i*16+j;
      document.write("<TD>" + indice + "<HR WIDTH=75%>"
         + unescape("%" + indice) + "</TD>");
      }
   document.write("</TR>");
   }
document.write("</TABLE>");
</SCRIPT>
</BODY>
</HTML>
```

Javascript et la notion d'objet

Chapitre 3

Même si Javascript n'est pas un langage orienté objet à part entière, il utilise abondamment la notion d'objet.

Ce chapitre présente l'utilisation des objets, de leurs propriétés et de leurs méthodes, que ces objets soient prédéfinis ou créés par l'utilisateur.

Non nova, sed nove !

Alors là, soyons clairs ! Javascript n'apporte rien de bien fulgurant à la grande famille des langages "orientés objets"... loin de là. Javascript est même plutôt de la catégorie poids plume en ce qui concerne la POO (programmation orientée objets). Mais de quoi s'agit-il au fait ?

En première approximation, cela revient à dire qu'il existe des structures du langage auxquelles sont associées des propriétés, mais aussi des fonctions ou procédures (que nous appellerons méthodes) ainsi que des événements spécifiques. Ces structures évoluées s'appellent objets. Le langage possède un grand nombre d'objets prédéfinis, mais comme les concepteurs ont pensé à tout, ils nous offrent la possibilité de créer les nôtres en propre. Royal, n'est-il pas ?

Passons tout de suite à la pratique... histoire d'étudier le concept d'un peu plus près !

Les objets définis par l'utilisateur

Considérons donc le plus bel objet qui soit

Par exemple l'objet *Bonnetière* (non, non elle n'est pas celle que vous croyez). Ça tombe bien, monsieur Toto en possède justement une, tout comme son ami Momo ! Le petit problème, c'est que les deux amis s'affrontent depuis quelque temps pour savoir laquelle est la plus jolie et, surtout, laquelle est la moins volumineuse. Question d'époque et de mœurs ma bonne dame...

Comment allons-nous pouvoir les départager ? Il s'agit *grosso modo* de deux objets d'une même classe ou deux instances (pour reprendre un terme de la terminologie officielle) différentes de cette classe. La première instance — le premier exemplaire — appartient à Toto et mesure 90*60*90 (profondeur * largeur * hauteur, en centimètres), la seconde est à Momo et ses dimensions sont 100*100*100 (bref le mètre cube).

Le premier des traitements à faire est, une fois ces deux instances définies, de calculer les volumes, puis d'afficher les résultats. Nous les laissons en tirer les conséquences qui s'imposent !

La classe *Bonnetière* est donc définie par la donnée de 4 attributs (le propriétaire et les trois dimensions) dont les valeurs sont spécifiques à chacun des objets, et de 2 méthodes (calcul et affichage), communes à tous les objets de la classe. Mettons cela en forme... façon de parler !

Important

Javascript utilise en fait une restriction de la notion de classe des langages orientés objet. Les classes de Javascript ne permettent que la création d'objets (instanciation), et n'autorisent ni l'héritage ni la création de sous-classes. C'est pourquoi dans la suite de cet ouvrage nous les appellerons pseudo-classes. D'autres ouvrages les appellent parfois objets et doivent alors utiliser le terme instances d'objets pour les objets créés.

Accéder aux propriétés d'un objet

Nous accédons à la propriété *unePropriete* de l'objet *monObjet* par la syntaxe :

```
monObjet.unePropriete
```

Ainsi, si *totoBonnetiere* désigne l'objet du sieur Toto, *totoBonnetiere.profondeur* a la valeur numérique 90 et *totoBonnetiere.possesseur* a la valeur chaîne de caractères "Toto".

Les méthodes de *Bonnetière*

Les méthodes de cette pseudo-classe sont des fonctions ou procédures spécifiques : nous ne calculerions pas le volume d'une carte de visite ou d'un objet virtuel. Ces méthodes sont composées d'expressions formant un ensemble cohérent et dotées d'une tâche bien précise comme par exemple afficher un résultat, ou bien servir le café (option qui sera probablement proposée en standard sur les prochains navigateurs...).

Ces méthodes peuvent être appelées dans un script ou sur réception d'un événement dans une page HTML. Il est vivement recommandé de les définir dans l'en-tête du document, zone délimitée par les balises <HEAD> et </HEAD>, afin qu'elles arrivent en premier lors du chargement de la page. Cela évite de mauvaises surprises si le chargement se prolonge... et si l'internaute, lassé d'attendre, commence à cliquer sur tout ce qui se présente.

Pour les définir, il faut procéder de la façon suivante :

- Commencer par identifier la méthode en tant que telle à l'aide du mot clé du langage *function* suivi du nom de la méthode, comme suit :

```
function volume
```

- Puis, passer la liste des arguments entre parenthèses en les séparant par des virgules :

```
function volume(argument1,…,argumentN)
```

- Enfin, écrire la liste des instructions entre accolades :

```
function volume(parametre1,…,parametreN)
   {
   //... Liste des instructions de la méthode...
   }
```

What's "this", my dear ?

Bon, nous voilà fixés maintenant ! Mais comment définir la pseudo-classe de notre objet préféré ?

Tout simplement à l'aide d'une méthode un peu différente des autres appelée constructeur. Un constructeur est une fonction qui prend en arguments les valeurs affectées ensuite aux propriétés des objets, et qui répertorie les méthodes communes aux objets de la pseudo-classe. Attention, cette notion est capitale. N'hésitons pas à nous arrêter pour bien nous en pénétrer.

Pour définir un constructeur, il faut procéder comme suit :

1. Utiliser le mot clé du langage *function* suivi du nom de la pseudo-classe et de la liste des arguments (entre parenthèses).

```
function Bonnetiere(poss,prof,larg,haut)
```

2. Puis intercaler la liste des instructions entre accolades. Ces instructions ne sont en fait qu'une série d'affectations des valeurs des arguments aux propriétés des objets, suivies des définitions des méthodes de la pseudo-classe. Pour ce faire, il faut utiliser le mot clé du langage *this* :

```
   {
   // on affecte les valeurs des arguments aux propriétés des objets
   this.possesseur = poss;
   this.profondeur = prof;
   this.largeur = larg;
   this.hauteur = haut;
   // on déclare les fonctions "volume" et "afficher"
   // comme méthodes de la pseudo-classe "Bonnetiere"
   this.volume = volume;
   this.afficher = afficher;
   }
```

Remarque ***Nous venons de voir un mot clé important du langage :*****this*****. Celui-ci représente l'objet en cours, même quand on ne connaît pas son nom, et permet ici de désigner un élément générique de la pseudo-classe en cours de définition.***

3. Le problème qui se pose ensuite est celui de "l'instanciation". En effet, un constructeur n'a d'intérêt que s'il permet de créer des représentations "manipulables" de sa pseudo-classe.

Voyons ci-dessous ce dont il s'agit... Vous remarquerez que dans nos scripts nous avons fait une nette distinction entre propriété et méthode.

Instancier un objet — mot clé *new*

La notion d'objet est un formidable concept et outil de programmation. En effet, en définissant une pseudo-classe par un constructeur et les méthodes rattachées, nous avons en fait défini un ensemble d'entités qui respectent les mêmes règles et ont les mêmes caractéristiques, attributions et comportements. Or, définir une classe d'entités potentielles ne suffit pas... il faut à présent leur "donner chair", les instancier. La pseudo-classe *Bonnetiere* est une notion très théorique, sans réelle consistance, alors que Toto et Momo possèdent chacun leur propre bonnetière, bien identifiable.

Comment allons-nous procéder ?

Tout simplement en utilisant le mot *new* de Javascript. Ce mot clé permet en fait d'allouer un emplacement mémoire à la variable.

Nous l'utilisons de la manière suivante :

```
monInstance = new MaClasse(argument1,…, argumentN)
```

monInstance correspond à l'identifiant de la variable (objet instance de la pseudo-classe *MaClasse*) manipulée par la suite. Quand nous écrivons cette instruction, nous faisons appel au constructeur (cette méthode un peu "spéciale" qui porte le nom de la pseudo-classe) de l'objet. Nous allouons alors l'emplacement mémoire nécessaire pour stocker toutes les propriétés de l'instance.

Pour clarifier encore un peu plus les explications, "instancions la bonnetière de Toto". Nous avons choisi d'appeler l'instance *totoBonnetiere*, pour ne pas la confondre dans le reste de notre page, avec celle de Pierre, Jacques, Paul ou Momo. Cela donne :

```
totoBonnetiere = new Bonnetiere("Toto",90,60,90);
```

Exemple récapitulatif

- Titre et en-tête standard :

```
<HTML>
<HEAD>
<TITLE> Parlez-vous objets ? </TITLE>
<SCRIPT LANGUAGE="Javascript">
```

- Première méthode pour le calcul du volume :

```
function volume()
   {
   return (this.profondeur*this.largeur*this.hauteur);
   }
```

- Deuxième méthode pour l'affichage du résultat :

```
function afficher()
   {
   var chaine = this.possesseur
      + " est fier de vous annoncer que sa "
      + "bonnetiere presente un volume de "
      + this.volume() + " cm<SUP>3</SUP><BR>";
   document.write(chaine);
   }
```

- Définissons la pseudo-classe *Bonnetiere* :

```
function Bonnetiere(poss,prof,larg,haut)
   {
   // propriétés
   this.possesseur = poss;
   this.profondeur = prof;
   this.largeur = larg;
   this.hauteur = haut;
   // méthodes
   this.volume = volume;
   this.afficher=afficher;
   }
</SCRIPT>
</HEAD>
<!- Un peu d'HTML tout de même...->
<BODY>
<!- Heu, pardon, reprenons du Javascript->
<SCRIPT LANGUAGE="Javascript">
```

- Créons deux objets *Bonnetiere* :

```
totoBonnetiere = new Bonnetiere("Toto",90,60,90);
momoBonnetiere = new Bonnetiere("Momo",100,100,100);
```

- Et affichons les résultats :

```
totoBonnetiere.afficher();
momoBonnetiere.afficher();
</SCRIPT>
</BODY>
</HTML>
```

Les objets prédéfinis

Nous l'avons déjà dit, si les concepteurs du langage nous ont laissé la liberté de créer nos propres objets, ils n'ont pas pour autant oublié de nous livrer une bonne boîte à outils de création d'objets prédéfinis avec le langage. Comme nous le verrons plus tard, nous pouvons même enrichir tous ces objets prédéfinis pour les modeler selon nos besoins.

Remarque ***Javascript prédéfinit en fait des pseudo-classes, il reste à instancier les objets nécessaires. Ces objets sont néanmoins prédéfinis en ce sens qu'il est possible de les instancier sans définition préalable !***

Il existe deux types d'objets prédéfinis dans Javascript : les objets qui portent le joli nom de "built-in" dans la terminologie officielle, définis par l'interpréteur lui-même, et les objets propres au navigateur du client. En fait, il existe aussi des objets propres au serveur. Mais c'est une autre histoire que nous verrons par la suite.

Les objets "built-in"

Ces objets sont assez basiques et "indépendants" en ce sens qu'ils ne se rapportent pas à proprement parler au client ou au serveur. Javascript prédéfinit trois pseudo-classes : *String*, *Math* et *Date*. Nous les manipulons en fait depuis le début (au moins pour les chaînes de caractères) sans le savoir, à la façon de monsieur Jourdain... Etudions-les plus en détail en commençant par les chaînes de caractères.

Important ***Il n'existe pas d'événements associés aux objets "built-in" (la notion d'événement est définie dans le chapitre suivant).***

Les objets *String*

Lorsque nous définissons une constante ou une variable chaîne de caractères, Javascript crée (de façon transparente pour l'utilisateur que nous sommes) une instance de la pseudo-classe *String*, équivalent du type *String* dans d'autres langages. Ainsi :

```
laPlusJolieDesRegionsDeFrance = "Normandie";
```

crée un objet *String* (nous pourrons désormais employer cette expression plutôt que "instance ou objet de la pseudo-classe *String*") portant le nom *laPlusJolieDesRegionsDeFrance*.

Leur unique propriété

length	Cette propriété est la longueur de la chaîne de caractères.

Ainsi, pour la variable définie ci-dessus :

- *laPlusJolieDesRegionsDeFrance.length* vaut 9,
- alors que *document.write("".length)* renvoie **0** : la longueur de la chaîne de caractères vide vaut 0... ce qui est cohérent.

Remarque ***A la manipulation, une chaîne de caractères est assimilable à un tableau de* length *caractères consécutifs.***

Leurs méthodes

Les méthodes de "formatage" retournent toutes des chaînes de caractères au format HTML. Pour les visualiser sur notre navigateur préféré (et compatible Javascript !) il faut écrire l'instruction suivante :

```
document.write(maChaine.uneMethode(listeDesParametres));
```

Méthodes	de formatage
anchor	*"FI SYSTEM".anchor("FI")* renvoie une chaîne de caractères équivalente à : ***<A NAME="FI"> FI SYSTEM </A>***.
big	*"Bonjour".big()* renvoie la chaîne de caractères ***<BIG> Bonjour </BIG>***.
blink	*"Bonjour".blink()* renvoie la chaîne de caractères ***<BLINK> Bonjour </BLINK>***.
bold	*"Bonjour".bold()* renvoie la chaîne de caractères ***<B> Bonjour </B>***.
fixed	*"Bonjour".fixed()* renvoie la chaîne de caractères ***<TT> Bonjour </TT>***.
fontcolor	*"Bonjour".fontcolor("#FF0000")* renvoie la chaîne ***<FONT COLOR="#FF0000"> Bonjour </FONT>***.
fontsize	*"Bonjour".fontsize(5)* renvoie la chaîne de caractères ***<FONT SIZE=5> Bonjour </FONT>***.
italics	*"Bonjour".italics()* renvoie la chaîne de caractères ***<I> Bonjour </I>***.
link	*"FI SYSTEM".link("http://www.fisystem.fr/")* renvoie une chaîne de caractères équivalente à : ***<A HREF="http://www.fisystem.fr/"> FI SYSTEM </A>***.
small	*"Bonjour".small()* renvoie la chaîne de caractères ***<SMALL> Bonjour </SMALL>***.
strike	*"Bonjour".strike()* renvoie la chaîne de caractères ***<STRIKE> Bonjour </STRIKE>***.
sub	*"Bonjour".sub()* renvoie la chaîne de caractères ***_{Bonjour}***.
sup	*"Bonjour".sup()* renvoie la chaîne de caractères ***^{Bonjour}***.
toLowerCase	Cette méthode renvoie la chaîne de caractères convertie en minuscules. Ainsi : *"45 South est un FIN coursier !".toLowerCase()* renvoie ***"45 south est un fin coursier !"***.
toUpperCasec	Cette méthode renvoie la chaîne de caractères convertie en majuscules. Ainsi : *"45 South est un fin coursier !".toUpperCase()* renvoie ***"45 SOUTH EST UN FIN COURSIER !"***.

Méthodes	de manipulation de chaîne
charAt	*maChaine.charAt(n)* retourne le caractère placé en n^{ième} position dans la chaîne *maChaine*. Cette méthode admet donc un argument entier (valeur comprise entre 0 et *maChaine.length-1*) et retourne un caractère de la chaîne *maChaine*. Ainsi : *"Qui va la ?!".charAt(4)* renvoie ***"v"***.
indexOf	*"Tete".indexOf("et")* renvoie la valeur ***1***, c'est-à-dire la position de la première occurrence de la chaîne de caractères passée en argument. *"Tete".indexOf("te",2)* renvoie la valeur ***2***, c'est-à-dire la position de la première occurrence de la chaîne de caractères passée en premier argument (en commençant la recherche à compter du caractère placé à la position 2 — valeur du second argument).
lastIndexOf	*"Tete".lastIndexOf("e")* retourne ***3***, c'est-à-dire la position de la dernière occurrence de la chaîne passée en argument.
substring	*"bonjour".substring(3,7)* renvoie ***"jour"***, c'est-à-dire une chaîne de caractères extraite de la première, allant du 3ème caractère jusqu'au caractère placé juste avant le 7ème caractère.

Les objets *Math*

Cette pseudo-classe prédéfinie possède des propriétés (qui renvoient les valeurs de quelques constantes mathématiques telles que π, e...) et des méthodes qui correspondent aux fonctions mathématiques usuelles (racine carrée, fonctions trigonométriques...).

Remarque ***Pour alléger l'écriture des formules mathématiques, nous pouvons utiliser le mot clé* with *du langage. Il permet d'éviter de préciser à chaque fois que l'instance de référence est un objet* Math.**

Leurs propriétés

Propriété	Utilisation
E	*Math.E* renvoie la valeur ***2.7182818284590451***.
LN10	*Math.LN10* renvoie la valeur ***2.3025850929940459***.
LN2	*Math.LN2* renvoie la valeur ***0.69314718055994529***.
PI	*Math.PI* renvoie la valeur ***3.1415926535897931***.
SQRT1_2	*Math.SQRT1_2* renvoie la valeur ***0.70710678118654757***.
SQRT2	*Math.SQRT2* renvoie la valeur ***1.4142135623730951***.

Leurs méthodes

Méthode	Utilisation
abs	*Math.abs(n)* renvoie la valeur absolue de n.
acos	*Math.acos(x)* renvoie l'arc cosinus en radian ([0; π]) du réel x (x∈[-1; 1]).
asin	*Math.asin(x)* renvoie l'arc sinus en radian ([-π/2; π/2]) du réel x (x∈[-1; 1]).
atan	*Math.atan(x)* renvoie l'arc tangente en radian ([-π/2; π/2]) du réel x.
ceil	*Math.ceil(x)* renvoie la valeur de l'entier relatif immédiatement supérieur à x.
cos	*Math.cos(x)* renvoie la valeur du cosinus de l'angle x (en radian).
exp	*Math.exp(x)* renvoie la valeur de l'exponentielle de x.
floor	*Math.floor(x)* renvoie la valeur de l'entier relatif immédiatement inférieur à x.
log	*Math.log(x)* renvoie la valeur du logarithme népérien (en base e) de x.
max	*Math.max(a,b)* renvoie la plus grande des valeurs a et b.
min	*Math.min(a,b)* renvoie la plus petite des valeurs a et b.
pow	*Math.pow(x,a)* renvoie la valeur de x élevé à la puissance a.
random	*Math.random()* renvoie une valeur pseudo-aléatoire comprise entre 0 et 1 (pas sur toutes les plates-formes).
round	*Math.round(x)* renvoie la valeur de l'entier le plus proche. Si la partie décimale de x est 0.5 cette méthode retourne l'entier immédiatement supérieur.
sin	*Math.sin(x)* renvoie la valeur du sinus de l'angle x (en radian).
sqrt	*Math.sqrt(x)* renvoie la valeur de la racine carrée de x.
tan	*Math.tan(x)* renvoie la valeur de la tangente de l'angle x (en radian).

Les objets *Date*

Cette pseudo-classe n'a pas de propriété.

Instanciation

Contrairement aux autres objets "built-in" du langage, la création d'une instance de *Date* nécessite l'appel au mot clé *new*.

Voici quelques façons de procéder :

```
dateDuJour = new Date();
maNaissance = new Date(70,09,25);
feteNationale = new Date("July 14, 1996 12:00:00");
```

La syntaxe à utiliser plus généralement est la suivante :

```
var uneDate = new Date(listeDeParametres);
```

où *listeDeParametres* est une chaîne de caractères qui peut se présenter sous les formes suivantes :

- une chaîne vide (pour obtenir la date du jour) ;
- une chaîne au format "Mois Jour, Année Heure : Minutes : Secondes" (où *Mois* est en toutes lettres en anglais et le reste des caractères est formé de chiffres) ;
- une chaîne au format "Mois Jour, Année" (où *Mois* est en toutes lettres en anglais et le reste des caractères est formé de chiffres) ;
- une suite de six entiers représentant l'année, le mois, le jour, l'heure, les minutes, les secondes ;
- une suite de trois entiers représentant l'année, le mois et le jour.

Important

Il faut adopter les conventions suivantes :
Les secondes et minutes sont des entiers compris entre 0 et 59, les heures sont des entiers compris entre 0 et 23, les jours de la semaine sont des entiers allant de 0 (dimanche) à 6 (samedi), les jours du mois sont des entiers allant de 1 à 31, les mois sont des entiers allant de 0 (janvier) à 11 (décembre), les années sont des entiers allant de 1970 à 2038[1].

La date de référence est le 1er janvier 1970 à 1 heure du matin (en heure locale française, soit 0h GMT). Toutes les dates antérieures sont "inconnues" en Javascript et le compteur de millisecondes démarre à cette date.

1. Utiliser la date en dehors de ces bornes n'a pas de sens.

Pour bien nous en persuader, nous pouvons exécuter le script suivant sur notre navigateur favori :

```
<HTML>
<HEAD>
<TITLE> Débile </TITLE>
<SCRIPT LANGUAGE="Javascript">
var dateDeReference = new Date(70,00,01,01,00,00);
document.write(dateDeReference + "<BR>");
document.write("delta =" + dateDeReference.getTime());
</SCRIPT>
</HEAD>
<BODY>
</BODY>
</HTML>
```

Voici le résultat produit :

```
Thu Jan 01 01:00:00 1970
delta = 0
```

La méthode *getTime()* retourne le nombre de millisecondes écoulées depuis la date de référence. Si *delta* vaut zéro, c'est donc que la date en question est bien la fameuse date de départ des compteurs...

La date limite (sur Netscape Navigator 2.xx) est le "Tue Jan 19 03:14:07 2038"... au-delà, le navigateur génère une erreur assez brutale ! Pour bien vous en persuader, essayez d'ajouter une seconde à la date suivante et attendez le résultat...

```
var futur = new Date(2038,00,19,03,14,07);
```

Leurs méthodes

Pour illustrer notre propos, considérons l'objet *Date* suivant :

```
maintenant = new Date();
```

En réponse à l'instruction :

```
document.write( maintenant + "<BR>");
```

nous obtenons sur notre navigateur le résultat suivant :

```
Sun Jul 14 10:05:24 1996
```

Alors :

Méthode	pour accéder à la date ou à l'heure
getDate	renvoie le jour du mois de l'objet *Date* en cours. Ainsi, *maintenant.getDate()* retourne ***14***.
getDay	renvoie le jour de la semaine de l'objet *Date* en cours. Ainsi, *maintenant.getDay()* retourne ***0***.
getHours	renvoie l'heure de l'objet *Date* en cours. Ainsi, *maintenant.getHours()* retourne ***10***.
getMinutes	renvoie les minutes de l'objet *Date* en cours. Ainsi, *maintenant.getMinutes()* retourne ***05***.
getMonth	renvoie le mois (de 0 à 11) de l'objet *Date* en cours. Ainsi, *maintenant.getMonth()* retourne ***6***.
getSeconds	renvoie les secondes de l'objet *Date* en cours. Ainsi, *maintenant.getSeconds()* retourne ***24***.
getTime	renvoie le nombre de millisecondes depuis le "Thu Jan 01 01:00:00 1970" (heure locale). Ainsi, *maintenant.getTime()* retourne ***837331524370***.
getTimezoneOffset	cette méthode permet d'obtenir la différence (en minutes) entre l'heure locale et l'heure GMT.
getYear	renvoie l'année de l'objet *Date* en cours. Ainsi, *maintenant.getYear()* retourne ***96***.

Méthode	pour initialiser une date ou une heure
setDate	permet d'affecter à l'objet *Date* en cours un jour du mois. Ainsi, *maintenant.setDate(29)* nous transporte au 29 juillet, tous les autres arguments restent identiques par ailleurs.
setHours	permet d'affecter à l'objet *Date* en cours une heure. Ainsi, *maintenant.setHours(4)* nous permet de gagner quelques heures en matinée, tous les autres arguments restent identiques par ailleurs.
setMinutes	permet d'affecter à l'objet *Date* en cours une minute bien précise. Ainsi, *maintenant.setMinutes(0)* nous permet de revenir au début de l'heure, tous les autres arguments restent identiques par ailleurs.
setMonth	permet d'affecter à l'objet *Date* en cours un mois bien précis. Ainsi *maintenant.setMonth(7)* nous transporte au mois d'août... vivement les vacances !
setSeconds	permet d'affecter à l'objet *Date* en cours une seconde bien précise. Nous l'utilisons de la même façon que *setMinutes(n)*.

Méthode	**pour initialiser une date ou une heure (suite)**
setTime	permet d'affecter à l'objet *Date* en cours le nombre de millisecondes écoulés depuis la date de référence. Ainsi, le script suivant permet de récupérer la fameuse date de référence : `leDebut = new Date()` `leDebut.setTime(0);` `document.write(leDebut + " ")` et nous pouvons lire : ***Thu Jan 01 01:00:00 1970*** (heure locale, il faut retirer 1h pour avoir l'heure GMT).
setYear	permet d'affecter à l'objet *Date* en cours une année bien précise. Ainsi *maintenant.setYear(2000)* nous transporte au 14 juillet de l'an 2000 (ce sera un vendredi).

En vrac...	

parse	*Date.parse(uneChaine)* est une méthode "statique", en ce sens qu'elle ne porte pas sur un objet précis. En fait, elle permet de convertir une date écrite sous forme d'une chaîne de caractères en une variable *Date*. Ainsi,
	`noel = new Date();`
	`noel.setTime(Date.parse("December 25, 1996"));`
	fixe la variable *"noel"* à la date du 25 décembre 96, alors que : *noel.setTime("December 25, 1996")* génère un message d'erreur.

toGMTString	Considérons la variable *noel* définie ci-dessus. Alors, *noel.toGMTString()* retourne la chaîne de caractères : ***"Tue, 24 Dec 1996 23:00:00 GMT"*** (nous repassons au 24 décembre à 23h puisque nous perdons une heure).
toLocaleString	Considérons la variable *noel* définie ci-dessus. Alors, *noel.toLocaleString()* retourne la chaîne de caractères : ***"12/25/96 00:00:00"*** cette méthode renvoie une chaîne de caractères correspondant à l'heure locale.
UTC	*Date.UTC(an,mois,jour,heures,minutes,secondes)* est une méthode "statique", en ce sens qu'elle ne porte pas sur un objet précis. En fait, elle permet de convertir une date écrite sous forme d'une suite de 3 ou 6 entiers en une variable *Date* (GMT). Ainsi, `noel = new Date(Date.UTC(96,11,25));` fixe la variable "noel" à la date du 24 décembre 96 à 23h (GMT). Si, nous l'affichons, nous obtenons donc la chaîne de caractères suivante : ***"Tue Dec 24 23:00:00 1996"***

Les objets du navigateur client

De quoi s'agit-il

Au chargement d'une page HTML par un navigateur client, il y a instanciation (création) des objets correspondant au document. A chaque page chargée sur notre navigateur, il faut bien admettre que notre troublant tête-à-tête avec la page chargée est perturbé par une foule de gêneurs répondant aux doux noms de *window*, *document*, *history*, *frames*, *forms*...

Mais, comme souvent, les gêneurs peuvent finir, quand même, par nous être de quelque secours, à condition de les utiliser correctement, essayons de nous familiariser avec.

Ces objets-là sont fortement hiérarchisés

Ces objets sont propres à chaque client et n'ont pas de "salut" hors du navigateur. Ils sont parfaitement structurés. En fait, il ne s'agit pas "d'héritage de classes" au sens de la POO, mais bien plutôt d'une hiérarchie des objets en ce sens que les "descendants" d'un objet correspondent à ses propriétés... Nous ne pouvons pas effectivement faire "dériver" de nouvelles classes de ces objets dans un langage du type de Java. Les concepteurs parlent plutôt d'une "instance de hiérarchie" pour désigner ce type de concept, puisque en fait, l'héritage ne porte pas tant sur les classes d'objets que sur leurs instances.

Voici la hiérarchie telle que les concepteurs l'ont conçue (pour plus d'informations, voir la section "Une référence graphique" en page 263) :

```
navigator
window
   parent, frames, self, top
   location
   history
   document
      forms
         elements (button, checkbox,…)
      links
      anchors
```

Pour accéder aux propriétés d'un objet de cette hiérarchie, il faut spécifier le nom de l'objet ainsi que ceux de tous ses "ancêtres", exception faite de celui de l'objet *window*.

L'objet *Navigator*

Ses propriétés

appCodeName	Cette propriété donne le nom de code du navigateur client.
appName	Cette propriété donne le nom du navigateur client.
appVersion	Cette propriété renvoie des informations de version concernant la plate-forme cliente.
userAgent	Cette propriété renvoie des informations de version concernant la plate-forme cliente.

Pas de méthode associée

Pas d'événement associé

Un exemple d'utilisation

```
var chaine = "<OL>"
   + "<LI>" + navigator.appCodeName + "<BR>"
   + "<LI>" + navigator.appName + "<BR>"
   + "<LI>" + navigator.appVersion + "<BR>"
   + "<LI>" + navigator.userAgent + "<BR>"
   + "</OL>";
document.write(chaine);
```

Le résultat retourné par votre navigateur sera peut-être alors :

```
1.Mozilla
2.Netscape
3.2.02 (Win95; I)
4.Mozilla/2.02 (Win95; I)
```

L'objet *Window*

Manipulons à présent l'objet *window*. Cet objet créé par le navigateur Netscape à son lancement est situé à la racine de la hiérarchie décrivant les objets Javascript. Comme tous les autres objets Javascript, celui-ci admet des propriétés et des méthodes qui lui sont propres.

Ses propriétés

defaultStatus	Cette propriété correspond au message affiché par défaut dans la barre d'état.
frames	Cette propriété est en fait un tableau contenant les diverses divisions de la fenêtre du navigateur *(frames[0],...)*.
length	Cette propriété donne le nombre de frames présentes dans la fenêtre parent (le navigateur par exemple).

name	Cette propriété donne le nom de la fenêtre.
parent	Cette propriété correspond à la fenêtre parent.
self	Cette propriété correspond à la fenêtre active.
status	Cette propriété correspond au message affiché dans la barre d'état.
top	Cette propriété correspond au sommet de la hiérarchie objet définie sur le navigateur client.
window	Cette propriété correspond à la fenêtre active.

Ses méthodes

Méthodes	interactives
alert	Cette méthode crée une fenêtre de dialogue modale où s'inscrit un message.
confirm	Cette méthode crée une fenêtre de dialogue modale qui permet à l'utilisateur de faire un choix.
prompt	Cette méthode crée une fenêtre de dialogue modale qui permet à l'utilisateur de saisir une valeur.

Méthodes	de manipulation
clear	Cette méthode efface le contenu de la fenêtre.
open	Cette méthode ouvre une fenêtre du navigateur sur le poste client.
close	Cette méthode ferme une fenêtre du navigateur sur le poste client.

Méthodes	de gestion des attributs
clearTimeout	Cette méthode annule le compte à rebours.
setTimeout	Cette méthode évalue la chaîne de caractères passée en premier argument quand le nombre de millisecondes spécifié en deuxième argument est écoulé.

Ses événements

onLoad	au chargement de la page.
onUnload	en quittant la page.

Un exemple d'utilisation

L'exemple suivant permet de générer une nouvelle fenêtre lors de la réception d'un simple événement de type *onClick* sur un bouton de formulaire. Il offre aussi la possibilité de fermer la nouvelle fenêtre par simple clic (toujours…) sur un bouton de la fenêtre en question.

```
<HTML>
<HEAD>
<SCRIPT LANGUAGE="Javascript">
function ouvrir()
// cette fonction permet de générer une nouvelle fenêtre.
```

- Commençons par définir successivement les attributs de la nouvelle fenêtre. Sa taille, les options choisies (ascenseur, barre d'état, menus…).

```
  {
  var haut = 200;
  var larg = 200;
  var options = toolbar=no,location=no,directories=no,status=no,"
     + "menubar=no,scrollbars=no,resizable=no,copyhistory=yes,"
     + "width=" + larg
     + ",height=" + haut;
```

- Ouvrons la fenêtre :

```
  maFenetre = window.open("","MonTitre",options);
```

- Pour identifier la fenêtre parent de la nouvelle fenêtre, il faut affecter à l'attribut *creator* de la nouvelle fenêtre l'identifiant de la fenêtre actuelle (origine) comme suit :

```
  maFenetre.creator = self;
```

- Ouvrons ensuite le corps de texte de la nouvelle fenêtre :

```
  maFenetre.document.open();
```

- Affectons à la variable corps le contenu de la page HTML à afficher dans la nouvelle fenêtre :

```
  corps = "<CENTER>"
     + "Super non ?!".fontcolor('red').bold().fontsize(5).fixed()
     + "<FORM>"
     + "<INPUT TYPE=button VALUE=Fermer onClick='self.close();'>"
     + "</FORM></CENTER>";
```

- Ecrivons le texte de la page HTML dans le corps de la nouvelle fenêtre :

```
  maFenetre.document.write(corps);
```

- Fermons enfin le corps de texte de la nouvelle fenêtre :

```
  maFenetre.document.close();
  }
</SCRIPT>
</HEAD>
<!- Bon, il ne reste plus qu'à faire un peu d'HTML… tout de même.->
<BODY>
<FORM>
```

- Sur réception d'un clic, le navigateur lancera donc la procédure *ouvrir.*

```
<INPUT TYPE="button" NAME="button1" VALUE="Init" onClick="ouvrir()">
</FORM>
<HR>
</BODY>
</HTML>
```

Nous sommes capables, comme le montre cet exemple, d'ouvrir et de fermer une nouvelle fenêtre du navigateur ! Bien que l'attribut TARGET de HTML permette d'en faire autant, l'éventail des possibilités de traitement est ensuite bien plus limité…

L'objet *Document*

Ses propriétés

alinkColor	Cette propriété correspond à la couleur (RGB) des liens qui sont activés.
anchors	Ce tableau permet d'accéder aux ancres contenues dans le document.
bgColor	Cette propriété correspond à la couleur (RGB) de fond du document.
cookie	Cette propriété correspond à la chaîne de caractères contenant le cookie associé au document.
fgColor	Cette propriété correspond à la couleur (RGB) des caractères du document.
forms	Ce tableau permet d'accéder à tous les formulaires du document.
lastModified	Cette propriété correspond à la date de dernière modification du fichier contenant le document.
linkColor	Cette propriété correspond à la couleur (RGB) des liens hypertexte.
links	Ce tableau permet d'accéder aux liens hypertexte du document.

location	Cette propriété correspond à l'adresse (URL) complète du document.
referrer	Cette propriété correspond à l'adresse (URL) complète du document qui permet de consulter le document en cours.
title	Cette propriété correspond au titre du document en cours.
vlinkColor	Cette propriété correspond à la couleur (RGB) des liens déjà activés.

Ses méthodes

clear	Cette méthode efface le contenu du document.
close	Cette méthode ferme le tampon du document.
open	Cette méthode ouvre le tampon du document.
write	Cette méthode permet d'écrire dans le document.
writeln	Cette méthode permet d'écrire dans le document (avec un retour chariot en fin).

Pas d'événement associé

L'objet *History*

Cet objet contient l'historique complet des URL des sites déjà visités au cours de la session par le navigateur.

Ses propriétés

length	Cette propriété contient le nombre d'URL de documents chargés au cours de la session.

Ses méthodes

back	Cette méthode permet de revenir au document dont l'URL est située immédiatement avant (l'URL en cours) dans l'historique des URL.
forward	Cette méthode permet d'accéder au document dont l'URL est située immédiatement après (l'URL en cours) dans l'historique des URL.
go	Cette méthode permet d'accéder à un document dont l'URL se tient dans l'historique des URL. Par exemple *history.go(-1)* permet de revenir à l'avant-dernier document chargé.

Pas d'événement associé

L'objet *Location*

Cet objet permet d'obtenir toutes les informations sur l'URL du document.

Ses propriétés

hash	Cette propriété correspond au nom de l'ancre définie dans l'URL du document (caractères suivant le dièse '#').
host	Cette propriété correspond au nom de machine et au port de l'URL du document (exemple : *www.fisystem.fr*).
hostname	Cette propriété correspond au nom de machine de l'URL du document (exemple : *www.fisystem.fr*).
href	Cette propriété correspond à l'URL complète du document.
pathname	Cette propriété correspond au chemin de la ressource précisé dans l'URL.
port	Cette propriété correspond au port spécifié dans l'URL.
protocol	Cette propriété correspond au protocole précisé dans l'URL du document, avec les deux-points (exemples : *http:*, *file:*, etc.).
search	Cette propriété correspond à la partie de l'URL relative à la requête (caractères suivant le point d'interrogation '?').

Pas de méthode associée

Pas d'événement associé

Un exemple d'utilisation

```
var chaine = "<OL>"
   + "<LI>" + self.location.hash + "<BR>"
   + "<LI>" + self.location.host + "<BR>"
   + "<LI>" + self.location.hostname + "<BR>"
   + "<LI>" + self.location.href + "<BR>"
   + "<LI>" + self.location.pathname + "<BR>"
   + "<LI>" + self.location.port + "<BR>"
   + "<LI>" + self.location.protocol + "<BR>"
   + "<LI>" + self.location.search + "<BR>"
   + "</OL>";
document.write(chaine);
```

L'objet *Form*

La balise HTML

```
<FORM
   NAME = "le_Nom_Du_Formulaire"
   TARGET = "nom_de_la_FRAME_cible"
   ACTION = "URL_du_Serveur"
   METHOD = POST ou GET
   ENCTYPE = "encodingType">
</FORM>
```

Ses propriétés

action	Cette propriété correspond à l'attribut ACTION de la balise.
elements	Ce tableau permet d'accéder à tous les éléments du formulaire.
encoding	Cette propriété correspond à l'attribut ENCTYPE de la balise.
length	Cette propriété correspond au nombre d'éléments contenus dans le formulaire.
method	Cette propriété correspond au type de traitement du formulaire (méthode POST ou GET).
target	Cette propriété correspond au nom de la fenêtre (*frame*) cible, où l'information sera envoyée.

Sa méthode

submit	Cette méthode est associée à l'événement *onSubmit*.

Son événement

onSubmit	Soumission du formulaire.

L'objet *Frame*

Ses propriétés

frames	Ce tableau permet d'accéder à toutes les *frames* de la fenêtre du navigateur.
parent	Cette propriété correspond à la fenêtre parent de la *frame* en cours.
self	Cette propriété correspond à la fenêtre en cours.
top	Cette propriété correspond au sommet de la hiérarchie objet du navigateur client.
window	Cette propriété correspond à la fenêtre en cours.

Ses méthodes

Méthodes	interactives
alert	Cette méthode crée une fenêtre de dialogue modale où s'inscrit un message.
confirm	Cette méthode crée une fenêtre de dialogue modale qui permet à l'utilisateur de faire un choix.
prompt	Cette méthode crée une fenêtre de dialogue modale qui permet à l'utilisateur de saisir une valeur.

Méthodes	de manipulation
open	Cette méthode ouvre une fenêtre du navigateur sur le poste client.
close	Cette méthode ferme une fenêtre du navigateur sur le poste client.

Méthodes	de gestion des attributs
clearTimeout	Cette méthode annule le compte à rebours.
setTimeout	Cette méthode évalue la chaîne de caractères passée en premier argument quand le nombre de millisecondes spécifié en deuxième argument est écoulé.

Pas d'événement associé

L'objet *Password*

Ses propriétés

defaultValue	Cette propriété correspond à la chaîne de caractères par défaut.
name	Cette propriété correspond à la chaîne de caractères spécifiée par l'attribut NAME de la balise.
value	Cette propriété correspond à la chaîne de caractères spécifiée par l'attribut VALUE de la balise.

Ses méthodes

focus	Méthode associée à l'événement *onFocus*.
blur	Méthode associée à l'événement *onBlur*.
select	Méthode associée à l'événement *onSelect*.

Pas d'événement associé

L'objet *Radio*

La balise HTML

```
<INPUT
   TYPE=RADIO
   NAME="nomDuBoutonRadio"
   VALUE="valeurDuBoutonRadio"
   [CHECKED]>
```

Ses propriétés

Checked	Cette propriété correspond à l'état du bouton radio correspondant : *true* pour le bouton sélectionné et *false* pour les autres.
defaultChecked	Cette propriété correspond à la sélection par défaut d'un choix (bouton sélectionné au départ).
length	Cette propriété correspond à la taille de l'objet *radio* c'est-à-dire au nombre de boutons radio du groupe.
name	Cette propriété correspond à l'attribut NAME de la balise.
value	Cette propriété correspond à l'attribut VALUE de la balise.

Sa méthode

click	Méthode associée à l'événement *onClick.*

Son événement

onClick	Clic du bouton gauche de la souris sur la cible.

L'objet *Select*

La balise HTML

```
<SELECT
   TYPE=RADIO
   NAME="nomDeLaListeDeChoix"
   SIZE="taille"
   [MULTIPLE]>
   <OPTION VALUE="valeurDeCeChoix" [SELECTED]>
...
</SELECT>
```

Ses propriétés

length	Cette propriété correspond au nombre d'options proposées dans la balise.
name	Cette propriété correspond à l'attribut NAME de la balise.
options	Ce tableau permet d'accéder aux options de la balise de sélection.
selectedIndex	Cette propriété correspond au choix sélectionné.

Propriétés de l'attribut OPTIONS

defaultSelected	Cette propriété correspond au choix par défaut de la sélection.
length	Cette propriété correspond au nombre d'options proposées dans la balise.
name	Cette propriété correspond à l'attribut NAME de la balise.
options	Cette propriété est un tableau des options d'un formulaire (définies par la balise OPTION).
selected	Cette propriété correspond à l'état de la sélection : *true* pour sélectionné et *false* sinon.
selectedIndex	Cette propriété correspond à l'indice de la sélection choisie.

text	Cette propriété correspond au texte du choix de la sélection en cours.
value	Cette propriété correspond à l'attribut VALUE de la balise.

Pas de méthode associée

Ses événements

onBlur	Perte du focus.
onChange	Modification de la valeur.
onFocus	Réception du focus.

L'objet *Submit*

La balise HTML

```
<INPUT
   TYPE=SUBMIT
   NAME="nomDuBouton"
   VALUE="nomDuBoutonAffiche">
```

Ses propriétés

name	Cette propriété correspond à l'attribut NAME de la balise.
value	Cette propriété correspond à l'attribut VALUE de la balise.

Sa méthode

click	Méthode associée à l'événement *onClick*.

Son événement

onClick	Clic du bouton gauche de la souris sur la cible.

L'objet *Text*

La balise HTML

```
<INPUT
   TYPE=TEXT
   NAME="nomDuChampDeSaisie"
   VALUE="valeurDuChampDeSaisie"
   SIZE="taille">
```

Ses propriétés

defaultValue	Cette propriété correspond à l'attribut VALUE de la balise.
name	Cette propriété correspond à l'attribut NAME de la balise.
value	Cette propriété correspond à la valeur actuelle du champ de saisie.

Ses méthodes

focus	Méthode associée à l'événement *onFocus*.
blur	Méthode associée à l'événement *onBlur*.
select	Méthode associée à l'événement *onSelect*.

Ses événements

onBlur	Perte du focus.
onChange	Modification de la valeur.
onFocus	Réception du focus.
onSelect	Sélection.

L'objet *Textarea*

La balise HTML

```
<TEXTAREA
   NAME="nomDeLaZoneDeSaisie"
   ROWS="nombreDeLignes"
   COLS ="nombreDeColonnes">
...
</TEXTAREA>
```

Ses propriétés

defaultValue	Cette propriété correspond à la valeur initiale placée dans la zone de saisie.
name	Cette propriété correspond à l'attribut NAME de la balise.
value	Cette propriété correspond à la valeur actuelle de la zone de saisie.

Ses méthodes

focus	Méthode associée à l'événement *onFocus*.
blur	Méthode associée à l'événement *onBlur*.
select	Méthode associée à l'événement *onSelect*.

Ses événements

onBlur	Perte du focus.
onChange	Modification de la zone de saisie.
onFocus	Réception du focus.
onSelect	Sélection de la zone.

L'objet *Link*

La balise HTML

```
<A HREF="uneURL"
   NAME="uneAncre"
   TARGET="uneFRAMEcible">
...
</A>
```

Sa propriété

target	Cette propriété correspond à la valeur de l'attribut TARGET de la balise.

Pas de méthode associée

Ses événements

onClick	Clic de la souris.
onMouseOver	Passage du pointeur de la souris au-dessus du lien.

L'objet *Hidden*

La balise HTML

```
<INPUT
   TYPE=HIDDEN
   NAME="nomDuChampMasque"
   VALUE="valeurDuChampMasque">
```

Ses propriétés

name	Cette propriété correspond à la valeur de l'attribut NAME de la balise.
value	Cette propriété correspond à la valeur de l'attribut VALUE de la balise.

Pas de méthode associée

Pas d'événement associé

L'objet *Reset*

La balise HTML

```
<INPUT
  TYPE=RESET
  NAME="nomDuChampMasque"
  VALUE="valeurDuChampMasque">
```

Ses propriétés

name	Cette propriété correspond à la valeur de l'attribut NAME de la balise.
value	Cette propriété correspond à la valeur de l'attribut VALUE de la balise.

Sa méthode

click	Méthode associée à l'événement *onClick*.

Son événement

onClick	Clic de la souris.

L'objet *Anchor*

La balise HTML

```
<A NAME="nomDeAncre">
```

Pas de propriété associée

Pas de méthode associée

Pas d'événement associé

L'objet *Button*

La balise HTML

```
<INPUT
  TYPE=BUTTON
  NAME="nomDuBouton"
  VALUE="valeurDuBouton">
```

Ses propriétés

name	Cette propriété correspond à la valeur de l'attribut NAME de la balise.
value	Cette propriété correspond à la valeur de l'attribut VALUE de la balise.

Ses méthodes

click	Méthode associée à l'événement *onClick*.

Ses événements

onClick	Clic de la souris.

L'objet *Checkbox*

La balise HTML

```
<INPUT
  TYPE=CHECKBOX
  NAME="nomDeLaCaseACocher"
  VALUE="valeurDeLaCaseACocher">
```

Ses propriétés

checked	Cette propriété correspond à l'état de la case à cocher correspondante : *true* pour la case cochée et *false* sinon.
defaultChecked	Cette propriété correspond à la sélection par défaut d'un choix (case cochée au départ).
name	Cette propriété correspond à la valeur de l'attribut NAME de la balise.
value	Cette propriété correspond à la valeur de l'attribut VALUE de la balise.

Ses méthodes

click	Méthode associée à l'événement *onClick*.

Ses événements

onClick	Clic de la souris.

Javascript et les tableaux

Un tableau constitue un ensemble de données rangées séquentiellement au sein d'une structure de même nom. Ces éléments sont accessibles "individuellement" par la donnée du nom de la structure et d'un indice correspondant à la position de l'élément désiré au sein du tableau.

Les tableaux n'existent pas à proprement parler dans Javascript. Pour recréer ce type, il nous faut "biaiser" et faire appel à la notion d'objets. Ainsi, pour créer un tableau *SERVICE* nous permettant de répertorier les noms des 20 services d'une entreprise, nous commencerons par écrire le constructeur suivant :

```
function tableau (taille)
   {
```

- Commençons par réserver la place nécessaire pour les éléments de l'objet.

```
   this.length=taille;
   for(var i = 0 ; i < taille ; i++)
      {this[i]=0;}
   return this;
   }
```

- Allouons ensuite à l'objet *SERVICE* une place mémoire adéquate avec un appel au mot clé *new* :

```
SERVICE = new CreerTableau(20);
```

- Il ne nous reste plus alors qu'à attribuer les divers noms de services aux 20 éléments du tableau *SERVICE*. Nous pouvons alors préciser les valeurs une à une :

```
SERVICE[0] = "Direction des Affaires Financières";
SERVICE[1] = "Direction des Ressources Humaines";
......
SERVICE[19] = "Bureau de l'Informatique et du Traitement de
l'Information";
```

Une autre méthode

Il existe aussi une autre façon de procéder plus intéressante à nos yeux. Le constructeur suivant permet en effet de faire d'une pierre deux coups… en allouant automatiquement au tableau la place nécessaire et en initialisant immédiatement chacun des éléments du tableau. Cependant cette méthode n'est pas utilisable sur un navigateur de type Netscape 2.0x.

```
function InitTableau()
   {
```

- Commençons par réserver la place nécessaire pour les éléments de l'objet. Cette place correspond au nombre d'arguments passés à la fonction *InitTableau()*.

```
   this.length = InitTableau.arguments.length;
   for(var i = 0 ; i < this.length ; i++)
      this[i] = InitTableau.arguments[i];
   }
```

- Nous venons d'affecter à chacun des éléments de l'objet les divers arguments passés à la fonction *InitTableau()*. Il ne reste alors plus qu'à instancier cet objet avec le mot clé *new.*

```
var CL= new InitTableau("Direction des Affaires Financières",
   "Direction des Ressources Humaines",…,
   "Bureau de l'Informatique et du Traitement de l'Information");
```

L'intérêt de la méthode réside dans le fait que ce constructeur opère d'une façon dynamique en allouant la place en fonction du nombre (variable) d'arguments qui lui sont passés.

Exemple d'application

Un peu de calcul matriciel…

Posons le problème

Oui, oui, il faut savoir souffrir de temps en temps… et manipuler des matrices constitue une application — comme une autre — des tableaux ! Posons donc le problème. Etant données A une matrice (ou tableau à deux entrées) de n lignes et m colonnes et B une matrice de m lignes et l colonnes, calculons C la matrice produit de A par B. Si nos souvenirs sont corrects, le résultat C est une matrice de n lignes sur l colonnes où un élément quelconque situé au croisement de la $i^{ème}$ ligne et $j^{ème}$ colonne s'exprime de la façon suivante :

$$C_{i,j} = \sum_{k=0}^{m-1} A_{i,k} \times B_{k,j}$$

Le petit problème qui se pose alors assez rapidement est celui du tableau à deux entrées... que Javascript ne nous permet pas de résoudre *a priori*. Une des façons de le contourner est de procéder comme suit :

- la matrice A est un tableau de n * m éléments (qui contient en séquence les m premiers éléments de la première ligne, puis les m suivants de la seconde, etc.),
- la matrice B est un tableau de m * l éléments (qui contient en séquence les l premiers éléments de la première ligne, puis les m suivants de la seconde, etc.),
- la matrice C est un tableau de n * l éléments (qui contient en séquence les l premiers éléments de la première ligne, puis les m suivants de la seconde, etc.).

Nous accédons à un élément quelconque situé sur la $i^{ème}$ ligne $j^{ème}$ colonne de la matrice A, B ou C comme suit : A[i * m + j], B[i * l + j] ou C[i * l + j].

Définissons le constructeur de l'objet matrice et la fonction produit de deux matrices

Pour identifier une matrice, il faut lui affecter un nom. Pour la manipuler, nous devons connaître son nombre d'éléments par ligne et par colonne. Nous avons donc besoin de trois propriétés pour les objets de la pseudo-classe que nous allons appeler *matrice*.

Par ailleurs, il semble évident que nous allons avoir besoin d'une méthode de saisie et d'une méthode d'affichage pour ces objets. Incluons-les donc, préventivement, dans le constructeur... qui s'écrit par exemple, de la façon suivante :

```
function matrice(Nom,nblignes,nbcolonnes)
   {
   for(var i = 0 ; i < eval(nblignes*nbcolonnes) ; i++)
      this[i]=0;

   this.nl = nblignes;
   this.nc = nbcolonnes;
   this.nom = Nom;
   this.saisir = saisir;
   this.afficher = afficher;
   }
```

Nous avons bien pris soin d'initialiser les *nl* * *nc* éléments du tableau à la valeur 0.

Alors, si nous voulons exécuter le produit de A (une matrice de *n* lignes par *m* colonnes) par B (une matrice *m* lignes par *l* colonnes) et placer le résultat dans C (une matrice *n* lignes par *l* colonnes), il faut commencer par nous donner les objets *matrice* suivants :

```
A = new matrice ('A',n,m);
B = new matrice ('B',m,l);
C = new matrice ('C',n,l);
```

et écrire la procédure suivante de produit des matrices :

```
function produit(X,Y,Z)
   {
   for(var i=0 ; i < X.nl ; i++)
      for(var j=0 ; j < Y.nc ; j++)
         {
         Z[i*Z.nc+j] = 0;
         for(var k=0 ; k < X.nc ; k++)
            Z[i*Z.nc+j] += X[i*X.nc+k] * Y[k*Y.nc+j];
         }
   }
```

Important ***Z=X*Y — ATTENTION : il faut que* X.nl *soit égal à* Z.nl *et* Y.nc *soit égal à* Z.nc *et* X.nc *soit égal à* Y.nl *!***

Et résolvons-le dans le cas d'un produit de matrices carrées

Pour simplifier le traitement et sa présentation, nous avons décidé de ne considérer, dans le code Javascript suivant, que le cas du produit des matrices carrées. Dans la pratique, ça ne change pas grand-chose au constructeur, sinon que, puisque *nl* est égal à *nc*, il suffit de mémoriser deux propriétés : le nom et la taille de l'objet (nous la notons *n*, il s'agit du nombre de lignes par exemple). Le constructeur plus simple s'écrit alors :

```
function matrice(Nom,Taille)
   {
   for(var i = 0 ; i < eval(Taille*Taille) ; i++)
      this[i]=0;

   this.n = Taille;
   this.nom = Nom;
   this.saisir = saisir;
   this.afficher = afficher;
}
```

Quant à la procédure de produit des matrices, elle se simplifie de la manière suivante :

```
function produit(X,Y,Z)
  {
  for(var i=0 ; i < X.n ; i++)
     for(var j=0 ; j < X.n ; j++)
        {
        Z[i*X.n+j] = 0;
        for(var k=0 ; k < X.n ; k++)
           Z[i*X.n+j] += X[i*X.n+k] * Y[k*X.n+j];
        }
  }
```

puisque *X.n*, *Y.n*, et *Z.n* ont la même valeur.

Le code source complet

```
<HTML>
<HEAD>
<TITLE> Produit de matrices </TITLE>
<SCRIPT LANGUAGE="Javascript">
```

- La première méthode de la pseudo-classe *matrice* est une méthode de saisie des valeurs de la matrice par affichage de champs de texte d'un formulaire dans une table HTML (pour plus d'informations, consultez un manuel de référence HTML).

```
function saisir()
  {
  var ch = this.nom + "= <TABLE>";
  for(var i = 0 ; i < this.n ; i++)
     {
     ch += "<TR>";
     for(var j = 0 ; j < this.n ; j++)
        ch += "<TD> <INPUT TYPE=TEXT VALUE=0 SIZE=3 NAME="
           + this.nom + "</TD>";
        ch += "</TR>";
     }
  ch += "</TABLE>"
  return (ch);
  }
```

- La deuxième méthode de l'objet *matrice* est une méthode d'affichage des valeurs de la matrice dans une table HTML :

```
function afficher()
   {
   var ch = this.nom + "= <TABLE>";
   for(var i = 0 ; i < this.n ; i++)
      {
      ch += "<TR>";
      for(var j = 0 ; j < this.n ; j++)
         ch += "<TD>" + this[i*this.n+j] + "</TD>";
      ch += "</TR>";
      }
   ch += "</TABLE>"
   return (ch);
   }
```

- Le constructeur des objets *matrice* prend en arguments le nom et le nombre de colonnes (ou de lignes) de la matrice carrée :

```
function matrice(Nom,Taille)
   {
   for(var i=0 ; i < eval(Taille*Taille) ; i++) this[i]=0;
   this.n = Taille;
   this.nom = Nom;
   this.saisir = saisir;
   this.afficher = afficher;
   }
```

- Et voici la “fameuse” fonction produit (simplifiée au cas de matrices carrées) qui calcule Z=X*Y :

```
function produit(X,Y,Z)
   {
   for(var i=0 ; i < X.n ; i++)
      for(var j=0 ; j < X.n ; j++)
         {
         Z[i*X.n+j] = 0;
         for(var k=0 ; k < X.n ; k++)
            Z[i*X.n+j] += X[i*X.n+k] * Y[k*X.n+j];
         }
   }
```

- Fonction centrale d'affectation des valeurs du formulaire aux deux matrices A et B, de produit de A par B et de génération de la fenêtre des résultats :

```
function ouvrir(X,Y,Z,form)
   {
   for(var i=0 ; i < X.n*X.n ; i++) X[i] = form[i].value;
   for(var j=0 ; j < Y.n*Y.n ; j++) Y[j] = form[j+X.n*X.n].value;
   produit(X,Y,Z);
```

- Attributs de la fenêtre des résultats :

```
  var haut = 400;
  var larg = 400;
  var options = "toolbar=no,location=no,directories=no,status=no,"
     + "menubar=no,scrollbars=yes,resizable=yes,copyhistory=yes,"
     + "width=" + larg + ",height=" + haut;
  maFenetre = window.open("","",options);
  maFenetre.document.open();

  corps = "<CENTER>"
     + "Voici le resultat du produit de A par B :<BR>"
          .fontcolor('red').bold().fontsize(5).fixed()
     + Z.afficher()
     + "<FORM>"
     + "<INPUT TYPE=button VALUE=Fermer onClick='self.close();'>"
     + "</FORM></CENTER>";
  maFenetre.document.write(corps);
  maFenetre.document.close();
  }
</SCRIPT>
</HEAD>
<BODY>
```

- Script d'initialisation :

```
<SCRIPT LANGUAGE="Javascript">
taille = prompt("Entrez la taille des matrices carrees",3);
```

- Test sur la valeur de *taille* :

```
if ((taille != null) && (taille != ""))
   {
```

- Instanciation des matrices A, B et C :

```
   A = new matrice ("A",taille);
   B = new matrice ("B",taille);
   C = new matrice ("C",taille);
```

- Affichage du formulaire de saisie des valeurs :

```
   var chaine = "<FORM>"
      + A.saisir()
      + B.saisir()
      + "<INPUT TYPE=button NAME=button1 VALUE=Produit
         onClick='ouvrir(A,B,C,this.form)'>"
      + "</FORM>";
   document.write(chaine);
   }
else self.location = self.location;
</SCRIPT>
</BODY>
</HTML>
```

Une image écran… pour aider à la compréhension !

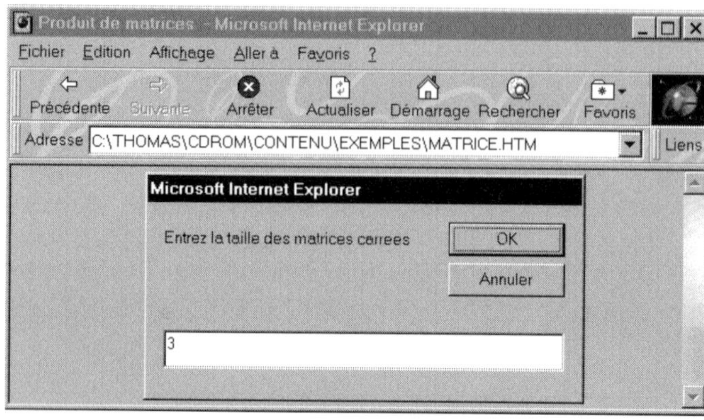

Figure 3-1 : Le lancement de la page sous Internet Explorer

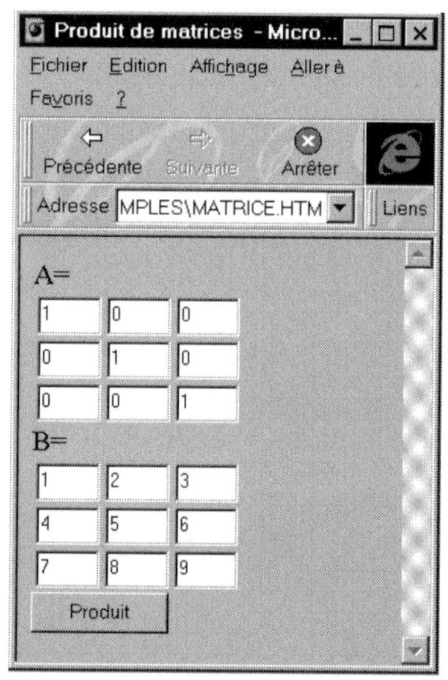

Figure 3-2 : La saisie des éléments des matrices

Voici maintenant le résultat sous Netscape.

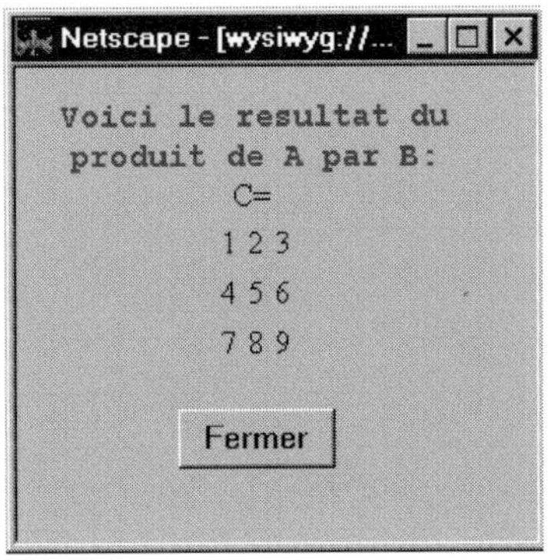

Figure 3-3 : L'exécution du calcul matriciel sous Netscape

Remarque **_Sur notre navigateur Internet Explorer l'affichage du résultat ne fonctionne pas !_**

La programmation événementielle

Chapitre 4

Javascript permet de créer des programmes "interactifs" qui réagissent aux actions de l'utilisateur.

Ce chapitre décrit les événements que Javascript peut gérer, et explique la méthode de gestion de ces événements.

Qu'est-ce qu'un événement ?

Un événement, c'est une perturbation de l'environnement courant. Un clic de bouton de souris, un chargement de page, une modification du contenu d'une zone de saisie... sont des "événements".

Oui bon d'accord, et puis ?

Un événement "brut" n'a effectivement pas grand intérêt. Il devient intéressant lorsque nous considérons toutes ses répercussions. En fait, un événement ne nous intéresse, du point de vue du client, que s'il génère une réponse à la hauteur de nos attentes. C'est-à-dire encore, qu'il ne nous intéresse que si les concepteurs du produit ont prévu de gérer l'événement.

Ainsi, si nous cliquons sur un bouton et qu'il ne se produit rien en retour... c'est la grosse déception !

Qui dit événement, dit, en fait, gestion de cet événement et génération d'une réponse adaptée !

Les explications s'enchaînent encore et encore et pourtant vous ne savez même pas à quoi ressemble un événement en Javascript. En voici un et un bouton pour le gérer :

```
<INPUT TYPE=BUTTON
  VALUE="Lancer le calcul"
  onClick="CalculDuNetImposable(this.form)">
```

Gérer un événement

Reprenons le problème à la base. En fait, gérer un événement, c'est d'abord se rendre compte "qu'il s'est produit" et, ensuite, agir en conséquence.

Javascript, dans son infinie bonté, nous offre le luxe de pouvoir animer nos sites Web à même le poste client en les dotant justement des concepts et outils de la "programmation événementielle", ce qui signifie ni plus ni moins qu'il nous permet de gérer les événements.

La première question qui nous vient alors à l'esprit est la suivante :

Quels types de perturbations, d'événements (ou encore "d'interruptions", puisque c'est un terme du jargon informatique !) pouvons-nous envisager de saisir et de gérer sur notre navigateur ?

Les événements reconnus par Javascript

Non, non, *a priori*, la sortie des prochains films d'Arnold ou de Sylvester ne constituent pas exactement le type d'événement que Javascript (en natif, du moins) peut gérer !

A vrai dire, notre navigateur peut envisager de gérer les neuf types d'événements répertoriés dans le tableau ci-dessous :

L'événement	La (les) cible(s)	L'action à l'origine de l'événement
onBlur	PASSWORD, SELECT, TEXT, TEXTAREA	la perte du focus (ou dessélection de la cible)
onClick	A HREF, BUTTON, CHECKBOX, RADIO, RESET, SUBMIT	un clic du bouton gauche de souris sur la cible
onChange	PASSWORD, SELECT, TEXT, TEXTAREA	une modification de contenu de la cible
onFocus	PASSWORD, SELECT, TEXT, TEXTAREA	une réception de focus (une activation de la cible)
onLoad	BODY (window)	le chargement d'une nouvelle page HTML dans le navigateur
onMouseOver	A HREF	un passage (déplacement) du pointeur de la souris sur la cible
onSelect	PASSWORD, TEXT, TEXTAREA	une sélection de la cible (un champ de saisie)
onSubmit	FORM	une soumission de formulaire
onUnload	BODY (window)	une sortie de page HTML pour charger un nouveau site ou quitter le navigateur

... en théorie du moins. Selon le navigateur, tous ces événements ne sont pas forcément perçus de la même façon, méfions-nous de *onSelect* par exemple !

Comme nous pouvons le remarquer, il y a trois colonnes dans le tableau qui précède. Nous avons pris soin de mentionner les "cibles". De quoi s'agit-il ?

Les cibles (ou capteurs d'événements)

Il est inutile de demander à notre thermomètre de grand-mère de nous indiquer le degré d'hygrométrie ambiant. De la même façon, s'adresser à notre voisin de chambre pour lui demander une grâce présidentielle n'aura sûrement pas grande conséquence... à moins de s'appeler Bernadette.

Non, en fait, il faut adapter l'événement à la cible et réciproquement.

Nous pouvons cliquer sur un hyperlien, un bouton, une case à cocher, un bouton "radio" (pour des choix exclusifs), un bouton "reset" ou un bouton "Submit"... mais cliquer sur un terme au hasard au sein d'une page HTML n'aura sûrement pas grand effet, sinon à tomber justement sur une ancre !

Pour être plus précis, il faut savoir que l'on associe à la notion d'événement celle de "récepteur" de l'événement. Un objet peut donc être sensible à un événement donné et pas à un autre...

Et en pratique, comment procède-t-on ?

Il faut savoir que jusqu'alors, vous avez déjà eu affaire à la gestion des événements, lors de l'utilisation de votre navigateur.

En effet, lorsque vous "surfez sur le Net", vous cliquez sur des hyperliens... S'ils sont mis à jour régulièrement, du moins à chaque réception de l'événement "clic", votre navigateur W3 (WWW ou World Wide Web ou encore Web) associe l'action "chargement d'une nouvelle page" !

Merveilleux, n'est-ce pas ! Mais revenons à nos événements et à la gestion de leur interception.

Pour intercepter et identifier les événements présentés ci-dessus, on introduit dans le code de la page HTML les types d'interception d'événements suivants :

```
onBlur, onClick, onChange, onFocus, onLoad,
onMouseOver,onSelect,onSubmit, onUnload.
```

Ces mots clés sont à associer aux balises de l'élément HTML de l'objet associé aux événements : une ancre, un élément de formulaire, un corps d'une page HTML...

En clair la syntaxe va être de la forme suivante :

```
<BALISE surEvenement = actionAssociee>
```

où

- *BALISE* correspond à l'une des balises HTML ;
- *surEvenement* correspond à l'un des 9 types d'interception d'événements présentés plus haut ;
- et *actionAssociee* correspond à du code Javascript ou à un appel de fonction.

Ainsi, pour appeler la fonction *CalculDuNetImposable* (avec en argument les valeurs du formulaire courant : *this.form*) par un clic de la souris sur le bouton intitulé *Lancer le calcul*, il faut écrire au sein du formulaire :

```
<INPUT TYPE=BUTTON
  VALUE="Lancer le calcul"
  onClick="CalculDuNetImposable(this.form)">
```

De la même façon, on peut informer l'internaute qu'un site est en accès restreint avant qu'il ne vienne s'en rendre compte par lui-même en chargeant la page "protégée".

Ainsi, sur tout mouvement du pointeur de la souris au-dessus de l'hyperlien concerné, on peut générer une boîte de dialogue de la façon suivante :

```
<A HREF="" onMouseOver="informer();"> URLduSiteProtege </A>
```

- *où informer est une fonction Javascript du type :*

```
function informer()
  {
  if (confirm ("Site protege ! Voulez-vous y accéder ?"))
    {
    // le surfeur décide de passer outre l'avertissement.
    self.location = URLduSiteProtege;
    }
  else alert("Nous sommes desoles de vous decevoir !");
  }
```

Un exemple récapitulatif

Voici un exemple d'interception d'événement découpé pour chaque type d'élément HTML.

```
<HTML>
<HEAD>
<TITLE> Programmation Evenementielle </TITLE>
<SCRIPT LANGUAGE="Javascript">

function evt (chaine,cible)
   {
   alert(chaine + "sur " + cible);
   }

</SCRIPT>
</HEAD>
```

- Sur le corps de la page HTML.

```
<BODY
   onBlur        = "evt('onBlur',this.value)"
   onChange      = "evt('onChange',this.value)"
   onClick       = "evt('onClick',this.value)"
   onFocus       = "evt('onFocus',this.value)"
   onLoad        = "evt(' onLoad ',this.value)"
   onMouseOver   = "evt('onMouseOver',this.value)"
   onSelect      = "evt('onSelect',this.value)"
   onSubmit      = "evt('onSubmit',this.value)"
   onUnload      = "evt('onUnload',this.value)"
>
```

- Sur un formulaire.

```
<FORM METHOD=POST NAME=MonFormulaire
   onBlur        = "evt('onBlur',this.value)"
   onChange      = "evt('onChange',this.value)"
   onClick       = "evt('onClick',this.value)"
   onFocus       = "evt('onFocus',this.value)"
   onLoad        = "evt('onLoad',this.value)"
   onMouseOver   = "evt('onMouseOver',this.value)"
   onSelect      = "evt('onSelect',this.value)"
   onSubmit      = "evt('onSubmit',this.value)"
   onUnload      = "evt('onUnload',this.value)"
>
```

- Sur un lien.

```
<A HREF="http://www.fisystem.fr/"
   onBlur        = "evt('onBlur',this.value)"
   onChange      = "evt('onChange',this.value)"
   onClick       = "evt('onClick',this.value)"
   onFocus       = "evt('onFocus',this.value)"
   onLoad        = "evt('onLoad',this.value)"
   onMouseOver   = "evt('onMouseOver',this.value)"
   onSelect      = "evt('onSelect',this.value)"
   onSubmit      = "evt('onSubmit',this.value)"
   onUnload      = "evt('onUnload',this.value)"
>
Mon lien &agrave; moi
</A>
```

- Sur un bouton (ou un INPUT d'une manière plus générale).

```
<BR>
<INPUT
   onBlur        = "evt('onBlur',this.value)"
   onChange      = "evt('onChange',this.value)"
   onClick       = "evt('onClick',this.value)"
   onFocus       = "evt('onFocus',this.value)"
   onLoad        = "evt('onLoad',this.value)"
   onMouseOver   = "evt('onMouseOver',this.value)"
   onSelect      = "evt('onSelect',this.value)"
   onSubmit      = "evt('onSubmit',this.value)"
   onUnload      = "evt('onUnload',this.value)"
>
```

- Sur un autre INPUT : un champ de saisie (*EntryField*).

```
<BR>
<INPUT TYPE=TEXT VALUE=ChampDeSaisie
   onBlur        = "evt('onBlur',this.value)"
   onChange      = "evt('onChange',this.value)"
   onClick       = "evt('onClick',this.value)"
   onFocus       = "evt('onFocus',this.value)"
   onLoad        = "evt('onLoad',this.value)"
   onMouseOver   = "evt('onMouseOver',this.value)"
   onSelect      = "evt('onSelect',this.value)"
   onSubmit      = "evt('onSubmit',this.value)"
   onUnload      = "evt('onUnload',this.value)"
>
```

- Sur une zone de saisie ou une *MultiLineEdit* de 30 caractères sur 3 lignes.

```
<BR>
<TEXTAREA ROWS=3 COLS=30
   onBlur       = "evt('onBlur',this.value)"
   onChange     = "evt('onChange',this.value)"
   onClick      = "evt('onClick',this.value)"
   onFocus      = "evt('onFocus',this.value)"
   onLoad       = "evt('onLoad',this.value)"
   onMouseOver  = "evt('onMouseOver',this.value)"
   onSelect     = "evt('onSelect',this.value)"
   onSubmit     = "evt('onSubmit',this.value)"
   onUnload     = "evt('onUnload',this.value)"
>
ZoneDeSaisie
</TEXTAREA>
```

- Sur une case à cocher.

```
<BR>
<INPUT type=CHECKBOX VALUE=CaseACocher
   onBlur       = "evt('onBlur',this.value)"
   onChange     = "evt('onChange',this.value)"
   onClick      = "evt('onClick',this.value)"
   onFocus      = "evt('onFocus',this.value)"
   onLoad       = "evt('onLoad',this.value)"
   onMouseOver  = "evt('onMouseOver',this.value)"
   onSelect     = "evt('onSelect',this.value)"
   onSubmit     = "evt('onSubmit',this.value)"
   onUnload     = "evt('onUnload',this.value)"
>
```

- Sur un bouton radio.

```
<BR>
<INPUT type=RADIO VALUE=BoutonRadio
   onBlur       = "evt('onBlur',this.value)"
   onChange     = "evt('onChange',this.value)"
   onClick      = "evt('onClick',this.value)"
   onFocus      = "evt('onFocus',this.value)"
   onLoad       = "evt('onLoad',this.value)"
   onMouseOver  = "evt('onMouseOver',this.value)"
   onSelect     = "evt('onSelect',this.value)"
   onSubmit     = "evt('onSubmit',this.value)"
   onUnload     = "evt('onUnload',this.value)"
>
```

- Sur un mot de passe.

```
<BR>
<INPUT TYPE=PASSWORD VALUE=MotDePasse
   onBlur        = "evt('onBlur',this.value)"
   onChange      = "evt('onChange',this.value)"
   onClick       = "evt('onClick',this.value)"
   onFocus       = "evt('onFocus',this.value)"
   onLoad        = "evt('onLoad',this.value)"
   onMouseOver   = "evt('onMouseOver',this.value)"
   onSelect      = "evt('onSelect',this.value)"
   onSubmit      = "evt('onSubmit',this.value)"
   onUnload      = "evt('onUnload',this.value)"
>
```

- Sur une boîte de liste (*ListBox*).

```
<BR>
<SELECT
   onBlur        = "evt('onBlur',this.value)"
   onChange      = "evt('onChange',this.value)"
   onClick       = "evt('onClick',this.value)"
   onFocus       = "evt('onFocus',this.value)"
   onLoad        = "evt('onLoad',this.value)"
   onMouseOver   = "evt('onMouseOver',this.value)"
   onSelect      = "evt('onSelect',this.value)"
   onSubmit      = "evt('onSubmit',this.value)"
   onUnload      = "evt('onUnload',this.value)"
>
   <OPTION VALUE=orange SELECTED> orange
   <OPTION VALUE=poire> poire
   <OPTION VALUE=pomme> pomme
</SELECT>
```

- Sur un bouton SUBMIT.

```
<BR>
<INPUT TYPE=SUBMIT
   onBlur        = "evt('onBlur',this.value)"
   onChange      = "evt('onChange',this.value)"
   onClick       = "evt('onClick',this.value)"
   onFocus       = "evt('onFocus',this.value)"
   onLoad        = "evt('onLoad',this.value)"
   onMouseOver   = "evt('onMouseOver',this.value)"
   onSelect      = "evt('onSelect',this.value)"
   onSubmit      = "evt('onSubmit',this.value)"
   onUnload      = "evt('onUnload',this.value)"
>
```

- Sur un bouton RESET.

```
<BR>
<INPUT TYPE=RESET
   onBlur        = "evt('onBlur',this.value)"
   onChange      = "evt('onChange',this.value)"
   onClick       = "evt('onClick',this.value)"
   onFocus       = "evt('onFocus',this.value)"
   onLoad        = "evt('onLoad',this.value)"
   onMouseOver   = "evt('onMouseOver',this.value)"
   onSelect      = "evt('onSelect',this.value)"
   onSubmit      = "evt('onSubmit',this.value)"
   onUnload      = "evt('onUnload',this.value)"
>
<BR>
</FORM>
</BODY>
</HTML>
```

- Et voilà, c'est fini.

Quelques exemples pratiques

Assez de théorie, passons à la pratique et aux exemples pour enfin "surfer sur le net".

A cette occasion, nous verrons que Javascript permet même d'écrire un éditeur HTML dont nous n'aurons pas à rougir.

Chapitre 5

Récréation "super surf"

Fini de travailler, mettons-nous au vert pour quelques instants ! Et partons "surfer" sur le Web... sur plusieurs sites à la fois.

La course à l'information

Aujourd'hui, nous avons à notre disposition beaucoup d'excellents outils d'indexation et de recherche sur le Web. Si nous cherchons des informations sur "Javascript", par exemple, nous pouvons passer par l'intermédiaire de ces chercheurs et aller visiter les sites adaptés qu'ils nous recommandent. Mais tous ne renvoient pas le même type d'informations (c'est heureux d'ailleurs...) et nous pouvons chercher à comparer les informations qu'ils nous retournent. Comment faire ?

Une des réponses que nous proposons ci-dessous est d'écrire un "super-chercheur" en Javascript. C'est-à-dire un outil qui prend en entrée le mot sur lequel porte la recherche et la liste des chercheurs que nous souhaitons contacter, et qui lance les recherches "simultanément" à partir de notre navigateur.

En fait, il s'agit d'ouvrir plusieurs *frames* ou sous-fenêtres sur notre navigateur avec, pour chacune, l'URL complète (la requête étant donc déjà remplie) du site à contacter.

Le code source de notre "super-chercheur"

Préambule

A la date du 18 juillet 1996, le script écrit ci-dessous fonctionne parfaitement sur un navigateur Netscape 2.02 sous Windows 32 bits. Si nous prenons de telles précautions d'écriture, c'est parce que cet outil est fortement dépendant de l'architecture (et surtout des URL) des sites concernés...

```
<HTML>
<HEAD>
<TITLE> Notre "super-chercheur" </TITLE>
<SCRIPT LANGUAGE="Javascript">
```

- Cette fonction constitue sûrement la partie centrale du site de notre document, puisqu'elle nous permet de nous connecter aux divers sites en leur passant en argument la chaîne de caractères (notre requête) affectée à la variable *clef.* C'est à la chaîne de caractères *chaine* que nous affectons la liste des URL des divers sites que nous avons sélectionnés.

```
function rechercher(clef,n)
  {
  var ch = "*";
  var chaine = "";
```

- La chaîne *ch* nous permet de diviser la partie droite de la fenêtre de notre navigateur en autant de sous-*frames* de tailles égales, qu'il y a de connexions aux divers sites de recherche (sélectionnés au préalable en cliquant dans les bonnes cases à cocher) du monde entier.

```
  for (var i=1 ; i<n.length ; i++)
    ch += ",*";
```

- Cette *frame* nous permet de charger la réponse du site EXCITE à la requête *clef.*

```
  if (n.indexOf("1") > -1)
    chaine += '<FRAME SRC=" http://www.excite.com/
      search.gw?search=' + clef + ' "> ';
```

- Cette *frame* nous permet de charger la réponse du site ALTA-VISTA à la requête *clef.*

```
  if (n.indexOf("2") > -1)
    chaine += '<FRAME SRC="http://www.altavista.digital.com/
      cgi-bin/query?pg=q&what=web&fmt=.&q=' + clef + ' "> ';
```

- Cette *frame* nous permet de charger la réponse du site LOKACE (français… "cocorico !") à la requête *clef.*

```
  if (n.indexOf("3") > -1)
    chaine += '<FRAME SRC="http://lokace.iplus.fr/
      cgi-bin/lokace?MOTCLE=' + clef + ' "> ';
```

- Cette *frame* nous permet de charger la réponse du site YAHOO à la requête *clef.*

```
  if (n.indexOf("4") > -1)
    chaine += '<FRAME SRC="http://search.yahoo.com/
      bin/search?p=' + clef + ' "> ';
```

- Cette *frame* nous permet de charger la réponse du site LYCOS à la requête *clef*.

```
if (n.indexOf("5") > -1)
   chaine += ' <FRAME SRC="http://www.lycos.com/
      cgi-bin/pursuit?query=' + clef + ' "> ';
```

- Cette *frame* nous permet de charger la réponse de l'excellent site HOTBOT à la requête *clef*.

```
if (n.indexOf("6") > -1)
   chaine += '<FRAME SRC="http://www.hotbot.com/
      search.html?_v=1.0&OP=0&SM=MC&MT=' + clef + ' "> ';
```

- Cette *frame* nous permet de charger la réponse du site SAVY SEARCH à la requête *clef*.

```
if (n.indexOf("7") > -1)
   chaine +='<FRAME SRC="http://williams.cs.colostate.
      edu:1969/nph-search?KW='+clef+'"> ';
```

- Concaténons à présent les diverses chaînes de caractères :

```
corps = ' <FRAMESET ROWS= '
   + ch
   +' onLoad=""> '
   + chaine
   + '</FRAMESET>';
```

- Il ne nous reste plus alors qu'à ouvrir les diverses *frames* dans la partie droite du navigateur.

```
frames[1].document.open();
frames[1].document.write(corps);
frames[1].document.close();
}
```

- La fonction suivante permet de passer des arguments relativement valides à la fonction (*rechercher*) de connexion aux différents sites de recherche. Ceci signifie *grosso modo* qu'il faut avoir indiqué un mot clé (essayez "Javascript" et vous ne serez pas déçus…) et choisi au moins deux cases à cocher pour pouvoir lancer la procédure de connexion aux différents sites.

```
function comptabiliser(form)
   {
```

- Initialisons la variable *n* à la chaîne de caractère vide.

```
var n="";
```

- *Cette variable nous permet de passer en argument à la fonction rechercher les sites à contacter sous forme de chiffres.*

```
var clef = form[0].value;
if (form[1].checked == true) n += "1";
if (form[2].checked == true) n += "2";
if (form[3].checked == true) n += "3";
if (form[4].checked == true) n += "4";
if (form[5].checked == true) n += "5";
if (form[6].checked == true) n += "6";
if (form[7].checked == true) n += "7";
```

- Si nous n'avons pas choisi au moins deux cases à cocher et complété le champ texte, la recherche n'est pas lancée et un message d'avertissement apparaît (fonction *alert* ci-dessous, rappelons que c'est une fonction prédéfinie du langage).

```
if ((n.length > 1) && (clef.length > 0))
   rechercher (clef,n);
else
   alert("Completez la zone de saisie et deux cases a cocher
      au moins !");
}
```

- Ecrivons à présent la fonction d'affichage dynamique de la première page de notre outil. Si nous parlons (pompeusement) "d'affichage dynamique", c'est parce que l'affichage se fait au chargement du fichier VIDE.HTM ! Nous trouvons cette formule très pratique, puisqu'en fait, il suffit d'écrire une fois pour toutes un tel fichier quasi vide et de générer à chaque chargement — nous pouvons presque dire en surimpression — le code "qui va bien".

```
function initialiser()
   {
   frames[0].document.open();
```

- Et voici le formulaire proposant sept sites de recherche (parmi les plus réputés). Il va de soi que nous pouvons bien sûr enrichir la liste à notre convenance et au fur et à mesure.

```
corps = "<P>"
   + " <FORM>"
   + " <INPUT TYPE=TEXT>"
   + " <UL>"
   + " <LI> <INPUT type=CHECKBOX> Excite "
   + " <LI> <INPUT type=CHECKBOX> Alta-Vista "
   + " <LI> <INPUT type=CHECKBOX> Lokace "
   + " <LI> <INPUT type=CHECKBOX> Yahoo "
   + " <LI> <INPUT type=CHECKBOX> Lycos "
   + " <LI> <INPUT type=CHECKBOX> HotBot "
   + " <LI> <INPUT type=CHECKBOX> Savy Search "
   + " </UL>"
   + " <INPUT TYPE=RESET VALUE=Reset>"
   + " <INPUT TYPE=BUTTON VALUE=Soumettre onClick =
'top.comptabiliser(this.form);'>"
```

- Nous ne pouvons pas nous empêcher de faire remarquer à notre lecteur — assurément très attentif — la petite subtilité de l'instruction ci-dessus. Sur réception de l'événement *onClick*, le navigateur doit lancer la fonction *comptabiliser* (avec les bons arguments, cela va de soi) qui a été chargée et définie, non pas avec le fichier VIDE.HTM mais bien plutôt avec la première page. Il faut donc faire référence à la fonction *comptabiliser* définie avec le premier objet *window* (appelé *top*) dans la hiérarchie objet du navigateur.

```
   + " </FORM>";
frames[0].document.write(corps);
```

- Un peu de couleur pour teinter la vie (enfin la frame, c'est toujours ça !) en rose ou plutôt en "cyan".

```
frames[0].document.bgColor = 'cyan';
frames[0].document.close();
}

</SCRIPT>
</HEAD>
```

- Une fois la partie script écrite, il reste à diviser la fenêtre de notre navigateur en deux sous-*frames*, c'est ce qui est fait dans ce qui suit.

```
<FRAMESET COLS="1*,2*" onLoad="initialiser();">
   <FRAME SRC="vide.htm">
   <FRAME SRC="vide.htm">
</FRAMESET>
```

- Une petite note d'information pour ceux qui ne possèdent pas la gestion des frames sur leur navigateur.

```
<NOFRAME>
<HR>
Il faut un navigateur pouvant supporter les FRAMES !
<HR>
</NOFRAME>
</HTML>
```

Comme nous pouvons le remarquer, nous chargeons dans chacune des deux frames le même fichier appelé VIDE.HTM... Celui-ci porte bien son nom, car il ne fait pas grand-chose de fondamental. Voici son contenu :

```
<HTML>
<HEAD>
</HEAD>
<BODY>
</BODY>
</HTML>
```

En fait, nous nous passerions bien de ce fichier "inutile" en nous contentant de générer dynamiquement le code dont nous avons besoin... mais la balise FRAME de l'HTML ne nous l'autorise pas !

L'éditeur de code HTML

Dans la série "création d'outils pour un client universel", voilà un nouvel exemple : l'éditeur de code HTML. Avant de prendre peur et d'abandonner le chapitre, démystifions un peu le sujet. Que recherchons-nous en fait ?

Quand nous développons des pages HTML pour un serveur Internet ou Intranet, nous avons besoin d'un éditeur (petite remarque à l'adresse des "purs et durs" : qui dit éditeur ne dit pas forcément "vi") et d'un outil d'affichage de nos réalisations qui peut être, par exemple, un navigateur. Il existe bien sûr des outils qui intègrent — de série — ces deux fonctionnalités.

Nous nous proposons, dans les quelques lignes qui suivent, de faire plus fort que tous les constructeurs et éditeurs de la planète : un éditeur qui pourra être chargé de la même façon que notre "My Home Page" favorite. En un peu plus clair et pour rendre notre enthousiasme le plus communicatif possible, voilà comment nous pouvons aussi présenter le sujet.

Un peu d'anticipation

Supposons un “cyber-world” débarrassé de sa gamme pléthorique de logiciels, faiblement compatibles et pas interopérables pour deux sous. Oui, ce genre de bonheur finira peut-être un jour par s'imposer ici-bas mes frères et mes sœurs. Bref, imaginons l'existence du fameux “client universel” ! Celui-ci ira directement chercher les ressources dont il aura besoin sur des superserveurs disposés aux quatre coins de la planète et ne les stockera pas plus longtemps qu'il n'en aura un besoin précis et clairement identifié. Bref, les services informatiques de nos entreprises ne se poseront plus les problèmes de mise à jour de versions dans les mêmes termes qu'aujourd'hui. Il suffira de faire évoluer le serveur… les clients s'adapteront alors. Pourtant, même dans ce monde idéal dépourvu de la version 77.0 de notre traitement de texte personnel (bien à nous et surtout pas prévu pour envisager du “groupware” par exemple), nous aurons besoin d'un outil ressemblant de loin à “vi” et ses dérivés multiples. Juste pour pouvoir de temps en temps nous rappeler aux bons souvenirs de notre patron, en lui écrivant une petite lettre par exemple !

Ce que nous voulons faire percevoir dans ces lignes dépasse bien sûr la (faible) portée de l'outil qui va suivre. Mais laissons-nous rêver quelques instants encore avec l'idée d'une suite bureautique complète et sophistiquée disponible sur le réseau des réseaux, omni-plates-formes et utilisable uniquement à l'aide d'un navigateur depuis notre NC (network computer). C'est un peu (en mieux faut-il le préciser) ce que nous voulons réaliser avec notre "éditeur de code HTML".

Quelques explications avant de nous jeter à l'eau

Le script qui va suivre atteste — s'il en est encore besoin — de la possibilité d'utiliser Javascript pour écrire des outils un peu plus évolués qu'un simple défilement de chaînes de caractères.

En pratique, nous allons procéder de la manière suivante. Il faut savoir que cet éditeur a été écrit sans, pour ainsi dire, faire appel à l'HTML. C'est-à-dire qu'il n'y a que du script Javascript dans ce qui suit. Nous commençons d'abord par définir des objets correspondant aux divers styles de mise en forme proposés (ou encore, aux diverses balises de l'HTML). Nous avons, par ailleurs, classé ces balises en sept catégories présentées un peu plus loin dans la définition du constructeur d'objets. Ainsi, les comportements ne sont plus définis objet par objet mais plutôt en termes de catégorie. Puis, ces objets et leur comportement étant définis, nous plaçons consécutivement toutes les actions de l'utilisateur dans une zone de saisie de texte (TEXTAREA) appelée “text”.

Enfin, pour visualiser notre document HTML mis en forme, il ne reste plus alors qu'à créer une nouvelle fenêtre, ouvrir sa zone de document et afficher le contenu de la zone de saisie de texte. Notre navigateur pourra en interpréter le contenu sans difficulté, puisqu'il s'agit d'un texte au format HTML.

Le code source de notre éditeur

```
<HTML>
<HEAD>
<TITLE> Editeur en Javascript </TITLE>
<SCRIPT LANGUAGE="Javascript">
<!- début du script
aide = false;
typeA = 0;
couleur = "#000000";
taille = 3;
```

- Cette fonction correspond à un constructeur d'objets de la pseudo-classe *tableau*.

```
function tableau(taille)
   {
   this.length = taille;
   for ( var i=0 ; i < this.length ; i++ ) this[i] = 0;
   }
```

- Le tableau qui suit est un tableau de couleurs. Ce sont celles de l'image PALETTE.GIF que l'on incorpore au formulaire.

```
var CL = new tableau(28);
CL[0] = "#000000"; CL[1] = "#848484";
CL[2] = "#7b0000"; CL[3] = "#7b7b39";
CL[4] = "#007b00"; CL[5] = "#007b7b";
CL[6] = "#00007b"; CL[7] = "#7b007b";
CL[8] = "#7b7b00"; CL[9] = "#003939";
CL[10] = "#007bff"; CL[11] = "#00397b";
CL[12] = "#3900ff"; CL[13] = "#7b3900";
CL[14] = "#ffffff"; CL[15] = "#c0c0c0";
CL[16] = "#ff0000"; CL[17] = "#ffff00";
CL[18] = "#00ff00"; CL[19] = "#00ffff";
CL[20] = "#0000ff"; CL[21] = "#ff00ff";
CL[22] = "#ffff23"; CL[23] = "#00ff7b";
CL[24] = "#7bffff"; CL[25] = "#7b7bff";
CL[26] = "#ff007b"; CL[27] = "#ff7b39";

function maDate()
   {
```

- Le tableau qui suit est un tableau des jours de la semaine.

```
var jour = new tableau(7);
jour[0] = "dimanche";
jour[1] = "lundi";
jour[2] = "mardi";
jour[3] = "mercredi";
jour[4] = "jeudi";
jour[5] = "vendredi";
jour[6] = "samedi";
```

- Le tableau qui suit est un tableau des mois.

```
var mois = new tableau(12);
mois[0] = "janvier";
mois[1] = "fevrier";
mois[2] = "mars";
mois[3] = "avril";
mois[4] = "mai";
mois[5] = "juin";
mois[6] = "juillet";
mois[7] = "aout";
mois[8] = "septembre";
mois[9] = "octobre";
mois[10] = "novembre";
mois[11] = "decembre";
```

- Les lignes suivantes permettent d'afficher la date du jour en "bon" français.

```
  maintenant = new Date();
  result = "le "
     + jour[eval(maintenant.getDay())]
     + " "
     + maintenant.getDate()
     + " "
     + mois[eval(maintenant.getMonth())]
     + " "
     + maintenant.getYear();
  return result;
  }

function OBJETbalise(btn,typ,txt1,txt2,dbt,milieu,fin,
  aide1,aide2)
```

- Cette procédure correspond à un constructeur d'objets de la pseudo-classe *balise* (c'est cet objet qui est le cœur de notre éditeur).

```
{
this.bouton=btn;
this.type=typ;
```

- Cet attribut (*type*) peut prendre plusieurs valeurs. S'il vaut **0** c'est que la balise correspondante est une balise qui comme <BR> ne porte pas sur un texte précis (pas de balise de "terminaison"). S'il vaut **1**, c'est qu'il se rapporte à une balise qui comme <H1> encadre un texte (il faut une balise de "terminaison" : </H1>). S'il vaut **2**, c'est qu'il se rapporte à des listes (<OL> ou <UL>). Sil vaut **3**, c'est qu'il se rapporte à des listes de définition (<DL>). S'il vaut **4**, c'est que l'objet se rapporte à un hyperlien (<A HREF>). S'il vaut **5**, c'est que l'objet se rapporte à la balise de définition de la couleur du texte (<FONT COLOR>). S'il vaut **6**, c'est que l'objet se rapporte à la balise de définition de la taille du texte (<FONT SIZE>).

```
  this.argument1=txt1;
  this.argument2=txt2;
  this.baliseDebut=dbt;
  this.baliseMilieu=milieu;
  this.baliseFin=fin;
  this.info=aide1;
  this.barre=aide2;
```

- *Le dernier attribut correspond au texte d'aide à placer dans la barre d'état.*

```
  }
```

- Définition des divers objets. Il faut respecter la syntaxe du constructeur *OBJETbalise* défini ci-dessus et qui a 9 arguments.

```
obDbt = new OBJETbalise("Dbt",1," Ecrivez ici votre titre","",
  "<HTML>\n<HEAD>\n\t<TITLE>","","</TITLE>\n</HEAD>\n<BODY>",
  "Entrez votre titre ci-dessous","Balises de debut de page HTML");

obFin = new OBJETbalise("Fin",0,"","","<P>\n</BODY>\n</HTML>","",
  "","","Balises de fin de page HTML");

obBr = new OBJETbalise("Br",0,"","","<BR>","","","",
  "Retour chariot");

obP = new OBJETbalise("P",1," Ecrivez ici le corps du paragraphe",
  "","<P>","","</P>","Entrez le corps du paragraphe ci-dessous",
  "Balise de paragraphe");

obHr = new OBJETbalise("Hr",0,"","","<HR WIDTH=100% SIZE=1>","","",
  "Vous pouvez modifier la largeur (WIDTH) et l epaisseur (SIZE)
  de trait","Balise pour tracer un trait horizontal");

obH1 = new OBJETbalise("H1",1," Ecrivez ici ","","<H1>","","</H1>",
  "Ce que vous ecrirez ci-dessous sera dans le format desire",
  "Balise de format H1");

obH2 = new OBJETbalise("H2",1," Ecrivez ici ","","<H2>","","</H2>",
  "Ce que vous ecrirez ci-dessous sera dans le format desire",
  "Balise de format H2");
```

```
obH3 = new OBJETbalise("H3",1," Ecrivez ici ","","<H3>","","</H3>",
   "Ce que vous ecrirez ci-dessous sera dans le format desire",
   "Balise de format H3");

obH4 = new OBJETbalise("H4",1," Ecrivez ici ","","<H4>","","</H4>",
   "Ce que vous ecrirez ci-dessous sera dans le format desire",
   "Balise de format H4");

obH5 = new OBJETbalise("H5",1," Ecrivez ici ","","<H5>","","</H5>",
   "Ce que vous ecrirez ci-dessous sera dans le format desire",
   "Balise de format H5");

obH6 = new OBJETbalise("H6",1," Ecrivez ici ","","<H6>","","</H6>",
   "Ce que vous ecrirez ci-dessous sera dans le format desire",
   "Balise de format H6");

obIta = new OBJETbalise("Ita",1," Ce texte sera en italique ",
   "","<EM>","","</EM>",
   "Ce que vous ecrirez ci-dessous sera en italique",
   "Texte en italique");

obGra = new OBJETbalise("Gra",1," Ce texte sera en gras ","",
   "<STRONG>","","</STRONG>",
   "Ce que vous ecrirez ci-dessous sera en gras",
   "Texte en gras");

obPre = new OBJETbalise("Pre",1," Ce texte sera preformate ",
   "","<PRE>","","</PRE>",
   "Ce que vous ecrirez ci-dessous sera preformate",
   "Texte preformate");

obCen = new OBJETbalise("Cen",1," Ce texte sera centre","",
   "<CENTER>","","</CENTER>",
   "Ce que vous ecrirez ci-dessous sera centre",
   "Texte centre");

obInd = new OBJETbalise("Ind",1," Ce texte sera en indice ",
   "","<SUB>","","</SUB>",
   "Ce que vous ecrirez ci-dessous sera en indice",
   "Texte en indice");

obExp = new OBJETbalise("Exp",1," Ce texte sera en exposant",
   "","<SUP>","","</SUP>",
   "Ce que vous ecrirez ci-dessous sera en exposant",
   "Texte en exposant");

obRay = new OBJETbalise("Ray",1," Ce texte sera raye ","",
   "<STRIKE>","","</STRIKE>",
   "Ce que vous ecrirez ci-dessous sera raye (barre)",
   "Texte barre (rature)");

obCli = new OBJETbalise("Cli",1," Ce texte clignotera ","",
   "<BLINK>","","</BLINK>",
   "Ce que vous ecrirez ci-dessous clignotera",
   "Texte clignotant");
```

```
obUl = new OBJETbalise("Ul", 2,"un élément…","un élément…",
   "<UL TYPE=DISC>\n\t<LI> ","</LI>\n\t<LI> "," </LI>\n</UL>",
   "Entrez votre élément ci-dessous",
   "Liste a puces (options: disc, circle, square)");

obOl = new OBJETbalise("Ol",2,"un élément…","un élément…",
   "<OL TYPE=1>\n\t<LI> ","</LI>\n\t<LI> ","</LI>\n</OL>",
   "Entrez votre élément ci-dessous",
   "Liste ordonnee (options: i,I,a,1)");

obDl = new OBJETbalise("Dl", 3,"un titre…","une definition…",
   "<DL>\n<DT> ","\n\t<DD> ","\n</DL>","Entrez un",
   "Liste de definitions");

obDt = new OBJETbalise("Dt",1," un titre… ","","<DT>","",
   "</DT>","Entrez votre titre","Titre de liste de definitions");

obDd = new OBJETbalise("Dd",1," une definition… ","","<DD>","",
   "</DD>","Entrez votre definition",
   "Definition de liste de definitions");

obLi = new OBJETbalise("Li",1," un élément… ","","<LI>","","</LI>",
   "Entrez votre élément","élément de listes a puces ou ordonnees");

obHyp = new OBJETbalise("Hyp",4,
   "http://quartz.dgs.jussieu.fr:8080/"," votre lien ",
   "<A HREF=\"","\" TARGET=_parent> "," </A>","Entrez votre",
   "Hyperlien (ex: http://quartz.dgs.jussieu.fr:8080/)");

obIci = new OBJETbalise("Ici", 0,"","",self.location,"",
   "","","URL de la page courante");

obDat = new OBJETbalise("Dat",0,"","",maDate(),"","","",
   "Date du client WWW");

obLt = new OBJETbalise("&lt",0,"","","&lt","","","",
   "Signe inferieur ou egal");

obTai = new OBJETbalise("Tai",6," Ecrivez ici ","","<FONT SIZE=",
   ">"," </FONT>","Ce que vous ecrirez ci-dessous sera de la
   taille de caracteres desiree","Taille des caracteres");

obCou = new OBJETbalise("Cou", 5," Ecrivez ici ","","<FONT COLOR=",
   "> "," </FONT>","Ce que vous ecrirez ci-dessous sera de la
   couleur de caracteres desiree","Couleur des caracteres");

obIma= new OBJETbalise("Ima",1," Identifiez votre image ",
   "","<IMG SRC=\"","\">","",
   "Entrez ci-dessous le nom de votre fichier image",
   "Balise: inserer une image");
```

- Cette fonction réinitialise toutes les variables, les boutons du formulaire et affecte une chaîne vide au contenu de la zone de saisie du texte.

```
function Effacer(form)
   {
   aide = false;
   type = 0;
   form.TEXT.value = "";
   form.BTNAIDE.value = false;
   form.TYPAIDE.value = 0;
   }
```

- Cette fonction permet de visualiser (dans une nouvelle fenêtre) le contenu du texte HTML saisi dans la zone de texte (du formulaire) en WYSIWYG, c'est-à-dire après interprétation.

```
function Visualiser(form)
   {
   var options = "toolbar=no,location=no,directories=no,"
      + "status=no,menubar=no,scrollbars=yes,resizable=yes,"
      + "copyhistory=yes,width=400,height=400";
```

- Après avoir défini les options d'ouverture de la fenêtre d'affichage, ajoutons un bouton (en bas de la fenêtre) qui nous permettra de fermer ladite fenêtre et de revenir à l'éditeur.

```
   var corps = "<CENTER><FORM>"
      + "<INPUT TYPE=BUTTON VALUE=Fermer onClick='self.close();'>"
      + "</FORM></CENTER>";
```

- Ouvrons alors la fenêtre et plaçons-y le contenu des deux formulaires (celui de saisie et celui de retour à l'éditeur).

```
   maFenetre = window.open("","Bonjour",options);
   maFenetre.document.write(form.TEXT.value + corps);
   maFenetre.document.close();
   }

function Ecrire(form,balise)
   {
   if (aide==true)
      {
```

- Si l'utilisateur choisit l'option d'aide, il faut afficher dans la barre d'état le message affecté à l'attribut *barre* de chaque *OBJETbalise.*

```
    self.status = balise.barre;
    Ajouter(form,balise);
    }
  else Ajouter(form,balise);
  }

function Ajouter(form,choix)
  {
  var ch = choix.baliseDebut;
  var cancel = false;
  if (typeA == 0)
    {
```

- *Nous sommes ici en mode confirmé.*

```
    if (choix.type==5)
```

- *Balise <FONT COLOR> :*

```
      {ch += couleur+choix.baliseMilieu;}
    else
      {
      if (choix.type==6)
```

- *Balise <FONT SIZE> :*

```
        { ch+=taille+choix.baliseMilieu; }
      else ch += choix.baliseMilieu;
      }
    }
  if (typeA == 1)
    {
```

- *Nous sommes ici en mode avancé.*

```
    if (choix.type==5)
      {
```

- *Balise <FONT COLOR> :*

```
      ch += couleur + choix.baliseMilieu
        + choix.argument1 + choix.argument2;
      }
    else
      {
      if (choix.type==6)
        {
```

- *Balise <FONT SIZE> :*

```
        ch += taille + choix.baliseMilieu
          + choix.argument1 + choix.argument2;
        }
```

```
      else ch += choix.argument1 + choix.baliseMilieu
         + choix.argument2;
      }
   } // Fin de type A
if (typeA == 2)
   {
```

- *Nous sommes ici en mode débutant, c'est le mode le plus long à traiter, puisqu'il s'agit d'accompagner l'utilisateur dans chacune de ses actions.*

```
   if (choix.type > 0)
      ch += AjouterBis(form,choix);
   if ((ch == choix.baliseDebut)&&(choix.type > 0))
      cancel=true;
   }
ch += choix.baliseFin + "\n";
if (cancel==false) form.TEXT.value += ch;
}
```

- Cette procédure correspond au mode débutant. Il s'agit ici de dialoguer autant que faire se peut avec l'utilisateur. C'est pourquoi, à chaque action de sa part, nous devons pour toutes les balises qui ne sont pas de type "0" (dans notre classification), émettre une fenêtre de dialogue afin de le guider, saisir le texte à placer entre les balises de début et fin…

```
function AjouterBis(form,choix)
   {
   var chaine,tmp,tmpBis;
   if (choix.type==1)
      {
```

- *Cas simple d'insertion entre <BALISE>… </BALISE>*

```
      tmp = prompt(choix.info,"");
      if ((tmp != null) && (tmp != ""))
         {chaine = tmp;}
      else {chaine = "";}
      }
   if (choix.type==2)
      {
```

- *Cas d'insertion de listes : UL ou OL. Il s'agit de boucler tant que l'utilisateur souhaite entrer un nouvel élément.*

```
      tmp = prompt(choix.info,"");
      if((tmp != null) && (tmp != ""))
         {
         chaine = tmp;
         while((tmp != null) && (tmp != ""))
            {
            tmp =  prompt(choix.info,"");
            if((tmp != null) && (tmp != ""))
               chaine += choix.baliseMilieu + tmp;
            }
```

```
      }
   else {chaine = "";}
   }
if (choix.type==3)
   {
```

- *Cas d'insertion d'une liste de définitions (balise <DL>). Il s'agit de deux boucles imbriquées permettant à l'utilisateur d'entrer autant de titres et de définitions associées qu'il le souhaite.*

```
   tmp = prompt(choix.info + " titre","");
   if((tmp != null) && (tmp != ""))
      {
      chaine = tmp + "\n";
      while((tmp != null)&&(tmp != ""))
         {
         tmpBis=prompt(choix.info+"e definition de "+tmp,"");
         while((tmpBis != null) && (tmpBis != ""))
            {
            if((tmpBis != null) && (tmpBis != ""))
               chaine += "\t<DD> " + tmpBis + "\n";
               tmpBis = prompt(choix.info
                  + "e autre definition de "+tmp,"");
            }
         tmp = prompt(choix.info + " titre","");
         if((tmp != null) && (tmp != ""))
            chaine += "<DT> " + tmp + "\n";
         }
      }
   else {chaine = "";}
   }
if (choix.type==4)
   {
```

- *Cas d'insertion d'un hyperlien :*

```
   tmp = prompt(choix.info + " URL d\'hyper-lien","");
   if (tmp != null)
      tmpBis = prompt(choix.info + " texte d\'hyper-lien","");
   if ((tmp != null)&&(tmpBis != null)&&
         ((tmp != "") || (tmpBis != "")))
      {chaine = tmp + choix.baliseMilieu + tmpBis;}
   else {chaine = "";}
   }
if (choix.type==5)
   {
```

- *Cas de la balise <FONT COLOR=…> :*

```
   tmp = prompt(choix.info,"");
   if ((tmp != null) && (tmp != ""))
      {chaine = couleur + choix.baliseMilieu + tmp;}
   else {chaine = "";}
   }
if (choix.type==6)
   {
```

- *Cas de la balise <FONT SIZE=...> :*

```
    tmp = prompt(choix.info,"");
    if ((tmp != null) && (tmp != ""))
      {chaine = taille + choix.baliseMilieu + tmp;}
    else {chaine = "";}
    }
  return chaine;
  }
```

- Cette procédure permet d'afficher ("dynamiquement") le formulaire des commandes et de saisie de texte dans la fenêtre courante du navigateur.

```
function Affichage()
  {
  phrase = "Regardez apres chaque \"clic\" le bas de
    votre butineur (status-bar) !";
  votreCouleur = "Vous avez choisi le ";
```

- *Ce qui suit est une très grosse chaîne...*

```
var chaine = '<FORM NAME="monFormulaire" METHOD="Post" ACTION="">'
  + '<TABLE BORDER WIDTH=100%>'
  + '<TR><TD>'
  + '<INPUT TYPE="RADIO" NAME="BTNAIDE" VALUE="TRUE"
      onClick="aide=true;alert(phrase);"> Avec aide <BR>'
  + '<INPUT TYPE="RADIO" NAME="BTNAIDE" VALUE="FALSE" CHECKED
      onClick="aide=false"> Sans aide'
  + '</TD><TD>'
  + '<INPUT TYPE="RADIO" NAME="TYPAIDE" VALUE="2"
      onClick="typeA=2"> Mode debutant <BR>'
  + '<INPUT TYPE="RADIO" NAME="TYPAIDE" VALUE="1"
      onClick="typeA=1"> Mode avance <BR>'
  + '<INPUT TYPE="RADIO" NAME="TYPAIDE" VALUE="0" CHECKED
      onClick="typeA=0"> Mode confirme <BR>'
  + '</TD><TD><BR>'
  + '<H3><CENTER>Editeur HTML <BR> ecrit <BR> en
      Javascript</H3></CENTER>'
  + '</TD><TD>'
  + '<INPUT TYPE="reset" VALUE="Tout effacer"
      onClick="Effacer(this.form);"> <BR>'
  + '<INPUT TYPE="BUTTON" VALUE="Visualiser"
      onClick="Visualiser(this.form)">'
  + '</TD><TD>'
  + '<INPUT TYPE="BUTTON" VALUE="Debut"
      onClick="Ecrire(this.form,obDbt);"> <BR>'
  + '<INPUT TYPE="BUTTON" VALUE="Fin"
      onClick="Ecrire(this.form,obFin)"> <BR>'
  + '</TD></TR></TABLE>'
  + '<TABLE BORDER WIDTH=100%>'
  + '<TR><TD ROWSPAN=2>'
  + '<INPUT TYPE="BUTTON" VALUE="H1"
      onClick="Ecrire(this.form,obH1)">'
  + '<INPUT TYPE="BUTTON" VALUE="H2"
```

```
     onClick="Ecrire(this.form,obH2)">'
 + '<INPUT TYPE="BUTTON" VALUE="H3"
     onClick="Ecrire(this.form,obH3)">'
 + '<INPUT TYPE="BUTTON" VALUE="H4"
     onClick="Ecrire(this.form,obH4)">'
 + '<INPUT TYPE="BUTTON" VALUE="H5"
     onClick="Ecrire(this.form,obH5)">'
 + '<INPUT TYPE="BUTTON" VALUE="H6"
     onClick="Ecrire(this.form,obH6)"> <BR>'
 + '<INPUT TYPE="BUTTON" VALUE="Centre"
     onClick="Ecrire(this.form,obCen)">'
 + '<INPUT TYPE="BUTTON" VALUE="Gras"
     onClick="Ecrire(this.form,obGra)">'
 + '<INPUT TYPE="BUTTON" VALUE="Italique"
     onClick= "Ecrire(this.form,obIta)"> <BR>'
 + '<INPUT TYPE="BUTTON" VALUE="Preformate"
     onClick="Ecrire(this.form,obPre)">'
 + '<INPUT TYPE="BUTTON" VALUE="Exposant"
     onClick="Ecrire(this.form,obExp)">'
 + '<INPUT TYPE="BUTTON" VALUE="Indice"
     onClick="Ecrire(this.form,obInd)"> <BR>'
 + '<INPUT TYPE="BUTTON" VALUE="Couleur des caracteres"
     onClick="Ecrire(this.form,obCou)"> <BR>'
 + '<INPUT TYPE="BUTTON" VALUE="Taille des caracteres"
     onClick="Ecrire(this.form,obTai)">'
 + '</TD>'
 + '<TD COLSPAN=3><CENTER>'
 + 'Taille'.fontsize(5)
 + ' et '
 + 'couleur'.fontcolor('red').bold()
 + ' des caracteres: '
 + '<INPUT TYPE="RADIO" NAME="TAILLE" VALUE="3"
     onClick="taille=3"> 3'
 + '<INPUT TYPE="RADIO" NAME="TAILLE" VALUE="4"
     onClick="taille=4"> 4'
 + '<INPUT TYPE="RADIO" NAME="TAILLE" VALUE="5"
     onClick="taille=5"> 5 <BR>'
 + '<IMG SRC="palette.gif" USEMAP="#maPalette"
     BORDER=0 HEIGHT=35 WIDTH=228>'
 + '<MAP NAME="maPalette">'
 + '<AREA SHAPE=RECT COORDS=3,2,17,16
     HREF="Javascript:couleur=CL[0];
     alert(votreCouleur + couleur);">'
 + '<AREA SHAPE=RECT COORDS=19,2,33,16
     HREF="Javascript:couleur=CL[1];
     alert(votreCouleur + couleur);">'
 + '<AREA SHAPE=RECT COORDS=35,2,49,16
     HREF="Javascript:couleur=CL[2];
     alert(votreCouleur + couleur);">'
 + '<AREA SHAPE=RECT COORDS=51,2,65,16
     HREF="Javascript:couleur=CL[3];
     alert(votreCouleur + couleur);">'
 + '<AREA SHAPE=RECT COORDS=67,2,81,16
     HREF="Javascript:couleur=CL[4];
     alert(votreCouleur + couleur);">'
 + '<AREA SHAPE=RECT COORDS=83,2,97,16
     HREF="Javascript:couleur=CL[5];
```

```
    alert(votreCouleur + couleur);">'
+ '<AREA SHAPE=RECT COORDS=99,2,113,16
    HREF="Javascript:couleur=CL[6];
    alert(votreCouleur + couleur);">'
+ '<AREA SHAPE=RECT COORDS=115,2,129,16
    HREF="Javascript:couleur=CL[7];
    alert(votreCouleur + couleur);">'
+ '<AREA SHAPE=RECT COORDS=131,2,145,16
    HREF="Javascript:couleur=CL[8];
    alert(votreCouleur + couleur);">'
+ '<AREA SHAPE=RECT COORDS=147,2,161,16
    HREF="Javascript:couleur=CL[9];
    alert(votreCouleur + couleur);">'
+ '<AREA SHAPE=RECT COORDS=163,2,177,16
    HREF="Javascript:couleur=CL[10];
    alert(votreCouleur + couleur);">'
+ '<AREA SHAPE=RECT COORDS=179,2,193,16
    HREF="Javascript:couleur=CL[11];
    alert(votreCouleur + couleur);">'
+ '<AREA SHAPE=RECT COORDS=195,2,209,16
    HREF="Javascript:couleur=CL[12];
    alert(votreCouleur + couleur);">'
+ '<AREA SHAPE=RECT COORDS=211,2,225,16
    HREF="Javascript:couleur=CL[13];
    alert(votreCouleur + couleur);">'
+ '<AREA SHAPE=RECT COORDS=3,18,17,32
    HREF="Javascript:couleur=CL[14];
    alert(votreCouleur + couleur);">'
+ '<AREA SHAPE=RECT COORDS=19,18,33,32
    HREF="Javascript:couleur=CL[15];
    alert(votreCouleur + couleur);">'
+ '<AREA SHAPE=RECT COORDS=35,18,49,32
    HREF="Javascript:couleur=CL[16];
    alert(votreCouleur + couleur);">'
+ '<AREA SHAPE=RECT COORDS=51,18,65,32
    HREF="Javascript:couleur=CL[17];
    alert(votreCouleur + couleur);">'
+ '<AREA SHAPE=RECT COORDS=67,18,81,32
    HREF="Javascript:couleur=CL[18];
    alert(votreCouleur + couleur);">'
+ '<AREA SHAPE=RECT COORDS=83,18,97,32
    HREF="Javascript:couleur=CL[19];
    alert(votreCouleur + couleur);">'
+ '<AREA SHAPE=RECT COORDS=99,18,113,32
    HREF="Javascript:couleur=CL[20];
    alert(votreCouleur + couleur);">'
+ '<AREA SHAPE=RECT COORDS=115,18,129,32
    HREF="Javascript:couleur=CL[21];
    alert(votreCouleur + couleur);">'
+ '<AREA SHAPE=RECT COORDS=131,18,145,32
    HREF="Javascript:couleur=CL[22];
    alert(votreCouleur + couleur);">'
+ '<AREA SHAPE=RECT COORDS=147,18,161,32
    HREF="Javascript:couleur=CL[23];
    alert(votreCouleur + couleur);">'
+ '<AREA SHAPE=RECT COORDS=163,18,177,32
    HREF="Javascript:couleur=CL[24];
```

```
        alert(votreCouleur + couleur);">'
   + '<AREA SHAPE=RECT COORDS=179,18,193,32
        HREF="Javascript:couleur=CL[25];
        alert(votreCouleur + couleur);">'
   + '<AREA SHAPE=RECT COORDS=195,18,209,32
        HREF="Javascript:couleur=CL[26];
        alert(votreCouleur + couleur);">'
   + '<AREA SHAPE=RECT COORDS=211,18,225,32
        HREF="Javascript:couleur=CL[27];
        alert(votreCouleur + couleur);">'
   + '</MAP>'
   + '</CENTER></TD></TR>'
   + '<TR><TD>'
   + '<INPUT TYPE="BUTTON" VALUE="P"
        onClick="Ecrire(this.form,obP)">'
   + '<INPUT TYPE="BUTTON" VALUE="BR"
        onClick="Ecrire(this.form,obBr)">'
   + '<INPUT TYPE="BUTTON" VALUE="HR"
        onClick="Ecrire(this.form,obHr)">'
   + '<INPUT TYPE="BUTTON" VALUE="Hyperlien"
        onClick="Ecrire(this.form,obHyp)"> <BR>'
   + '<INPUT TYPE="BUTTON" VALUE="Date"
        onClick="Ecrire(this.form,obDat)">'
   + '<INPUT TYPE="BUTTON" VALUE="URL courante"
        onClick="Ecrire(this.form,obIci)"><BR>'
   + '<INPUT TYPE="BUTTON" VALUE="Image"
        onClick="Ecrire(this.form,obIma)">'
   + '</TD><TD>'
   + 'Les listes :<BR>'.big().bold().italics()
   + '<INPUT TYPE="BUTTON" VALUE="OL"
        onClick="Ecrire(this.form,obOl)">'
+ '<INPUT TYPE="BUTTON" VALUE="UL"
        onClick="Ecrire(this.form,obUl)">'
+ '<INPUT TYPE="BUTTON" VALUE="LI"
        onClick="Ecrire(this.form,obLi)"> <BR>'
+ '<INPUT TYPE="BUTTON" VALUE="DL"
        onClick="Ecrire(this.form,obDl)">'
   + '<INPUT TYPE="BUTTON" VALUE="DT"
        onClick="Ecrire(this.form,obDt)">'
   + '<INPUT TYPE="BUTTON" VALUE="DD"
        onClick="Ecrire(this.form,obDd)"> <BR>'
   + '</TD></TR></TABLE>'
   + '</CENTER><BR>'
   + '<TEXTAREA NAME="TEXT" ROWS="16" COLS="65"
        WRAP="VIRTUAL"></TEXTAREA>'
   + '</FORM>'
   + 'Sur une idee originale de '
   + ' Ray DALY '.link("http://www.cris.com/~raydaly/");
   document.write(chaine);
   }
// fin du script ->
</SCRIPT>
</HEAD>
```

```
<!-- corps de la page HTML -->
<BODY BGCOLOR="#FFFFFF">
<SCRIPT LANGUAGE="Javascript">
Affichage();
```

- *Appel de la fonction Javascript.*

```
</SCRIPT>
</BODY>
</HTML>
```

Des copies d'écran

En premier lieu, l'aperçu général de ce que l'on vient de faire...

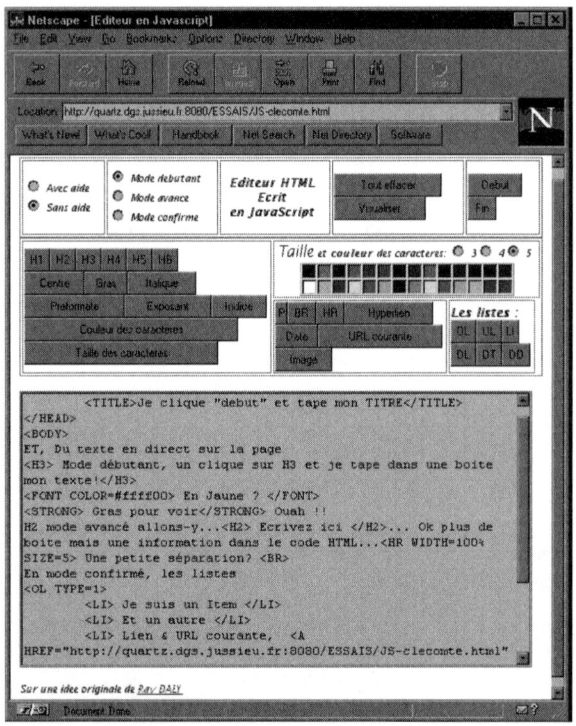

Figure 5-1 : Notre éditeur en utilisation courante

Et comment ça marche… *vous trouverez sur le CD-Rom, l'exemple complet que vous pourrez utiliser et modifier à souhait.*

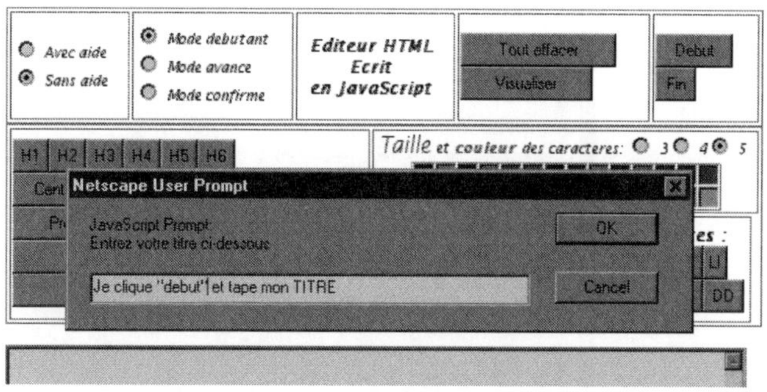

Figure 5-2 : Un clic sur Début, *pour saisir l'en-tête HTML avec le titre, en mode débutant*

Le bouton radio *Avec aide* permet d'avoir un commentaire en bas de la page, dans la barre d'état.

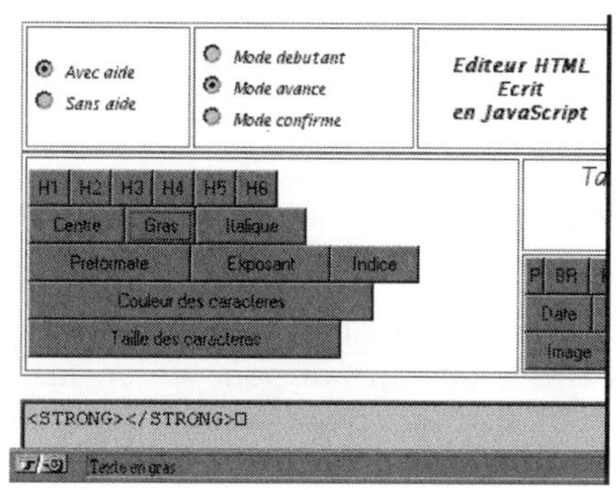

Figure 5-3 : L'aide est activée et le bouton gras *est sélectionné*

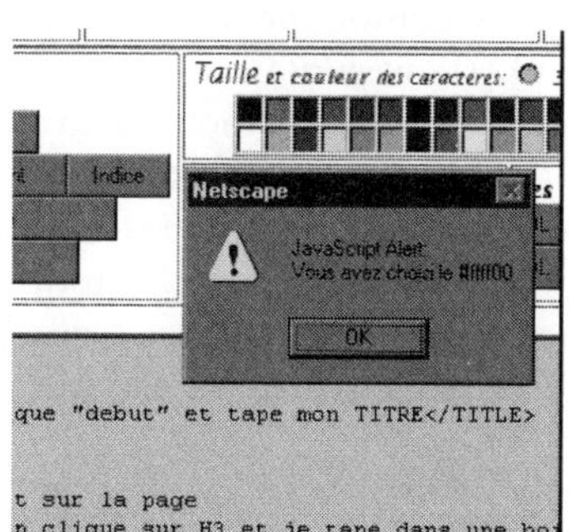

Figure 5-4 : Changement de couleur

Continuons la saisie de notre page HTML, puis tentons une visualisation du résultat sous Netscape.

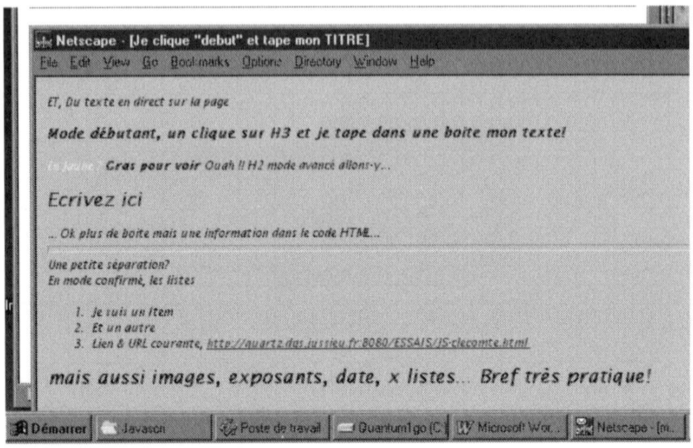

Figure 5-5 : Visualisation : sur clic sur le bouton Visualiser

Le "slide-show" !

De quoi s'agit-il ?

Oui, notre navigateur favori ne sait pas encore nous faire le café. Pourtant, il a bien des qualités et peut nous offrir une foule de services. Ainsi, nous nous en servons surtout pour surfer, mais nous pouvons aussi envisager d'autres utilisations plus "locales" de l'outil. Ne nous sommes-nous jamais dit un peu las… ah encore un nouveau logiciel à installer, à découvrir et à apprendre à utiliser ! Quand donc nous fourniront-ils un "intégré" permettant de regrouper tous les outils de bureautique ? Si nous devons faire une présentation, par exemple, il est de bon ton de posséder un outil de Pré.A.O. (PowerPoint en est un). Avec celui-ci, nous pourrons faire défiler des diapositives et mettre en valeur notre travail. Le seul problème, c'est qu'il faut posséder et installer l'outil sur le disque du portable, que celui-ci n'est pas extensible à l'infini. Bref, pourquoi ne pas utiliser le navigateur qui est déjà en place ? Surtout si les informations sont déjà, pour une bonne partie d'entre elles, sous format HTML regroupées sur le serveur Web de la société. Voila qui permet de faire d'une pierre deux coups !

Bon, à présent que nous nous sommes fixés l'objectif à atteindre, définissons-en un peu mieux les contours. Il s'agit en fait d'écrire un script qui permettra de faire se succéder sur notre écran de navigateur diverses pages HTML. C'est exactement le type d'application adapté au langage de script Javascript, puisqu'il s'agit ni plus ni moins que de charger et afficher périodiquement un nouveau document. Nous pouvons même envisager d'y ajouter certaines fonctionnalités du type : arrêter la minuterie, revenir à la diapositive précédente, passer à la diapositive suivante.

Questions pratiques

Il va falloir scinder l'écran du navigateur en deux parties. La première servira à l'affichage des diapositives et la seconde servira d'écran de contrôle. Oui, avouons-le, l'expression est un peu pompeuse. Et pourtant, c'est bien de cela qu'il s'agit. Il faut y trouver un bouton pour arrêter le déroulement de notre présentateur, un autre pour revenir en arrière, un troisième nous offrant la possibilité de passer à la diapositive suivante et enfin un dernier pour reprendre le déroulement automatique des diapositives.

Une remarque importante

Attention, toutes les diapositives doivent porter un nom générique avec une racine commune. C'est-à-dire encore que si nous souhaitons présenter 19 diapositives, il faut, par exemple, appeler ces fichiers : DIAPOS1.HTM, DIAPOS2.HTM, jusqu'à DIAPOS19.HTM.

Par ailleurs, il est primordial de placer tous ces fichiers au même endroit (dans le même répertoire) et d'éviter les "trous" dans le compteur de diapositives. Ainsi, si la huitième diapositive vient à manquer, ne se trouve pas sous le même répertoire, ou porte une racine différente de celle des autres, alors inévitablement, nous aurons un message d'erreur lorsqu'il s'agira de la charger.

Réalisation

```
<HTML>
<HEAD>
<TITLE> Petit Slide-Show </TITLE>
<SCRIPT LANGUAGE="Javascript">
```

- Commençons par définir les variables globales suivantes. La première (*URL*) permet de préciser la localisation des diapositives si celles-ci ne sont pas situées au même endroit que le présent fichier. La seconde (*nombre*) correspond au nombre de diapositives à présenter. La troisième précise le numéro de la première diapositive (nous avons choisi d'initialiser *numero* à 1). Les deux dernières variables correspondent respectivement et, dans l'ordre, à la minuterie et au délai séparant le chargement d'une diapositive d'une autre.

```
var URL = "";
var nombre;
var numero = 1;
var timer = 0;
var delai;
```

- Cette première fonction permet, comme son nom l'indique, d'initialiser les arguments du "slide-show". Ainsi, les trois instructions suivantes offrent à l'utilisateur la possibilité de modifier, à chaque démarrage de l'outil, le nom générique de la présentation, le nombre de diapositives à présenter et le délai entre deux diapositives consécutives.

```
function initialiser()
  {
  nom = prompt("Entrez le nom generique de vos diapositives :",
          "diapos");
  nombre = prompt("Entrez le nombre de diapositives a faire
          defiler :",3);
  delai = 1000*prompt("Entrez le delai (en secondes) entre
          chaque diapos :",3);
```

- L'instruction suivante charge la première diapositive dans la *frame* d'indice 0 (c'est-à-dire dans celle qui ne contient pas l'écran de contrôle).

```
  parent.frames[0].location = URL + nom + numero + ".htm";
```

- Ensuite, après *delai* (valeur entière) millisecondes, l'interpréteur évaluera l'instruction *top.suivant()*. C'est-à-dire qu'il exécutera la fonction suivante que nous avons définie dans le document associé à l'objet *top* (le sommet de la hiérarchie objet de Javascript). En effet, cette fonction n'est pas redéfinie au sein de chaque fichier diapositive et l'interprétation de la seule chaîne de caractères *suivant()* engendre une erreur.

```
timer = setTimeout("top.suivant()",delai);
var chaine = "<CENTER>"
   + "<FORM>"
   + "<INPUT TYPE=BUTTON value=Arriere
        onClick='top.arriere();'>"
   + "<INPUT TYPE=BUTTON value=Stop
        onClick='top.stop();'>"
   + "<INPUT TYPE=BUTTON value=Avant
        onClick='top.avant();'>"
   + "<INPUT TYPE=BUTTON value=Reprendre
        onClick='top.reprendre();'>"
   + "</FORM>"
   + "</CENTER>";
```

- Enfin, générons dynamiquement dans la *frame* d'indice 1 (celle de l'écran de contrôle) le formulaire muni des quatre boutons qui permettront de contrôler le déroulement de notre présentateur.

```
parent.frames[1].document.write(chaine);
}
```

- Cette seconde procédure permet d'interrompre la minuterie et de charger dans la première *frame* la diapositive suivante. La présentation est alors interrompue. Pour la relancer, il faut cliquer sur le bouton *Reprendre.*

```
function avant()
  {
  top.stop();
  numero = numero%nombre + 1;
  parent.frames[0].location = URL + nom + numero + ".htm";
  }
```

Remarque ***Nous avons décidé de faire "boucler" le déroulement. Ainsi, la dernière diapositive de la présentation a elle aussi un "successeur" et ce successeur est la première diapositive. Voila pourquoi nous affectons à la variable numero sa propre valeur modulo*** **nombre** ***incrémentée d'une unité.***

- Cette procédure qui s'auto-appelle après *delai* millisecondes constitue le moteur de notre "slide-show". Comme nous l'avons déjà dit, elle est définie dans le document correspondant au sommet de la hiérarchie objet (*top*). Aussi faut-il en fait la rattacher à cet objet à chaque appel.

```
function suivant()
  {
  top.avant();
  timer=setTimeout("top.suivant()",delai);
  }
```

- Cette procédure permet d'interrompre la minuterie et de charger la diapositive précédente. Pour relancer la présentation, il faut ensuite cliquer sur le bouton *Reprendre.*

```
function arriere()
   {
   top.stop();
   numero = ((numero == 1) ? nombre : numero-1 );
   parent.frames[0].location = URL + nom + numero + ".htm";
   }
```

- Pour interrompre la minuterie, il faut faire appel à la méthode *clearTimeout* de l'objet *window.*

```
function stop()
   {
   clearTimeout(timer);
   }
```

- Pour reprendre le défilement des diapositives, il suffit de charger la diapositive suivante après *delai* millisecondes.

```
function reprendre()
   {
   timer=setTimeout("top.suivant()",delai);
   }

</SCRIPT>
</HEAD>
<!- Ce qui suit nous permet de diviser la fenêtre du navigateur en
deux frames et de lancer la procédure d'initalisation au chargement des
contenus de celles-ci ->
<FRAMESET ROWS="90%,10%" onLoad="top.initialiser();">
   <FRAME SRC="vide.htm">
   <FRAME SRC="vide.htm">
</FRAMESET>
```

- On teste si le navigateur permet d'utiliser les *frames.*

```
<NOFRAME>
<HR> Il faut un navigateur compatible aux FRAMES ! <HR>
</NOFRAME>
```

- On teste si le navigateur est compatible avec Javascript.

```
<NOSCRIPT>
<HR> Il faut un navigateur Javascript-compatible ! <HR>
</NOSCRIPT>
</HTML>
```

- Comme nous pouvons le constater, nous faisons ici encore appel au fameux fichier VIDE.HTM ! Pour ceux qui en ont oublié le contenu, nous l'exposons une fois de plus ci-dessous :

```
<HTML>
<HEAD>
</HEAD>
<BODY>
</BODY>
</HTML>
```

Animations ludiques : les "scrollers"

Ce type d'animation de pages HTML est assez classique et facile à mettre en œuvre en Javascript. Par ailleurs, il prend très peu de "bande passante" et n'est donc pas aussi long à charger que des images animées (du type des GIF au format 89). Nous vous le recommandons donc... Nous avons souhaité rassembler dans l'exemple suivant la plupart des animations que nous pouvons rencontrer lorsque nous "surfons" sur le réseau des réseaux.

L'idée

L'effet "déroulant" est, en fait, rendu par la combinaison de deux opérations successives. La première consiste en un traitement de la chaîne de caractères à afficher et la seconde en un réaffichage de la *frame* correspondante ou de la barre d'état avec la nouvelle chaîne obtenue après traitement. Tous les types de déroulement proposés ci-après fonctionnent en fait sur ce schéma. La grande différence de l'un à l'autre tient au traitement des chaînes de caractères elles-mêmes. Nous pouvons ainsi envisager de dérouler la chaîne en affichant successivement toutes ses sous-chaînes (en incrémentant à chaque itération la taille de ces dernières d'une unité) en partant du premier caractère. Mais nous pouvons aussi afficher à chaque itération une nouvelle chaîne de longueur constante en décalant cycliquement chaque caractère d'une position vers la gauche.

Le fichier source associé

```
<HTML>
<HEAD>
<SCRIPT LANGUAGE="Javascript">
```

- Cette fonction est un constructeur d'objets de la pseudo-classe tableau.

```
function tableau (taille)
   {
   for (var i = 0 ; i < taille ; i++)
      this[i] = 0;
   this.length = taille;
   return this;
   }

var DateInitiale = new Date();
```

- Manipulations de dates — le tableau suivant répertorie tous les jours de la semaine.

```
var jour = new tableau(7);
jour[0] = "dimanche";
jour[1] = "lundi";
jour[2] = "mardi";
jour[3] = "mercredi";
jour[4] = "jeudi";
jour[5] = "vendredi";
jour[6] = "samedi";
```

- Le tableau suivant répertorie tous les mois de l'année.

```
var mois = new tableau(12);
mois[0] = "janvier";
mois[1] = "fevrier";
mois[2] = "mars";
mois[3] = "avril";
mois[4] = "mai";
mois[5] = "juin";
mois[6] = "juillet";
mois[7] = "aout";
mois[8] = "septembre";
mois[9] = "octobre";
mois[10] = "novembre";
mois[11] = "decembre";
```

- Cette fonction renvoie une chaîne de caractères correspondant à la date donnée par le navigateur dans un format "amélioré".

```
function dateFrancaise(uneDate)
   {
   result = jour[eval(uneDate.getDay())]
      + " "
      + uneDate.getDate()
      + " "
      + mois[eval(uneDate.getMonth())]
      + " "
      + uneDate.getYear();
   return result;
   }
```

- Cette fonction renvoie une chaîne de caractères correspondant à l'heure donnée par le navigateur dans un format "amélioré".

```
function horloge()
   {
   var maintenant = new Date();
   var heures = maintenant.getHours();
   var minutes = maintenant.getMinutes();
   var secondes = maintenant.getSeconds();
   var resultat = ""
      + heures
      + ((minutes < 10) ? ":0" : ":")
      + minutes
      + ((secondes < 10) ? ":0" : ":")
      + secondes;
   return resultat;
}
```

- Interface ; le tableau suivant répertorie les divers identificateurs de minuterie :

```
var taille = 4;
var delai = 250;
var timerID = new tableau(10);
timerID[0] = 0;
timerID[1] = 0;
timerID[2] = 0;
timerID[3] = 0;
timerID[4] = 0;
timerID[9] = 0;
```

- Le tableau suivant répertorie les divers drapeaux (variables booléennes) permettant de savoir s'il y a déjà eu un clic du bouton correspondant.

```
var PasEncorePasse = new tableau(10);
PasEncorePasse[0] = true;
PasEncorePasse[1] = true;
PasEncorePasse[2] = true;
PasEncorePasse[3] = true;
PasEncorePasse[9] = true;
```

- Le tableau suivant répertorie les diverses chaînes de caractères qui défilent.

```
var chaine = new tableau(10);
chaine[0] = "Bonjour 0...";
chaine[1] = "Bonjour 1...";
chaine[2] = "Bonjour 2...";
chaine[3] = "Bonjour 3...";
chaine[9] = "Bonjour 9...";
```

- Le tableau suivant répertorie les longueurs des diverses chaînes de caractères définies ci-dessus.

```
var longueur = new tableau(10);
longueur[0] = chaine[0].length;
longueur[1] = chaine[1].length;
longueur[2] = chaine[2].length;
longueur[3] = chaine[3].length;
longueur[9] = chaine[9].length;
```

- Interface *0, 1, 2, 9* — définissons les procédures de défilement :

```
function monInterface(i)
   {
```

- S'il n'y a pas encore eu de clic sur le bouton correspondant dans le formulaire de la sixième *frame*, il y a lancement de la procédure de défilement appropriée et sinon arrêt de la minuterie correspondante et fermeture de la *frame* correspondante.

```
   if (PasEncorePasse[i] == true)
      derouler(i);
   else
      {
      clearTimeout(timerID[i]);
      if (i<9) frames[i].document.close();
      }
```

- L'instruction suivante permet de changer la valeur du drapeau correspondant.

```
  PasEncorePasse[i] = !PasEncorePasse[i];
  }

  var i1 = 0;
  var i2 = 0;
```

- L'instruction suivante affecte à la variable *cmd* l'instruction permettant à cette procédure de s'auto-appeler au bout de *delai* millisecondes.

```
function derouler(j)
  {
  var cmd = "derouler(" + j + ")";
```

- Plaçons dans la chaine correspondante le résultat de la fonction auxiliaire *deroulerAUX()*.

```
  chaine[j] = deroulerAUX(j);
  timerID[j] = setTimeout(cmd,delai);
  }
```

- C'est au sein de la procédure suivante que réside le "corps" de ce script. En effet, en fonction du numéro de bouton sur lequel il y a eu un clic, nous appliquons un traitement de chaîne de caractères adapté.

```
function deroulerAUX(k)
  {
  var result = "";
  if ((k==0) || (k==9))
```

- Dans ce cas, il faut afficher la chaîne numéro *k* en décalant cycliquement chacun de ses caractères d'une unité vers la gauche.

```
    {
    result = chaine[k];
    chaine[k] = chaine[k].substring(1,longueur[k])
      + chaine[k].substring(0,1);
    }
  if (k==1)
```

- Dans ce cas, il faut afficher une sous-chaîne de la chaîne numéro *k*, de longueur *i1* (modulo la longueur de la $k^{ème}$ chaîne de caractères).

Cette même variable entière *i1* est incrémentée d'une unité à chaque passage.

```
    {
    result = chaine[k].substring(0,(i1%longueur[k]));
    i1++;
    }
 if (k==2)
```

- Dans ce cas, il faut afficher la chaîne numéro *k* en décalant cycliquement chacun de ses caractères d'une unité vers le haut. Nous contrôlons la position de décalage à l'aide de la variable globale *i2* qui est incrémentée d'une unité à chaque passage.

```
    {
    for (var j=0 ; j < longueur[k] ; j++)
       result += chaine[k].charAt((i2+j)%longueur[k])
          + "<BR>";
    i2++;
    }
```

- Il ne nous reste plus alors qu'à afficher la chaîne de caractères *result* dans la barre d'état ou dans la *frame* adéquate.

```
 if (k==9) parent.status = result;
 else
    {
    parent.frames[k].document.write("<CENTER>"
       + result.fontsize(taille)
       + "</CENTER>");
    parent.frames[k].document.close();
    }
```

- Cette fonction retourne la chaîne correspondante en résultat.

```
 return (chaine[k]);
 }
```

- Cette procédure affiche la date et l'heure dans la cinquième *frame*. Cet affichage est mis à jour toutes les secondes, c'est-à-dire que cette procédure s'auto-appelle au bout de 1000 millisecondes.

```
function interface4()
  {
  var maintenant = new Date();
  var corps = "<CENTER>"
     + top.dateFrancaise(maintenant).fontcolor('blue')
     + "<BR>"
     + top.horloge().fontcolor('red')
     + "</CENTER>";
  frames[4].document.open();
  frames[4].document.write(corps.fixed().fontsize(3));
  frames[4].document.close();
```

- Il faut relancer l'horloge (c'est-à-dire cette même procédure) au bout d'un délai de 1000 millisecondes…

```
  timerID4 = setTimeout("top.interface4()",1000);
  }
```

- Cette procédure affiche dans la sixième et dernière *frame* le formulaire contenant tous les boutons. Ces boutons permettent de lancer (ou arrêter) les processus de déroulement dans les autres parties de la fenêtre principale. De plus, nous avons voulu y placer aussi un hyperlien permettant de quitter le document actif et de revenir au document précédent.

```
function interface5()
  {
  var corps = "<CENTER>"
     + "<FORM>"
     + "<INPUT TYPE=BUTTON VALUE=Horizontal1
          onClick='top.monInterface(0);'>"
     + "<BR>"
     + "<INPUT TYPE=BUTTON VALUE=Horizontal2
          onClick='top.monInterface(1);'>"
     + "<BR>"
     + "<INPUT TYPE=BUTTON VALUE=Vertical1
          onClick='top.monInterface(2);'>"
     + "<BR>"
     + "<INPUT TYPE=BUTTONVALUE=BarreDesStatus
          onClick='top.monInterface(9);'>"
     + "<BR>"
     + "</FORM>"
     + "Retour".link('Javascript:
          parent.location=top.document.referrer')
     + "</CENTER>";
```

```
   frames[5].document.open();
   frames[5].document.write(corps);
   frames[5].document.close();
   }
</SCRIPT>
</HEAD>
```

- Effectuons maintenant la partition de la fenêtre principale…

```
<FRAMESET ROWS="*,*,5*" onLoad="interface4(); interface5(); ">
   <FRAME SRC="vide.htm">
   <FRAME SRC="vide.htm">
   <FRAMESET COLS="*,*,*">
      <FRAME SRC="vide.htm">
      <FRAME SRC="vide.htm">
      <FRAMESET ROWS="*,3*">
         <FRAME SRC="vide.htm">
         <FRAME SRC="vide.htm">
      </FRAMESET>
   </FRAMESET>
</FRAMESET>
```

- Pour rester poli, nous pouvons même envisager le cas des navigateurs qui ne connaissent pas les *frames*.

```
<NOFRAMES>
Votre navigateur client ne supporte pas les frames !
</NOFRAMES>
</HTML>
```

Comme nous pouvons le constater, le document ci-dessus fait appel au fichier VIDE.HTM dont voici le contenu :

```
<HTML>
<HEAD>
</HEAD>
<BODY>
</BODY>
</HTML>
```

Changement de bases automatique

Le convertisseur automatique binaire-octal-décimal-hexadécimal

Abordons à présent un petit exemple récapitulatif. Attention aux âmes sensibles... le sujet peut ne pas tous nous passionner pareillement. Il s'agit en effet d'établir un programme de conversion d'un entier naturel d'une base dans une autre.

Nous avons choisi de ne nous intéresser qu'aux quatre bases les plus courantes : la base 2 (binaire), la base 8 (octale), la base 10 (décimale, celle dans laquelle nous sommes habitués à évoluer quotidiennement) et la base 16 (hexadécimale).

Pour nous faciliter la vie, nous procédons cycliquement... c'est-à-dire que nous n'avons écrit que quatre procédures de transformation : de décimal en octal, d'octal en binaire, de binaire en hexadécimal et d'hexadécimal en décimal.

Le code du convertisseur

- Commençons par retrouver toutes les balises auxquelles nous nous sommes habitués :

```
<HTML>
<HEAD>
<TITLE> Changements de base </TITLE>
<SCRIPT LANGUAGE="Javascript">
```

- Comme nous pouvons le constater, nous écrivons toujours du Javascript... Ce qui n'est d'ailleurs pas plus mal, puisque nous sommes là pour ça ! Cette première fonction permet de transformer un nombre décimal en un nombre octal. Elle prend la représentation décimale de l'entier en entrée (n10) et retourne sa représentation octale.

```
function Dec2Oct(n10)
   {
```

- Commençons par affecter la chaîne vide à la variable qui sera renvoyée en résultat :

```
   chOut="";
```

- Bouclons tant que *n10*, variable d'entrée modifiée à chaque itération, est supérieure à 7. Au sein de la boucle, nous concaténons à chaque itération le reste dans la division de *n10* par 8 à la chaîne résultat *chOut*. Puis, nous affectons à *n10* le quotient de la division de *n10* par 8.

```
  while(n10>7)
     {
     ch=n10%8;
     chOut = ch+chOut;
     n10 = (n10-ch)/8;
     }
  return (n10+chOut);
  }
```

- A présent, convertissons un entier de la base 8 vers la base 2. Commençons par introduire huit variables *binX* avec *X* appartenant à {0,..., 7}. Ces variables associent aux huit premiers entiers leur représentation binaire sur trois bits. Ces représentations sont affectées aux chaînes de caractères suivantes :

```
bin0="000"; bin1="001"; bin2="010"; bin3="011";
bin4="100"; bin5="101"; bin6="110"; bin7="111";
```

- La caractéristique principale de cette fonction tient au fait que nous y faisons uniquement des traitements de type chaîne de caractères. Ainsi, nous parcourons la chaîne *n8* donnée en entrée et nous associons à chaque caractère sa représentation binaire sur 3 bits. L'originalité — toute relative — de cette façon de procéder, tient au fait que nous appelons les variables *binX* dynamiquement, c'est-à-dire à l'exécution.

Remarque ***Nous aurions pu faire appel aux tableaux...***

```
function Oct2Bin(n8)
  {
  chOut="";
  for(i=0;i<n8.length;i++)
     {
     chOut += eval("bin" + n8.charAt(i));
```

- *Le point clé de la méthode est ici, il met en avant l'intérêt de la fonction prédéfinie eval(). Sans elle, nous aurions concaténé à chaque passage les chaînes bin suivies d'un entier sans que celles-ci soient interprétées comme étant les variables définies plus haut.*

```
     }
  return chOut;
  }
```

- Pour la conversion de binaire en hexadécimal, nous commençons par définir une table de correspondance entre une représentation binaire sur 4 bits et une représentation hexadécimale sur 1 chiffre.

```
hex0000="0"; hex0001="1"; hex0010="2"; hex0011="3";
hex0100="4"; hex0101="5"; hex0110="6"; hex0111="7";
hex1000="8"; hex1001="9"; hex1010="A"; hex1011="B";
hex1100="C"; hex1101="D"; hex1110="E"; hex1111="F";
```

- Comme nous allons encore procéder par manipulation de chaînes de caractères, il faut commencer par compléter la chaîne de bits d'entrée, de façon à ce qu'elle soit constituée de "paquets" tous exactement de quatre bits. C'est ce que nous faisons dans les lignes qui suivent.

```
function Bin2Hex(n2)
   {
   if ((n2.length%4) == 3) n2="0"+n2;
   if ((n2.length%4) == 2) n2="00"+n2;
   if ((n2.length%4) == 1) n2="000"+n2;
   chOut="";
```

- Ensuite, nous découpons la chaîne de caractères *n2* en sous-chaînes de taille 4, et associons par le même mécanisme que précédemment, une représentation hexadécimale à ces chaînes de quatre bits.

```
   for(var i = 0 ; i <= (n2.length-1)/4 ; i++)
      chOut += eval("hex" + n2.substring(i*4,(i+1)*4));
   return chOut;
   }
```

- Cette fois, il s'agit de revenir à la représentation décimale d'un nombre écrit en base 16. Comme précédemment, nous parcourons la chaîne d'entrée *n16* caractère par caractère et associons à chacun de ces caractères sa valeur décimale. Pour obtenir le résultat, nous utilisons la technique dite du schéma de Horner pour le calcul des polynômes, sachant que $c_0 + c_1*16 + c_2*16^2 + c_3 *16^3$ équivaut à $c_0 + 16*(c_1 + 16 *(c_2 +16 * (c_3 +\ldots)))$.

```
function Hex2Dec(n16)
   {
   A=10; B=11; C=12; D=13; E=14; F=15;
   result = eval(n16.charAt(0));
   for(i=1;i<n16.length;i++)
      {
      result = eval(n16.charAt(i)) + result*16;
      }
   return result;
   }
```

- Il s'agit maintenant d'écrire la fonction principale qui appellera toutes les fonctions que nous avons déjà définies. Elle prend deux arguments en entrée : le formulaire et la base initiale. Et, en fonction de la base en entrée, elle convertit la valeur correspondante dans les trois autres bases et place les résultats dans les champs de saisie correspondants.

```
function Convertir(form,base)
   {
   if (base==10)
      {
      form.oct.value = Dec2Oct(form.dec.value);
      form.bin.value = Oct2Bin(form.oct.value);
      form.hex.value = Bin2Hex(form.bin.value);
      }
   else
      {
      if (base==8)
         {
         form.bin.value = Oct2Bin(form.oct.value);
         form.hex.value = Bin2Hex(form.bin.value);
         form.dec.value = Hex2Dec(form.hex.value);
         }
      else if (base==2)
         {
         form.hex.value = Bin2Hex(form.bin.value);
         form.dec.value = Hex2Dec(form.hex.value);
         form.oct.value = Dec2Oct(form.dec.value);
         }
      else
         {
         form.dec.value = Hex2Dec(form.hex.value);
         form.oct.value = Dec2Oct(form.dec.value);
         form.bin.value = Oct2Bin(form.oct.value);
         }
      }
   }
</SCRIPT>
</HEAD>
```

- Le script est terminé, nous pouvons donc écrire le code HTML, c'est-à-dire surtout le formulaire composé des quatre champs correspondant aux représentations dans les quatre bases du même entier naturel.

```
<BODY>
<FORM METHOD="POST">
```

- Sur réception de l'événement "perte du focus", il y a activation de la procédure *Convertir()* vers la base 10.

```
// Entrez un chiffre en base 10 :
<INPUT TYPE=TEXT NAME=dec VALUE="Base 10"
   onBlur="Convertir(this.form,10);">
<BR>
```

- Sur réception de l'événement “perte du focus”, il y a activation de la procédure *Convertir()* vers la base 8.

```
// Correspondance en base 8 :
<INPUT TYPE=TEXT NAME=oct VALUE="Base 8"
  onBlur="Convertir(this.form,8);">
<BR>
```

- Sur réception de l'événement “perte du focus”, il y a activation de la procédure *Convertir()* vers la base 16.

```
// Correspondance en base 16 :
<INPUT TYPE=TEXT NAME=hex VALUE="Base 16"
  onBlur="Convertir(this.form,16);">
<BR>
```

- Sur réception de l'événement “perte du focus”, il y a activation de la procédure *Convertir()* vers la base 2.

```
// Correspondance en base 2 :
<INPUT TYPE=TEXT NAME=bin VALUE="Base 2"
  onBlur="Convertir(this.form,2);">
<BR>
```

- Ce bouton sert à réinitialiser les champs texte du formulaire. Il leur attribue la chaîne vide.

```
<INPUT TYPE=BUTTON VALUE="RESET"
  onClick="form.dec.value='';
    form.bin.value='';
    form.oct.value='';
    form.hex.value='';">
</FORM>
</BODY>
</HTML>
```

Avec cet exercice, nous avons pu mettre en œuvre deux méthodes de traitement des chaînes de caractères (*substring* et *charAt*), utiliser la fonction *eval* et gérer la perte de focus sur un champ de saisie.

En images...

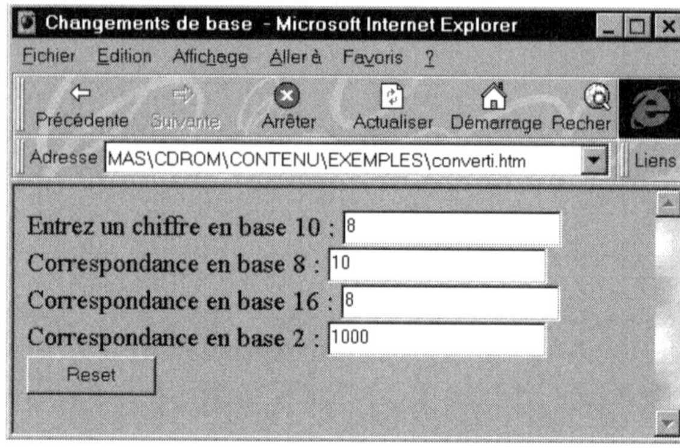

Figure 5-6 : L'exécution de la calculatrice "Convertisseur"

Une petite amélioration

Comme le montre l'exécution du script ci-dessus, nous n'avons pas pris soin de gérer les zéros placés en début de chaînes... Ainsi, sans honte aucune, notre navigateur préféré n'hésite pas à retourner "001010" comme représentation en binaire du décimal "10" et "0A" comme représentation hexadécimale ! Une catastrophe ! Avouons que "1010" et "A" présentent tout de même mieux, n'est-il pas ?

Bref, il faut donc écrire une fonction de traitement des chaînes de caractères qui supprime tous les zéros non significatifs (placés en début de chaîne). C'est exactement ce que fait la fonction suivante :

```
function miseEnforme(chaine)
  {
```

- *Commençons par créer une variable logique OK.*

```
  var OK=true;
```

- *Puis, parcourons la chaîne de caractères chaine tant que le booléen* OK *a la valeur* true...

```
  for (var i=0 ; (i < (chaine.length-1)) && (OK==true); i++)
    {
```

- *Si le caractère numéro* i *n'est pas un 0, il faut sortir de la boucle de parcours de chaine :*

```
    if (chaine.charAt(i) != "0") OK=false;
    }
  if (OK==false) i=i-1;
```

- *Enfin, retournons la sous-chaîne composée uniquement de chiffres significatifs :*

```
  return (chaine.substring(i,chaine.length));
  }
```

Ensuite, il faut ajouter les 4 lignes de script suivantes à la fin de la procédure *Convertir (form, base)*, et le tour est joué… plus de "0" non significatifs à déplorer ! Epatant, non ?

```
form.bin.value = miseEnforme(form.bin.value)
form.oct.value = miseEnforme(form.oct.value)
form.dec.value = miseEnforme(form.dec.value)
form.hex.value = miseEnforme(form.hex.value)
```

Structure fractale dans le triangle de Pascal

Le but de cette récréation (très simple) est de mettre en évidence une "structure fractale" au sein du triangle de Pascal.

Petite présentation tout juste théorique

Aïe, "théorique", voila un mot que nous n'aimons guère. Pourtant, ici il ne rime pas spécialement avec difficultés insurmontables… Alors, de quoi s'agit-il ?

Le triangle de Pascal est constitué d'une série de nombres entiers (aussi appelés les coefficients du binôme de Newton, les combinaisons…) que l'on prend soin de placer en triangle. Ces nombres entiers, notés C_n^p ont les particularités suivantes (parmi bien d'autres très nombreuses) :

$$C_n^p = \frac{n!}{p!(n-p)!} \text{ et } C_n^p = C_{n-1}^{p-1} + C_{n-1}^p$$

pour p et n entiers naturels tels que p<=n ;

$$C_n^p = 0 \text{ si } p > n$$

Remarque ***Le point d'exclamation "!" que nous retrouvons dans la première formule s'appelle aussi factorielle de son petit nom et fonctionne comme suit : 0! vaut 1, 1! vaut 1, 2! vaut 1*2, 3! vaut 1*2*3…***

Nous allons donc nous servir de la deuxième propriété pour calculer les coefficients du binôme de Newton.

Au fait, si nous les appelons "coefficients du binôme de Newton", c'est juste parce que, si nous devons développer l'expression $(a+b)^n$, nous faisons appel à ces fameux coefficients comme nous pouvons le constater dans l'expression ci-dessous :

$$(a+b)^n = \sum_{p=0}^{n} C_n^p \cdot a^p \cdot b^{n-p}$$

Bon, que devient notre triangle de Pascal ? Rassurons-nous, il se porte bien et arrive même à survivre loin de nous... Ce triangle permet donc, en fait, de retrouver assez facilement ces fameux coefficients sans avoir à faire appel à la première formule un peu compliquée (avec une fraction de factorielles). En effet, on obtient la valeur de C_n^p en allant chercher l'entier situé à la croisée de la $n^{\text{ème}}$ ligne et de la $p^{\text{ème}}$ colonne ! Impressionnant n'est-ce pas ?

Voici donc les 5 premières lignes rassemblées dans le tableau ci-après.

Remarque ***Puisque $C_n^p = 0$ si p>n, nous choisissons de ne pas écrire les entiers nuls et obtenons du même coup cette fameuse structure en triangle.***

n° de colonne **n° de ligne**	**0**	**1**	**2**	**3**	**4**	**5**
1	1	1				
2	1	2	1			
3	1	3	3	1		
4	1	4	6	4	1	
5	1	5	10	10	5	1

Pourquoi "structure fractale" ?

Eh bien tout simplement parce que ce fameux triangle où chaque nombre est la somme des deux nombres placés au-dessus de lui a une propriété liée à la parité de ses coefficients, assez étonnante. Si nous décidons d'y colorier les nombres pairs d'une couleur et les nombres impairs d'une autre couleur, nous obtiendrons vite une structure de petits triangles imbriqués appelée "napperon de Sierpinski".

Ce "napperon" constitue une structure fractale en ce sens que les triangles qui le composent "se subdivisent à l'infini et la figure se complique d'autant plus qu'on la complète".

Pour plus d'informations, n'hésitez pas à lire l'article de Ian STEWART paru dans *Pour la Science* n°129 (juillet 1988 — pages 100 à 104).

Et voici le code

```
<HTML>
<HEAD>
<TITLE> Triangle de Pascal </TITLE>
<SCRIPT LANGUAGE="Javascript">
```

- *Un constructeur, tout simple, d'objets de la pseudo-classe tableau :*

```
function tableau(Taille)
  {
  for(var i=0 ; i < Taille ; i++)
    this[i]=0;
  }
```

- *La fonction qui renvoie une chaîne de caractères composée de "." et de "*" mettant en relief une structure fractale au sein du triangle de Pascal…*

```
function afficherFract(n)
  {
  var C = new tableau(n);
  var D = new tableau(n);
  var chaine = "";
  var ch = "";
  C[0]=1;
  C[1]=1;
  for(var i=1 ; i <= n ; i++)
    {
    D[0]=1;
    for(var j=1 ; j < i ; j++) D[j] = C[j-1] + C[j];
      D[i]=1;
    for(j=0 ; j <= i ; j++)
      {
      ((D[j]%2) == 0) ? chaine += ".".fontcolor('red') :
          chaine += "*".fontcolor('blue');
      C[j] = D[j];
      }
    chaine += "<BR>";
    }
  return (chaine);
  }
```

- *La fonction qui renvoie une chaîne de caractères correspondant au triangle de Pascal (attention, les nombres pairs sont en rouge et les impairs en bleu…).*

```
function afficherNum(n)
  {
  var C = new tableau(n);
  var D = new tableau(n);
  var chaine = "";
  var ch = "";
  C[0]=1;
  C[1]=1;
  for(var i=1 ; i <= n ; i++)
    {
    D[0]=1;
```

```
    for(var j=1 ; j < i ; j++)
      D[j] = C[j-1] + C[j];
    D[i]=1;
    for(j=0 ; j <= i ; j++)
      {
      ch = " " + D[j];
      ((D[j]%2) == 0) ? chaine += ch.fontcolor('red') :
          chaine += ch.fontcolor('blue');
      C[j] = D[j];
      }
    chaine += "<BR>";
    }
  return (chaine);
  }
```

- *La procédure suivante permet de générer la fenêtre de résultats en fonction de votre "choix" (passé en argument). Le second argument correspond au nombre de lignes du triangle...*

```
function ouvrir(n,choix)
  {
  alert("Patientez je calcule !");
  var chaine = "";
  if (choix == 0)
    {
    chaine = " Triangle de Pascal - version numérique <BR>"
        .fontcolor('red').bold().fontsize(5).fixed()
      + afficherNum(n);
    }
  else
    {
    chaine = " Triangle de Pascal  - version fractale <BR>"
        .fontcolor('red').bold().fontsize(5).fixed()
      + afficherFract(n);
    }

  var haut = 400;
  var larg = 600;
  var options = "toolbar=no, location=no,directories=no,status=no,"
    + "menubar=no,scrollbars=yes,resizable=yes,copyhistory=yes,"
    + "width=" + larg +",height=" + haut;
  maFenetre=window.open("","",options);
  maFenetre.document.open();
  corps = "<CENTER>"
    + chaine.fixed().small()
    + "<FORM>"
    + "<INPUT TYPE=button VALUE=Fermer
        onClick='self.close();'>"
    + "</FORM></CENTER>";
  maFenetre.document.write(corps);
  maFenetre.document.close();
  }
</SCRIPT>
</HEAD>
```

- *Fin de la partie HEAD : le cœur du code Javascript.*

```
<BODY>
<SCRIPT LANGUAGE="Javascript">
lignes = prompt("Entrez le nombre de lignes a afficher",15);
if ((lignes != null) && (lignes != ""))
  {
  var chaine = "<FORM>"
     + "<INPUT TYPE=button NAME=button1 VALUE=Numerique
          onClick='ouvrir("
     + lignes
     + ",0);'>"
     + "<INPUT TYPE=button NAME=button2 VALUE=Fractal
          onClick='ouvrir("
     + lignes
     + ",1);'>"
     + "</FORM>";
  document.write(chaine);
  }
else self.location = self.location;
</SCRIPT>
</BODY>
</HTML>
```

Bien sûr, ce programme est disponible sur le CD-Rom !

Et les copies d'écran

L'écran d'accueil qui apparaît au chargement de la page :

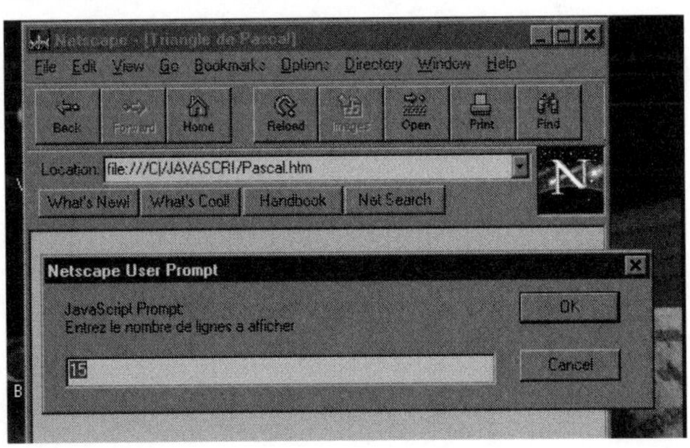

Figure 5-7 : L'écran d'accueil : saisir le nombre de lignes du triangle (sous Netscape)

La page se charge et affiche un choix de boutons : mode numérique ou fractal.

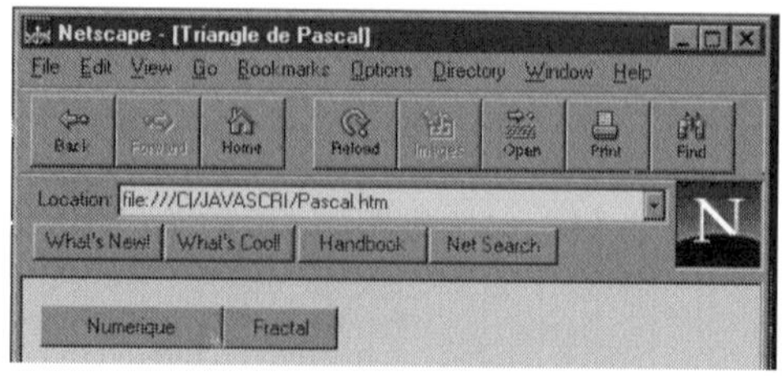

Figure 5-8 : Le choix d'affichage

On prévient que cela peut prendre un peu de temps (surtout avec beaucoup de lignes) :

Figure 5-9 : Une "Javascript Alert Box" !

Les résultats avec les deux affichages :

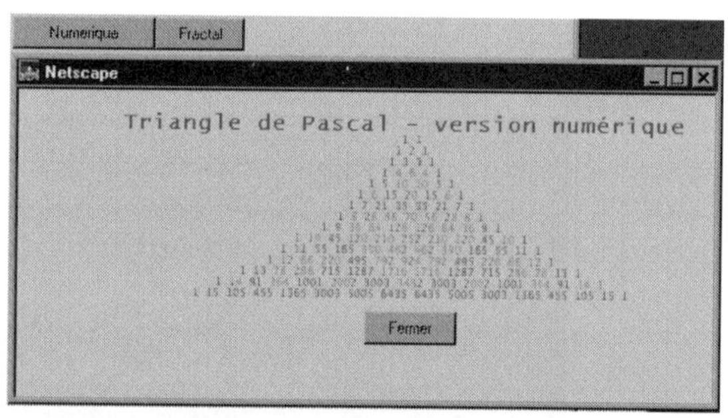

Figure 5-10 : Version numérique

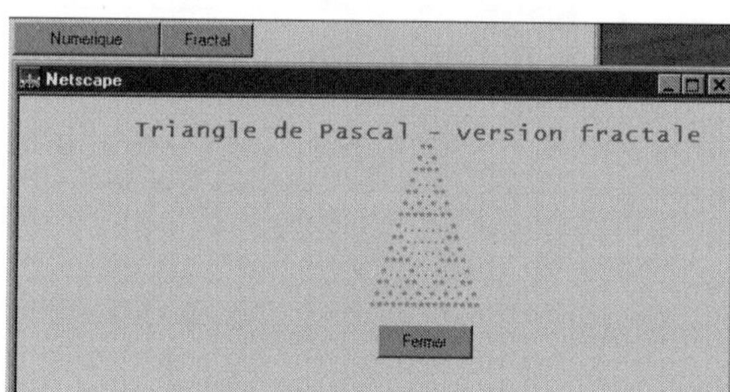

Figure 5-11 : Version fractale

Pister les internautes !

Une petite application de Javascript passablement dérangeante...

Mais encore ?

Alors voilà... Nous venons d'installer notre "home-page" sur le serveur maison et nous en sommes tellement fier que nous en informons tout notre entourage. Malheureusement pour notre amour-propre, les retombées se font attendre. Or, nous sommes d'un naturel curieux et nous avons envie de savoir qui est venu nous visiter ! Nouvelle malchance pour nous, nous ne sommes pas "WebMestre" et n'avons pas accès aux fichiers contenant les traces des diverses requêtes soumises à notre serveur. De plus, l'écriture de programmes CGI nous est refusée pour des questions de sécurité et nous préférons vraiment résoudre ce genre de problème avec notre langage de script favori. Comment allons-nous procéder ?

Le principe

En fait, un navigateur bien configuré est un outil très pratique, même s'il n'est pas encore le "client universel" achevé. Ainsi, il peut parfaitement nous permettre d'envoyer un courrier électronique à une adresse donnée. Et c'est justement là que le bât blesse, quand il s'agit de sécurité. Car forcer un client à nous envoyer — à son insu — un courrier électronique au chargement d'un document est chose faisable avec le protocole *mailto*, un champ de saisie caché au sein d'un formulaire masqué et Javascript, cela va de soi.

En pratique

En pratique, il importe d'abord de préciser le type d'information que nous souhaitons recevoir du client. Dans l'exemple qui suit, nous nous contentons par exemple de "traiter" la date de chargement de la page. En fait, nous recevons aussi l'adresse électronique du client et c'est là l'information qui nous intéresse le plus bien sûr ! Puis, le message étant établi (une simple chaîne de caractères en l'occurrence), il faut l'affecter au champ de saisie caché (*hidden*) du formulaire factice et ensuite envoyer ce dernier — de façon transparente aux yeux d'un utilisateur — à l'adresse de notre choix. Cet envoi est réalisé par la méthode prédéfinie *submit()* appliquée à l'objet *formulaireBidon*.

Une remarque

Comme nous pouvons le constater, ce procédé présuppose que le navigateur du client est capable d'interpréter du Javascript et qu'il est un "mailer" correctement configuré. Dans le cas contraire, nous risquons fort de n'être pas prévenu de cette incursion sur nos pages.

Eviter de diffuser son adresse à tout le monde

Il n'est pas toujours très agréable d'être identifié et fiché de cette façon. Aussi, pour se prémunir de ce genre d'incorrections de la part de serveurs malveillants, nous pouvons cocher l'option : "show an Alert before submitting a form by Email" dans les options de configuration réseau de notre navigateur.

Le code source

```
<HTML>
<HEAD>
<SCRIPT LANGUAGE=Javascript>
<!-
function captureDePassage()
   {
   maintenant = new Date();
   message =maintenant.getDate()
      + "."
      + eval(maintenant.getMonth()+1)
      + "."
      + maintenant.getYear();
```

- Maintenant que nous avons établi le type d'informations à envoyer, il faut l'affecter au champ *champMasque* du formulaire factice *formulaireBidon*.

```
   document.formulaireBidon.champMasque.value = message;
```

- Il ne nous reste plus alors qu'à envoyer le formulaire à l'aide de la méthode *submit()*.

```
   document.formulaireBidon.submit();
   }
//->
</SCRIPT>
</HEAD>
```

- Au chargement du document, il faut lancer la procédure *captureDePassage.*

```
<BODY onLoad = 'captureDePassage();'>
Merci pour les renseignements :-)
<FORM NAME=formulaireBidon METHOD=POST
  ACTION="mailto:moi@mon.adresse.electronique">
```

- L'attribut ACTION du formulaire permet de préciser le protocole et l'URL où celui-ci sera envoyé. Si cet attribut n'est pas précisé, sa valeur par défaut est l'adresse du document en cours (ce qui ne nous convient pas du tout ici). L'attribut METHOD spécifie le mode de protocole http choisi pour le transfert des données du formulaire.

```
<INPUT TYPE=HIDDEN NAME=champMasque>
</FORM>
</BODY>
</HTML>
```

Le mail de grand-papa est mort !

Dans le registre “comment s'attirer l'admiration de ses pairs”, je demande les messages électroniques animés...

De quoi s'agit-il ?

Le navigateur Netscape propose en standard à partir de la version 2 une messagerie électronique de qualité. Il nous semble légitime d'en profiter pour essayer Javascript avec cet outil. Ainsi, notre signature pourra s'animer (par exemple) et nous pourrons embellir notablement un message un peu terne.

Comment procéder

Dans la pratique, lorsque nous souhaitons envoyer un message à un destinataire donné, il suffit d'attacher ("Attach File" option "As is") un fichier HTML comprenant du Javascript à son contenu. Ce fichier HTML peut bien sûr prendre tous les types de contenus voulus. Nous en proposons deux ci-après.

Un premier exemple

Le principe

Il s'agit ici de faire défiler un texte "déroulant" (message publicitaire, signature...) dans la barre d'état de la messagerie. Pour cela, nous pouvons contraindre le navigateur à lancer une procédure de défilement au chargement du document, c'est-à-dire au chargement du message électronique lui-même.

Le code source correspondant

```
<HTML>
<HEAD>
<SCRIPT LANGUAGE="Javascript">
```

- Commençons par définir et initialiser quelques variables globales.

```
var timerID = 0;
var chaine = "Mes salutations les plus cordiales... ";
var delai = 150;
var iGLOB = 0;
var longueur = chaine.length;
```

- Cette procédure commence par faire appel à la procédure auxiliaire *deroulerAux();* puis, au bout de *delai* millisecondes, elle s'auto-appelle.

```
function derouler()
   {
   deroulerAux();
   timerID = setTimeout("derouler()",delai);
   }
```

- Cette procédure auxiliaire affiche dans la barre d'état de la messagerie une sous-chaîne de *chaine* de longueur *iGLOB* (modulo la longueur de la chaine de caractères *chaine*). Cette même variable entière *iGLOB* est incrémentée d'une unité à chaque passage.

```
function deroulerAux()
   {
   result = chaine.substring(0,(iGLOB%longueur));
   iGLOB++;
   parent.status = result;
   }
</SCRIPT>
</HEAD>
```

- Au chargement du document, il y a lancement de la procédure *derouler()*.

```
<BODY onLoad='derouler()'>
</BODY>
</HTML>
```

Un deuxième exemple

Le principe

Il s'agit ici de faire défiler un texte "déroulant" (message publicitaire, signature...) dans une fenêtre indépendante de la messagerie et dédiée uniquement à ce défilement. Pour cela, nous pouvons contraindre le navigateur à générer la nouvelle fenêtre et le message défilant qui s'y trouve, au chargement du document, c'est-à-dire au chargement du message électronique lui-même.

Le code source correspondant

```
<HTML>
<HEAD>
<SCRIPT LANGUAGE="Javascript">
```

- Commençons par définir et initialiser quelques variables globales.

```
var timerID = 0;
var chaine = "Mes salutations les plus amicales… ";
var delai = 50;
var iGLOB = 0;
var longueur = chaine.length;
var couleur = "#FFFFFF";
var taille = 5;
```

- Cette procédure commence par faire appel à la procédure auxiliaire *deroulerAux();* puis, au bout de *delai* millisecondes, elle s'auto-appelle.

```
function derouler()
   {
   deroulerAux();
   timerID = setTimeout("derouler()",delai);
   }
```

- Cette procédure auxiliaire affiche dans la fenêtre *maFenetre* une sous-chaîne de *chaine* de longueur *iGLOB* (modulo la longueur de la chaine de caractères *chaine*). Cette même variable entière *iGLOB* est incrémentée d'une unité à chaque passage.

```
function deroulerAux()
   {
   result = chaine.substring(0,(iGLOB%longueur));
   iGLOB++;
   maFenetre.document.write(result.fontcolor(couleur)
        .fontsize(taille));
   maFenetre.document.close();
   }
```

- Cette procédure commence par ouvrir une fenêtre appelée *maFenetre* (ainsi que le document associé) puis lance la procédure *derouler()* attachée au document principal.

```
function signature()
   {
   var haut = 100;
   var larg = 400;
   var options = "toolbar=no,location=no,directories=no,status=no,"
     + "menubar=no,scrollbars=no,resizable=no,copyhistory=yes,"
     + "width=" + larg + ",height=" + haut;
   maFenetre=window.open ("","",options);
   maFenetre.document.open();
   top.derouler();
   }
</SCRIPT>
</HEAD>
```

- Au chargement du document, il y a lancement de la procédure *signature()*.

```
<BODY onLoad='signature();'>
</BODY>
</HTML>
```

Javascript et les *frames*

Javascript aime les *frames* ! C'est humain non ? Nous ferions pareil à sa place, n'est-ce pas ?

Ce chapitre s'intéresse donc à ce sujet, pour nous en dévoiler tous les secrets.

Chapitre 6

La partition de pages en HTML — les balises

Les *frames* permettent de diviser une page HTML en plusieurs régions (fenêtres secondaires). Ces régions (ou *frames*) peuvent elles-mêmes contenir d'autres *frames* et par conséquent être contenues elles-mêmes dans des *frames*. Nous venons ainsi de définir une "hiérarchie" de *frames* par une définition récursive.

Ces *frames* sont toutes autonomes et peuvent alors évoluer très différemment et indépendamment les unes des autres. Ce genre de subdivision peut s'avérer très utile lorsque l'on cherche à garder à l'écran le sommaire d'une documentation, tout en parcourant, sur une autre portion du même écran, les divers chapitres de la documentation. La difficulté réside alors dans la bonne gestion des diverses parties (*frames*) du navigateur.

Mais les *frames* peuvent aussi servir dans d'autres contextes... Ainsi, si nous nous connectons à l'un des "super-chercheurs" de Internet (*Hotbot*, *Yahoo*, *Lycos*, *Alta-Vista*...) pour rechercher des informations sur "Javascript", par exemple, nous pouvons légitimement souhaiter conserver le résultat de la recherche à l'écran et par ailleurs, dans une autre *frame*, "surfer" sur les divers sites proposés en réponse par le "super-chercheur".

Géométrie des régions — balise FRAMESET

La balise FRAMESET admet deux attributs ROWS et COLS qui lui permettent de définir, respectivement, la géométrie "horizontale" et "verticale" des *frames*. Ces deux attributs s'utilisent de la même façon.

Ainsi :

```
<FRAMESET ROWS = "50%,50%">
```

- Définit deux "bandes" (*frames*) superposées, occupant chacune 50 % de l'espace verticalement et 100 % horizontalement.

```
<FRAMESET COLS = "50%,50%">
```

- Définit deux "bandes" (*frames*) accolées, occupant chacune 50 % de l'espace horizontalement et 100 % verticalement.

```
<FRAMESET ROWS = "2*,*,2*">
```

- Définit trois "bandes" horizontales superposées, la première occupe les deux cinquièmes de la hauteur, la seconde un cinquième de la hauteur et la dernière les deux cinquièmes restants.

Contenu de régions — balise FRAME

```
<FRAME
   SRC=monURL
   NAME=nomPartition
   MARGINWIDTH=larg
   MARGINHEIGHT=haut
   SCROLLING=[yes|no|auto]
   NORESIZE>
```

Seul le premier attribut est obligatoire, tous les autres sont facultatifs.

Les clients non compatibles — balise NOFRAME

```
<NOFRAMES>
```

- *Placer ici le texte de rechange…*

```
</NOFRAMES>
```

Référencer les régions — attribut TARGET

```
TARGET="nomDeLaFenetreCible"
```

Cet attribut peut être utilisé avec les balises HTML suivantes :

```
<A HREF="uneURL" TARGET="nomDeLaFenetreCible"> leLien </A>
<FORM ACTION="uneURL" TARGET="nomDeLaFenetreCible">
<AREA HREF="uneURL" TARGET="nomDeLaFenetreCible">
```

- Ou bien, avec la référence absolue placée en en-tête de fichier :

```
<BASE TARGET="nomDeLaFenetreCible">
```

Cet attribut peut aussi prendre les valeurs suivantes :

… en plus, bien sûr, du nom d'une *frame* bien identifiée que l'on peut préciser entre guillemets doubles.

- Ceci permet de générer une nouvelle fenêtre et d'y afficher le document.

```
TARGET="_blank"
```

- Ceci permet de charger le document dans la *frame* active.

```
TARGET="_self"
```

- Ceci permet de charger le document dans la *frame* située à un niveau hiérarchique immédiatement supérieur (c'est-à-dire la région du navigateur qui contient la sous-région active)

```
TARGET="_parent"
```

- Ceci permet de charger le document dans la fenêtre complète (niveau supérieur de la hiérarchie).

```
TARGET="_top"
```

Les *frames* comme objets de la hiérarchie Javascript

Dans la "hiérarchie objet" du langage Javascript, les frames sont des objets qui "héritent" directement de l'objet *window*. Ainsi, si la fenêtre de notre navigateur est scindée en deux parties, nous accédons à celles-ci de la façon suivante : *window.frames[0]*, *window.frames[1]*. L'indexation se fait dans l'ordre d'apparition dans le code du document HTML.

Leurs propriétés

frames	Ce tableau permet d'accéder à toutes les *frames* de la fenêtre du navigateur.
length	Cette propriété correspond au nombre de *frames* définies dans le document en cours.
parent	Cette propriété correspond à la fenêtre parent de la *frame* active.
self	Cette propriété correspond à la fenêtre active.
top	Cette propriété correspond au sommet de la hiérarchie objet du navigateur client.
window	Cette propriété correspond à la fenêtre active.

Leurs méthodes

Méthodes	**interactives**
alert	Cette méthode crée une fenêtre de dialogue modale où s'inscrit un message.
confirm	Cette méthode crée une fenêtre de dialogue modale qui permet à l'utilisateur de faire un choix.
prompt	Cette méthode crée une fenêtre de dialogue modale qui permet à l'utilisateur de saisir une valeur.

Méthodes	de manipulation
open	Cette méthode ouvre une fenêtre du navigateur sur le poste client.
close	Cette méthode ferme une fenêtre du navigateur sur le poste client.

Méthodes	de gestion des attributs
clearTimeout	Cette méthode annule le compte à rebours.
setTimeout	Cette méthode évalue la chaîne de caractères passée en premier argument quand le nombre de millisecondes spécifié en deuxième argument est écoulé.

Un exemple tout en couleur

```
<HTML>
<HEAD>
<TITLE> Un peu de couleurs </TITLE>
<SCRIPT LANGUAGE="Javascript">
```

- *Commençons par définir cinq constantes de couleur qui nous serviront par la suite.*

```
couleur0 = 'red';
couleur1 = 'blue';
couleur2 = 'green';
couleur3 = 'cyan';
couleur4 = 'white';
```

- *La procédure suivante place dynamiquement dans la* frame *d'indice* n *un formulaire doté d'un unique bouton (qui permet de propager la procédure à la* frame *d'indice* n+1*) et lui affecte un fond de couleur. La couleur change à chaque fois... Il y a cinq couleurs à notre disposition, ce sont celles qui sont définies en constantes globales ci-dessus.*

```
function colorer(n)
  {
  n = n%5;
```

- *La variable* n *(indice des* frames *et des couleurs) prend ses valeurs entières entre 0 et 5, cycliquement.*

```
  frames[n].document.open();
```

- *Nous venons d'ouvrir le "document" associé à la* frame *d'indice* n.

```
   corps = "<P><CENTER>"
      + "<FORM>"
      + "<INPUT TYPE=button VALUE=Colorer
           onClick='top.colorer(" + eval(n+1) + ");'>"
      + "</FORM></CENTER>";
```

- *Plaçons donc dans le document de la* frame *d'indice* n, *le formulaire doté d'un unique bouton qui permet de propager la procédure.*

```
   frames[n].document.write(corps);
```

- *Colorons le fond de la* frame *d'indice* n.

```
   frames[n].document.bgColor=eval("couleur"+n);
   frames[n].document.close();
```

- *Fermons enfin le "document" associé à la* frame *d'indice n.*

```
   }
</SCRIPT>
</HEAD>
```

- *Déclarons alors 5* frames *en utilisant cette "nouvelle" balise HTML.*

```
<FRAMESET COLS="1*,4*" onLoad="colorer(0);">
```

- *COLS="1*,4*" signifie que le navigateur est d'abord scindé horizontalement en deux parties. La première prend le cinquième de la fenêtre à gauche et la seconde les quatre cinquièmes restants à droite.*

```
   <FRAMESET ROWS="30%,*">
```

- *ROWS="30%,*" signifie que la première portion (le premier cinquième considéré ci-dessus) est partagée verticalement en deux* sous-frames. *La première occupe 30 % de l'espace en partant du haut et la seconde les 70 % restants jusqu'en bas.*

```
      <FRAME SRC="vide.htm">
      <FRAME SRC="vide.htm">
   </FRAMESET>
   <FRAMESET COLS="20%,60%,*">
```

- *COLS="20%,60%,*" signifie que la deuxième portion (les quatre derniers cinquièmes considérés ci-dessus) est partagée horizontalement en trois* sous-frames. *La première occupe 20 % de l'espace en partant de la gauche, la seconde occupe 60 % de l'espace suivant et la dernière occupe les 20 % d'espace restant jusqu'au bord droit de la page.*

```
      <FRAME SRC="vide.htm">
      <FRAME SRC="vide.htm">
      <FRAME SRC="vide.htm">
   </FRAMESET>
</FRAMESET>
```

- *Ce qui suit permet d'envisager le cas où notre navigateur ne connaît pas la balise* FRAME…

```
<NOFRAME>
<HR> Il faut un navigateur Javascript-compatible <HR>
</NOFRAME>
</HTML>
```

Comme nous pouvons le remarquer, nous chargeons dans chacune des cinq *frames* le même fichier appelé VIDE.HTM... Celui-ci porte bien son nom, car il ne fait pas grand-chose de fondamental. Voici son contenu :

```
<HTML>
<HEAD>
</HEAD>
<BODY>
</BODY>
</HTML>
```

Plutôt impressionnant n'est-ce pas ? En fait, nous nous passerions bien de ce fichier "inutile" en nous contentant de générer dynamiquement le code dont nous avons besoin... mais la balise FRAME de l'HTML ne nous l'autorise pas.

Javascript et les cookies

Un Java tout seul, c'est bien triste. Appréciez-le plutôt avec quelques cookies.

Javascript aime les cookies, comme son grand frère Java, voyons donc comment agrémenter nos pauses.

Chapitre 7

Petite histoire

Nous sommes monsieur le "Webmaster" (hum, pardon monsieur All Good, le webmestre ou pire encore, le vaguemestre) de la "world-famous" société XXX et nous venons d'installer un serveur Internet et Intranet dans nos locaux... Nous sommes très fiers de nous, de ces superbes images que nous mettons à la disposition du monde entier et de nos collaborateurs...

Notre seul problème, c'est que, chaque matin, nous croisons notre voisine de la Direction des Affaires financières...

...et que celle-ci ne manque jamais une occasion de nous prier de justifier l'excessif investissement totalement improductif que constitue ce maudit serveur ! Alors, pour pouvoir lui "clouer le bec", nous décidons de faire appel au docteur Cookie !

Docteur Cookie, j'écoute...

Le Webmaster — Voilà mon problème, il est très simple, je désire stocker des informations chez mes clients... comment faire ?

Mais pourquoi donc, mon vieux ? — Docteur Cookie

Le Webmaster — Eh bien, juste pour que mes clients aient l'impression d'être uniques au monde... ou, à défaut, de l'être au moins à mes yeux ! Je ne souhaite pas leur reposer 36 fois la même question... c'est lassant à la fin !

Oui, bien sûr, mais pourquoi ne les stockez-vous pas chez vous, sur votre serveur ? — Docteur Cookie

Le Webmaster — Eh bien, ça prend de la place, multiplie les traitements, allonge les temps de réponse, sollicite inutilement nos services...

Vous avez parfaitement raison mon Cher [NDlA : le "doc" est finalement assez bon "commercial"] et vous avez bien fait de frapper à ma porte, j'ai la solution idéale à votre problème, elle s'appelle *document.cookie* ! — Docteur Cookie

Une chaîne de caractères sympathique !

Stockez vos informations chez le client !

Une attitude de goujat, n'est-ce pas ? Et pourtant...

Une définition

Les cookies permettent de stocker des informations chez un client à partir d'un serveur au cours d'une transaction. Un cookie est initialisé par la directive *Set-Cookie* du protocole HTTP. Il existe 5 attributs à cette directive[1] dont la syntaxe est la suivante :

```
Set-Cookie:
   nomDuCookie=valeurAssociee;
   expires=uneDateDexpiration;
   path=unChemin;
   domain=NomDuDomaine;
   secure
```

Expliquons chaque attribut :

```
nomDuCookie = valeurAssociee
```

Cette chaîne permet d'associer une valeur à une variable donnée pour mieux identifier le cookie. Elle est obligatoire. Attention aux traitements des caractères espace blanc, virgule et point-virgule qui doivent respectivement être remplacés par "&20", "&2c" et "&3b".

```
expires = uneDateDexpiration
```

Cette chaîne (facultative) permet d'associer une date d'expiration (le format à respecter est le suivant : "Friday, 19-Jul-96 00:03:32 GMT") à l'attribut *expires*. A la date d'échéance, le cookie correspondant sera effacé par le navigateur du client. Si cet attribut n'est pas spécifié, le cookie est supprimé en fin de session.

```
path = unChemin
```

1. Ceux-ci sont souvent manipulés par des scripts CGI depuis le serveur.

Cette chaîne (facultative) a pour valeur par défaut le chemin correspondant au document qui est à l'origine du cookie. Elle permet de spécifier un répertoire de référence plus général qui offre alors à un ensemble de ressources différentes (spécifiées sur le domaine) l'accès aux cookies du document.

```
domain = NomDuDomaine
```

Cette chaîne (facultative) a pour valeur par défaut le chemin correspondant au serveur HTTP qui est à l'origine du cookie. Elle permet de spécifier un nom de domaine plus général qu'un simple nom de machine. Elle peut aider à identifier le cookie correspondant au serveur auquel nous accédons.

```
secure
```

Ce champ (facultatif) est inséré lorsque la liaison entre le client et le serveur est sécurisée.

Les limites

Un serveur ne peut pas placer plus de 20 cookies par client.

Un client peut mémoriser jusqu'à 300 cookies. La taille d'un cookie ne peut pas dépasser 4 kilo-octets.

Seul le serveur qui est à l'origine d'un cookie peut le mettre à jour ou le supprimer.

Pourquoi gérer les cookies en Javascript ?

Les cookies permettent de stocker des informations persistantes chez un client. "Information persistante" signifie qu'il y a une écriture sur un disque. Aussi, étant donné le point de vue très orienté client du langage, nous semble-t-il normal que Javascript offre la possibilité de les traiter assez facilement. Ainsi, par un traitement purement local, après chargement d'une page appropriée sur un serveur distant, pourrons-nous gérer les cookies du client. Il ne sera donc plus fait appel aux ressources serveur et pourtant, nous pourrons prendre des décisions adaptées au traitement de ce client particulier. Bien sûr, nous ferons en fait appel à des données placées antérieurement par nous-mêmes sur le disque du client (plus ou moins à son insu).

Un petit exemple

Stocker une information persistante chez le client à partir du serveur.

Avant d'aller plus loin dans le chapitre, essayons immédiatement l'exemple suivant.

Présentation du script

Nous voulons montrer qu'il est possible, au cours d'une même session de savoir si nous avons déjà accédé à une page donnée (et ce combien de fois). Il suffit d'affecter à *document.cookie* une propriété *CompteurDePassage* à laquelle on affecte une valeur entière incrémentée d'une unité à chaque passage.

Le code source

```
<HTML>
<HEAD>
<TITLE> Les cookies </TITLE>
<SCRIPT LANGUAGE="Javascript">
```

- Il s'agit d'abord d'écrire une fonction qui va nous permettre d'enregistrer le cookie et la valeur associée ainsi que la liste de ses arguments si ceux-ci sont précisés.

```
function CompterLesPassages()
   {
```

- Commençons par retrouver la valeur du cookie qui porte le nom de *CompteurDePassage.*

```
    n = RechercherLeCookie("CompteurDePassage");
    alert("Vous avez deja charge "
       + n
       + " fois cette page !");
```

- Puis, incrémentons le compteur de passage d'une unité (c'est normal puisque nous venons de charger la page).

```
    n = eval(n) + 1;
```

- Enfin, mettons à jour le cookie *CompteurDePassage.*

```
    document.cookie = "CompteurDePassage=" + n;
    }
```

- La fonction suivante (qui nous resservira par la suite) permet de renvoyer la valeur du cookie dont le nom est passé en argument (*unArgument*) ou 0 s'il n'existe pas de cookie enregistré sous ce nom, c'est-à-dire si la page n'a pas encore été chargée depuis le début de la session…

```
function RechercherLeCookie(unArgument)
  {
```

- Affectons les cookies du client à la variable *chaine*.

```
  var chaine = document.cookie;
```

- Il va falloir retrouver la première (et seule) occurrence de la sous-chaîne *unArgument=* dans la variable *chaine*.

```
  unArgument = unArgument + "=";
  var longueur = unArgument.length;
  var result;
```

- La variable *result* permet de renvoyer la valeur correspondant au cookie recherché.

```
  if(chaine.length > 0)
    {
```

- La variable *debut* permet de conserver l'indice de départ de la sous-chaîne recherchée.

```
    debut = chaine.indexOf(unArgument,0);
    if (debut >= 0)
      {
```

- La variable *fin* permet de conserver le premier point-virgule qui suit immédiatement le cookie recherché. Il y a deux possibilités : soit notre cookie est le dernier de la chaîne de caractères *chaine* (c'est sûrement le cas ici d'ailleurs) alors, il n'y a plus de point-virgule, soit ce n'est pas le cas et un point-virgule le sépare du cookie suivant.

```
      fin = chaine.indexOf(";",debut+longueur);
      if (fin >= 0)
        {
        result = unescape(chaine.substring(debut+longueur,fin));
        }
      else result = unescape(
        chaine.substring(debut+ longueur,chaine.length));
```

- Nous plaçons alors dans *result* la sous-chaîne correspondant à la valeur du cookie (celle-ci est placée entre un signe égal et un point-virgule ou la fin de la chaîne des cookies, immédiatement après le nom du cookie). Si elle existe, alors c'est un nombre entier, exemple : *CompteurDePassage=36* signifie que nous sommes très patients et aimons bien revenir 36 fois sur le même site au cours de la même session…

```
        }
    else result = 0;
    }
  else result = 0;
  return result;
  }
```

- Enfin, le plus important… il faut lancer la procédure *CompterLesPassages();* à chaque fois que la page est chargée.

```
</SCRIPT>
</HEAD>
<BODY onLoad="CompterLesPassages();">
… Voici une page HTML un peu vide de texte…
</BODY>
</HTML>
```

Tentons une nouvelle expérience…

Voilà, chargeons plusieurs fois la page précédente puis fermons notre navigateur (ALT-F4 en environnement Microsoft) et allons boire un café… Au retour, relançons notre navigateur et rechargeons la page ci-dessus. Enfer, l'information de nos précédents passages a disparu, ça ne valait pas vraiment la peine !

En fait, nous avons oublié d'utiliser l'attribut *expires* des cookies.

Une première amélioration

Il nous faut donc à présent conserver la chaîne suivante dans *document.cookie* à chaque chargement de la page :

```
CompteurDePassage=n; expires=uneDateAuFormatGMT
```

Récrivons donc la fonction *CompterLesPassages* et appelons-la *CompterLesPassagesBis* (ce qui est, somme toute, plutôt original).

```
function CompterLesPassagesBis()
  {
```

- La "grande" modification ici consiste en l'ajout d'un attribut *expires* fixé à une date d'expiration assez lointaine... (mais nous aurions aussi pu mettre la date du 1er janvier 2034).

```
    futur = new Date(97,00,01);
    n = RechercherLeCookie("CompteurDePassage");
    alert ("Vous avez deja charge "
       + n
       + " fois cette page !");
    n = eval(n) + 1;
    document.cookie = "CompteurDePassage="
       + n
       + " ;expires="
       + futur.toGMTString();
    }
```

A présent, réessayons l'exercice ci-dessus, sans oublier, bien sûr, de modifier le nom de la procédure à lancer au chargement de la page de la façon suivante :

```
<BODY onLoad="CompterLesPassagesBis();">
```

Comme nous pouvons le constater, notre compteur de passage perdure d'une session à l'autre... même si nous éteignons notre machine cliente.

Rattrapez-vous... supprimez tout !

Supprimer une information persistante chez le client.

Oui, c'est vrai, comment se défaire de ce compteur qui va prendre quelques petits octets de mémoire sur notre disque dur ? Il est finalement un peu lassant.

Quelques lignes supplémentaires

Voilà notre problème : il s'agit de supprimer une information que nous ne connaissons pas tant que ça finalement... En fait, nous en connaissons surtout le nom et la date d'expiration (ah la bonne idée de la fixer au 1er janvier 97...) ! Mais à propos de date d'expiration justement, ne suffirait-il pas de la fixer à une époque révolue pour que le cookie disparaisse ? Bravo, nous avons gagné le droit d'écrire les quelques lignes suivantes :

```
function supprimer()
    {
    autrefois = new Date(70,09,25);
```

- Quel beau jour que ce 25 octobre 70... en effet, bref rappel, la pseudo-classe *Date* est ainsi faite que le mois 09 est celui d'octobre !

```
  document.cookie="CompteurDePassage=0;expires=" + autrefois;
  }
```

Celles-ci suffisent à supprimer notre cookie ennuyeux, c'est simple, non ?

Trop simple pour être vrai ?

Alors rajoutons encore les lignes suivantes pour nous en persuader :

- La fonction *afficher* permet d'afficher le contenu de nos cookies dans une nouvelle fenêtre...

```
function afficher()
  {
  var haut = 400;
  var larg = 400;
  var options = "toolbar=no,location=no,directories=no,status=no,"
     + "menubar=no,scrollbars=yes,resizable=yes,copyhistory=yes,"
     + "width=" + larg + ",height=" + haut;
  maFenetre=window.open("","",options);
  maFenetre.document.open();
  corps = "<CENTER>"
     + "Contenu des cookies :<BR>"
          .fontcolor('red').bold().fontsize(5).fixed()
     + document.cookie
```

- Comme nous pouvons le constater, la manipulation n'est pas très difficile à faire... une fois la nouvelle fenêtre définie et ouverte.

```
     + "<FORM>"
     + "<INPUT TYPE=button VALUE=Fermer onClick='self.close();'>"
     + "</FORM></CENTER>";
  maFenetre.document.write(corps);
  maFenetre.document.close();
  }
```

- Puis, supprimons le “corps” de notre précédente page et remplaçons-le par les lignes suivantes qui nous permettent de visualiser nos cookies et de supprimer le compteur abhorré.

```
<BODY onLoad="CompterLesPassagesBis();">
… Voici une page HTML un peu vide de texte…
<FORM>
<INPUT TYPE=BUTTON
  VALUE="Afficher nos cookies"
  onClick="afficher();">
<INPUT TYPE=BUTTON
  VALUE="Supprimer le compteur de passage"
  onClick="supprimer();">
</FORM>
</BODY>
</HTML>
```

Java et Javascript

Chapitre 8

Javascript est le petit frère ou le compagnon de Java, il est donc normal qu'ils communiquent et s'entraident mutuellement.

Vous verrez dans ce chapitre comment les objets de l'un peuvent se mettre au service de l'autre.

Le langage Java développé par Sun est LA solution pour les applications "orientées réseau" (*Network Centric*). Il a été conçu pour cela. C'est un langage de haut niveau qui utilise des mécanismes complexes. Ce langage offre des perspectives alléchantes pour Internet.

Cependant, il nécessite une bonne connaissance de la POO (programmation orientée objet).

Si le langage Java se positionne aujourd'hui comme étant LE langage qui va permettre la deuxième révolution du client-serveur, il ne peut pas pour autant se passer de Javascript !

Vous l'avez compris Javascript est une interface entre le langage Java et le code HTML utilisé par les navigateurs. Sans l'un ou l'autre, Javascript n'a plus d'intérêt ; sans Javascript, HTML reste un langage hypertexte et Java devient beaucoup moins performant (quelle alchimie !).

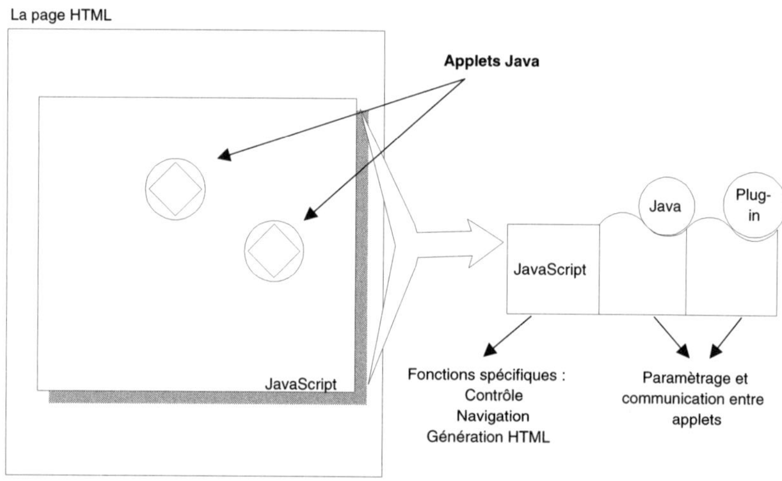

Figure 8-1 : Intégration HTML, Javascript, Java

Le schéma ci-dessus est un peu compliqué, cependant il montre bien "l'encapsulation du langage Javascript dans l'HTML" ainsi que sa capacité à gérer et à s'adapter par rapport aux *applets* Java et aux *plug-ins*. Dans la partie de gauche du schéma, vous visualisez l'ensemble HTML, Java, Javascript et, dans celle de droite, le fonctionnement de Javascript est expliqué.

Java, Javascript, HTML fonctionnent ensemble dans le même environnement et dans le même but : la conception d'applications Internet exécutées par un navigateur.

Java et Javascript sont proches, de par leurs syntaxes, leurs conceptions et le concept de sécurité “Internet” qu’ils gèrent. Cette dernière notion est capitale pour la survie du concept “langage de programmation Internet”. En effet tous les langages de programmation permettent de parcourir et d’écrire des fichiers sur un disque. Imaginez donc un instant que n’importe qui puisse venir effectuer n’importe quoi sur votre poste, simplement parce que vous êtes connecté à Internet !

La distinction entre Javascript et “code HTML” est assez évidente et immédiate : l’un est un langage avec des instructions, des fonctions, des variables, des structures itératives et même des objets. L’autre comporte uniquement un ensemble de mots clés — les balises — qui enrichissent du texte, réalisent de l’hypertexte, affichent des images et lancent quelques traitements isolés : en quelque sorte un fichier d’aide gigantesque et performant. La différence est donc fondamentale.

En ce qui concerne Java et Javascript la différence est moins nette au premier abord et l’amalgame entre ces deux langages est envisageable. Pourtant il n’en est rien.

Java n’est pas Javascript

Javascript n’est ni une nouvelle version de Java, ni une quelconque copie simplifiée.

- Java, développé par Sun, comporte toutes les fonctionnalités et techniques d’un langage objet. Il est donc conçu pour des programmeurs avertis et expérimentés : des spécialistes.
- Java est avant tout un langage. Ce langage permet d’écrire des applications indépendantes, sans aucune notion d’Internet ou de réseau.
- Sa principale particularité est sa faculté à pouvoir générer des *applets* — petits programmes circulant sur Internet — téléchargeables par et dans un navigateur.
- Java est un langage compilé sur le serveur et exécuté sous forme d’*applets* par le navigateur client.
- Javascript développé par Netscape est directement lié au navigateur. A ce jour il n’est d’ailleurs utilisable que par les navigateurs de Netscape de version supérieure ou égale à la 2.0. et depuis peu par Microsoft Internet Explorer.
- Javascript est un langage beaucoup plus simple que Java. Son but est la vulgarisation de la programmation Internet. Il s’adresse donc aux débutants, voire aux non-programmeurs.

- Javascript dynamise les pages Web. Ce langage ne se compile pas, il s'insère directement dans de l'HTML et est interprété par le navigateur. Bien qu'il ressemble à du Java, ce n'en est pas !
- Javascript, bien que composé d'objets, ne permet pas vraiment l'utilisation des techniques propres à la POO !

Voici un tableau illustrant les différences fondamentales entre Java et Javascript.

Rubriques	Java	Javascript
Analyse du code	Compilé sur le serveur avant exécution sur le client.	Interprété par le client — non compilé.
Les objets	Orienté objet. Les programmes sont constitués de classes avec héritage.	Orienté objet. Pas d'héritage (comme Visual Basic, par exemple).
Fonctionnement Internet	*Applets* distinctes de HTML.	Encapsulé dans HTML.
Typage du langage	Déclaration obligatoire des variables (typage fort).	Déclaration optionnelle des variables (typage faible).
Types de vérification	Références vérifiées à la compilation.	Références vérifiées à l'exécution.
Sécurité	Impossible d'écrire sur le disque dur sans autorisation.	Impossible aussi : ce n'est pas une différence !
Les classes	Utilise de vraies classes et sous-classes avec héritage.	Utilise des pseudo-classes sans notion de sous-pseudo-classe ni d'héritage. L'instanciation par contre est très utilisée.

De plus :

- Javascript utilise un nombre restreint de types de données,
- Javascript permet de déclarer des fonctions,
- Javascript est un complément idéal de Java dans le sens où il permet l'accès aux propriétés visibles et publiques des *applets* chargées dans la page. Il a la capacité de lire les valeurs de ces attributs et de les modifier dynamiquement, ce qui permet une adaptation de l'*applet* à l'environnement.

Afin d'illustrer concrètement les différences entre Java et Javascript, il est possible de faire une analogie avec le système d'exploitation d'Unix.

Le couple (commandes Shell de l'interpréteur de commande Unix et langage C) a beaucoup de propriétés communes avec le couple (Javascript, Java). L'un est compilé et l'autre non. Le Shell interprète un jeu de commandes restreint et les exécute sur le système. Il permet aussi le calcul, le contrôle de saisie, les structures de tests et d'itération.

Dès que la tâche devient trop lourde ou trop spécifique on utilise la programmation en C. Le C d'Unix s'interface parfaitement avec les scripts Shell qui sont les «équivalents» des fichiers .BAT du DOS. Java et Javascript se marient tout aussi bien, en offrant au passage beaucoup plus de puissance et de fonctionnalités.

Remarque ***A quand un système d'exploitation basé sur Java avec son interpréteur Javascript (un JavaOS pour bientôt ?)***

En fait, bien que ces deux langages Java et Javascript cohabitent parfaitement, il existe un monde entre les deux, tant en termes de philosophie de programmation que de hiérarchie de langages.

Javascript est un petit langage judicieux, facile et pratique.

Java à l'inverse est un grand langage intégrant des techniques "nouvelles". Il est aussi beaucoup plus lourd et beaucoup moins accessible. C'est un vrai langage objet — LOO — qui gère les techniques d'héritage, d'encapsulation, de polymorphisme...

Une autre particularité concernant Java est la gestion de la sécurité : c'est un langage "anti-bidouille". Enfin Java est livré avec une énorme collection d'objets réalisant les travaux ingrats : interface utilisateur, traitements standard et minima, communications... Il intègre aussi un mécanisme de remontée d'erreurs : les exceptions.

Javascript est, lui, livré non pas avec une bibliothèque de classes, mais avec une collection d'objets ou de pseudo-classes qui s'assimilent à des utilitaires ou des compléments de langage : encore une fois, son but est de vulgariser et de simplifier les techniques de programmation.

Les objets que l'on trouve aujourd'hui dans Javascript peuvent être classés comme suit :

- Les objets du navigateur Netscape :
  navigator, document, form, history, location...
- Les objets dérivés des pseudo-classes du langage :
  Date, Math, String...

Chaque pseudo-classe définit de façon classique des propriétés — correspondant aux attributs d'objets — et des méthodes — qui permettent d'accéder aux valeurs ou traitements. Pour faciliter la tâche de programmation certaines pseudo-classes possèdent une gestion d'événements prédéfinis.

Par exemple, sur un bouton que fait-on le plus souvent ? On clique. Donc, dans la définition HTML du bouton on pourra automatiser simplement l'écriture par :

```
<FORM>
<INPUT NAME="MonBouton" onClick="unTraitement()">
</FORM>
```

Pourquoi Java a-t-il besoin de Javascript ?

En fait, ce n'est pas réellement un besoin mais plutôt une facilité.

Java est capable de se débrouiller tout seul. Mais, dès lors, Java peut rapidement encombrer le réseau et faire chuter les performances globales, ce qui est gênant pour une application.

Java offre la possibilité de télécharger au cœur du navigateur des *applets* qui sont des modules exécutables. Ces *applets* sont capables d'améliorer dynamiquement les fonctionnalités du navigateur natif. C'est d'ailleurs un mécanisme que l'on peut reproduire avec le téléchargement d'un programme Javascript mais avec beaucoup moins de possibilités. C'est donc bien une spécialité de Java.

Jusqu'à maintenant les fonctionnalités d'un navigateur étaient figées :

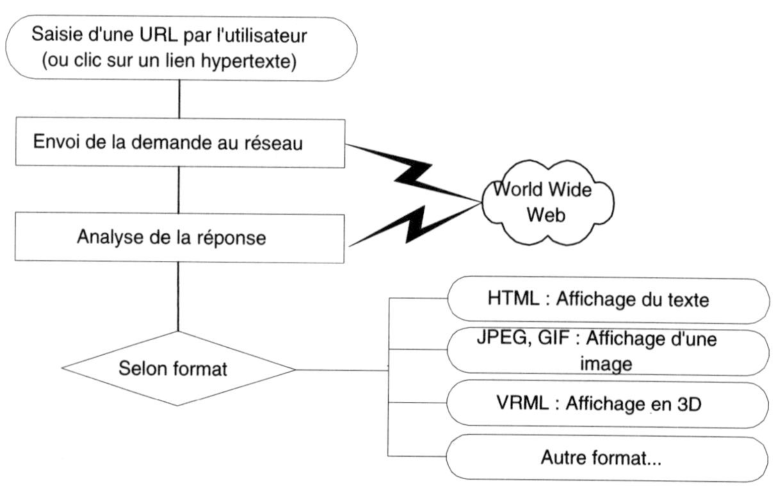

Figure 8-2 : Fonctionnement d'un navigateur avant Java

Quoique très simple ce mécanisme alourdissait sensiblement la taille des navigateurs, qui étaient obligés d'implémenter dans leur code tous les différents protocoles de manipulation de données.

Avec Java, le principe de fonctionnement du navigateur est désormais le suivant :

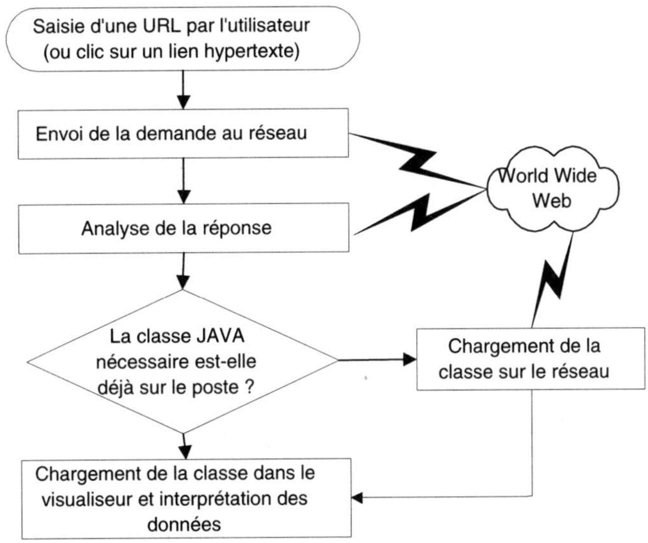

Figure 8-3 : Fonctionnement d'un navigateur Java

Il est important de noter que la classe nécessaire à l'interprétation des données de l'URL initiale pourra être trouvée, soit en local sur le poste, soit chargée sur le réseau.

Cependant, à chaque modification de cette classe (nouvelle version), il sera nécessaire de la charger à nouveau.

De plus, si nous supposons que cette classe est susceptible de gérer un nouveau protocole, il sera nécessaire de pouvoir également charger les classes qui vont gérer l'interface utilisateur, les calculs...

Or ces chargements ne sont pas négligeables. Bien au contraire, c'est d'ailleurs l'un des grands reproches faits à Java : le chargement des *applets*.

C'est donc à ce niveau que Javascript est important et va pouvoir apporter une solution intermédiaire qui optimisera le mécanisme.

Javascript est directement connu du navigateur. Une partie de "l'intelligence" capable de traiter de l'information se trouve donc sur le poste local.

La partie interface utilisateur de tout site ou application devient véritablement vivante ("LiveScript"), puisqu'il n'y a plus d'attente sur le réseau.

Java est spécialiste du côté serveur, il sait aujourd'hui plus que les autres langages implémenter les nouvelles normes de développement d'objets distribués comme les spécifications "CORBA[1]".

Inversement, Javascript traite l'intégration avec l'HTML et le système d'exploitation. D'ailleurs si Java nécessite obligatoirement un système d'exploitation 32 bits multitâches et multithreads, ce n'est pas le cas de Javascript pour qui la présence d'un navigateur compatible suffit. Il s'adapte au système d'exploitation.

Javascript est plus proche de l'HTML, il est par exemple capable de traiter toute la zone d'une page Web comme de l'HTML. De plus il interagit avec sa propre page. Java, lui, ne pourra au mieux que lancer une *applet* qui gérera son propre contexte graphique.

Remarque ***Java fonctionne avec le navigateur mais n'en fait pas partie intégrante comme Javascript. En effet la machine virtuelle et les binaires de base du langage Java sont externalisés.***

Java et Javascript : une association prometteuse

Java et Javascript sont conçus pour fonctionner ensemble. Ils apportent une solution moderne de remplacement au couple HTML, CGI qui simule l'interactivité sur Internet.

Cette combinaison complète la révolution entamée par Java en ce qui concerne les applications client-serveur sur Internet.

Ce n'est plus un rêve mais bien une réalité. L'écriture d'applications aussi riches fonctionnellement que les applications client-serveur classiques est désormais possible. Cette évolution, somme toute logique, n'y paraît peut-être pas, mais elle induit une nouvelle dimension au Net et offre de belles perspectives pour le génie logiciel.

Internet, comme moyen d'échange d'informations, s'étoffe. Il procure à tous ses utilisateurs une clé, toujours plus évoluée, pour le "télétravail", à travers une solution souple disponible et accessible à tous. Avec de telles perspectives les utilisateurs d'informatique "peuvent dire adieu": "Exit" à toutes les préoccupations associées à la mise à jour des versions, aux sempiternelles difficultés de configuration... Bref, la tendance est à la simplification !

1. *Common Object Request Broker Architecture*, ou architecture commune de traitement des requêtes d'objets, ensemble de spécifications définies par l'*Object Management Group* en vue de normaliser les interfaces entre programmes orientés objet pour faciliter le traitement coopératif.

Du coté des développeurs et des prestataires de logiciels, c'est d'une part l'assurance d'un libre choix des utilisateurs face à des produits variés. Mais il s'agit surtout d'un nouvel outil formidable pour la gestion du déploiement des applications. Les gains d'argent à moyen terme sont importants. Ils touchent les coûts associés à la distribution. Le poste maintenance s'en trouve lui aussi amoindri.

L'enjeu est donc bien colossal !

LiveConnect, Java et Javascript

Chapitre 9

L'interaction entre Java et Javascript est gérée par LiveConnect.

Ce chapitre se propose de nous faire découvrir les méthodes de communication entre Java et Javascript.

LiveConnect est l'appellation donnée à l'ensemble de la communication entre Java et Javascript. Javascript s'est appelé "LiveScript" dans ses premières versions, ce qui justifie l'origine de ce terme.

LiveConnect n'est pas seulement un concept de communication entre Java et Javascript, il définit aussi la communication avec les *plug-ins* de Netscape déjà installés et Javascript.

Remarque ***De plus en plus, on va voir apparaître des objets de différentes sortes qui seront en mesure de communiquer. On parlera de "LiveObjects" (notamment côté serveur).***

Le minimum nécessaire

LiveConnect est basé sur une hiérarchie de classes Java livrées avec le navigateur de Netscape. Cet ensemble de classes est fourni dans un fichier comprimé MOZ3_0.ZIP, dans PROGRAM\JAVA\CLASSES. En fait, ce fichier correspond à l'ensemble des classes livrées par Sun avec le JDK[1] (CLASSES.ZIP) et il s'y substitue en partie.

Dans Netscape Navigator 3.0, LiveConnect est activé par défaut (autorisation de Java et de Javascript).

Java est nécessaire pour compiler vos classes.

Les nouveautés de MOZ3_0.ZIP

Dans les versions précédentes de Netscape la présence du fichier MOZ2_0.ZIP indiquait qu'il était possible d'utiliser Java avec le navigateur, (comprenez : qu'il était possible d'utiliser des *applets* compilées avec le JDK de Sun).

Dans cette version, Netscape ajoute un ensemble de classes qui forment le LiveConnect.

On y trouve notamment le paquetage[2] *netscape.javascript.** avec la classe *JSObject* qui permet à une *applet* Java de communiquer avec Javascript : Java appelle les fonctions de Javascript et accède aux données des objets (méthodes et propriétés).

La gestion des exceptions levées dans Javascript est contrôlée dans Java par *JSException.*

---

1. JDK : Java Development Kit (à partir de la version 1.0.2)

2. Le paquetage est une notion introduite initialement dans le langage Ada pour définir un ensemble de classes travaillant dans le même domaine. Il correspond dans Java à des bibliothèques de classes.

Enfin *netscape.plugin* correspond à une classe *plug-in* qui rend possible la communication entre Javascript et les *plug-ins* installés.

D'autres nouveautés sont incluses dans ce nouveau paquetage comme *sun.applet.netscape.net* qui vient en remplacement de *sun.net.*

Comment ça marche ?

En fait, il faut remplacer le paquetage de Sun par celui de Netscape, sans l'écraser (car il ne comporte pas tout !).

Pour cela il suffit d'ajouter au chemin des classes disponibles pour le JDK, celui du paquetage de Netscape.

Remarque ***La variable d'environnement* classpath *est indispensable au fonctionnement de JAVAC.EXE (reportez-vous à la documentation de Java pour plus de renseignements).***

La déclaration *classpath* doit être équivalente à :

```
X:\(...)\JDK\java\lib\classes.zip;
Y :\(...)\Navigator\Program\java\classes\moz3_0.zip
```

Par la suite vous compilerez votre *applet* comme avant, en y incluant les classes de Netscape.

La communication Javascript vers Java

Javascript est en mesure d'accéder directement :

- aux méthodes de Java,
- aux contrôles des *applets,*
- ou enfin aux contrôles des *plug-ins* de Java.

Explication par l'exemple : une communication pratique

Le mécanisme d'écriture sur la sortie standard de Java permet de réaliser des traces de programmes Java. Ce mécanisme de "débogage" utilise une fenêtre de maintenance qui est visible sur le navigateur par "Show Java Console". Cette fenêtre est très pratique pour mettre au point des *applets* Java.

Afin d'illustrer la communication de Javascript vers Java, il nous a semblé intéressant de dérouter ce mécanisme pour faire du débogage de programmes Javascript. Ce qui est tout de même plus pratique que la méthode dite des *alert()*[3] !

En Java, on utilise *System.out* et *System.err* (pour écrire dans la fenêtre de débogage) de la façon suivante :

```
System.out.println("mon message d'information");
System.err.println("mon message d'erreur");
```

Maintenant vous pouvez en faire autant avec Javascript en procédant de la sorte :

```
var UnExempleBidon=java.lang.System;
```

- Ici, on fait "pointer" une variable sur la classe Java comportant *out.println* ou *err.println* (note à l'attention des spécialistes : nous sommes désolés d'utiliser "pointer" ici !) que l'on utilise ensuite.

```
UnExempleBidon.out.println("
     J'utilise du Java avec du Javascript ! Génial non ?");
```

Contrôle des applets

Jusqu'à maintenant avec l'HTML, pour charger une applet on utilisait simplement :

```
<APPLET
   CODE="NomDeClass.class"
   NAME="MonNomCourant"
   WIDTH=200
   HEIGHT=200
   ALIGN=MIDDLE>
<PARAM NAME=Param1 VALUE="Valeur1">
</APPLET>
```

Maintenant la syntaxe reste inchangée, la nouveauté réside dans le fait que cette *applet* va pouvoir être non seulement appelée mais aussi contrôlée par Javascript. Le tout est réalisé à partir de l'objet *document* de façon classique.

Rappelons qu'il existe deux moyens d'utiliser l'*applet MonNomCourant* avec Javascript, le plus facile :

```
document.MonNomCourant
```

---

3. Cette méthode consiste à ouvrir des boîtes de dialogue modales à chaque fois que l'on souhaite afficher un texte à déboguer...

et l'autre :

```
document.applets["MonNomCourant"]
```

ou encore, appel par le rang de l'*applet*, c'est-à-dire, en admettant qu'elle soit la première :

```
document.applets[0]
```

Pour connaître le nombre d'*applets* utilisées, il suffit d'écrire :

```
document.applets.length
```

Important ***Toutes les méthodes publiques de Java sont utilisables dans Javascript, comme des méthodes Javascript.***

Voici un exemple d'appel :

```
(...)
<INPUT
   TYPE="button"
   VALUE="MonEssai"
   NAME="Ok"
   onClick="document.colorApp.start()">
(...)
```

- *Il faut simplement que start() soit une méthode publique en Java.*

```
(...)
public void start()
   {
   (...)
   }
(...)
```

Contrôle des *plug-ins*

Les *plug-ins* se gèrent de la même façon…

Ici le chargement en HTML d'un fichier AVI (AudioVideo for Windows).

```
<EMBED
   SRC=myavi.avi
   WIDTH=320
   EIGHT=200>
```

Important ***D'une manière générale, avec Javascript, pour toute insertion d'image, d'applet ou de données quelconques au moyen de la balise SRC, il est préférable d'utiliser les balises WIDTH et HEIGHT afin d'éviter les blocages intempestifs !***

On contrôle en Javascript ce *plug-in* par :

```
document.embeds[0]
```

s'il est le premier chargé, et

```
document.embeds.length
```

donne le nombre de *plug-ins* chargés.

La communication Java vers Javascript

Là, nous faisons de la programmation Java, cette section concerne donc les lecteurs avertis. Les autres peuvent la survoler au moins en première lecture. Cependant son importance et sa nouveauté ne nous permettent pas d'en faire abstraction. Pour qu'elle soit plus facile à comprendre, vous trouverez un exemple concret dans le point suivant. Afin que Java soit en mesure de dialoguer avec Javascript, il faut commencer par importer la nouvelle hiérarchie de classes de Netscape. Ceci se réalise comme suit :

```
import netscape.javascript.*;
```

Maintenant, pour fonctionner, Java nécessite un "handle" (ou identificateur) pour identifier l'objet qu'il utilise. Ce "handle" est le résultat de l'application de la méthode *getWindow* à l'objet *JSObject* :

```
JSObject.getWindow(this);
```

Imaginons une méthode "constructeur" d'un objet Java utilisant les objets Javascript :

```
public void init()
   {
   win = JSObject.getWindow(this);
   }
```

Ici, le "handle" de l'objet Javascript est mémorisé dans la variable *win.*

Lorsqu'il est appelé dans Java, un objet Javascript doit se comporter comme un objet Java. Pour cela, on utilise la méthode :

```
ObjetJavaJavascript.getMember();
```

Elle permet de récupérer toutes les méthodes et propriétés Javascript dans des structures Java[4], ce qui correspond maintenant à une classe Java.

---

4. On réalise des instances de *netscape.javascript.JSObject* !

Notre constructeur pourrait ainsi devenir…

```
public void init()
   {
   win = JSObject.getWindow(this);
   JSObject doc = (JSObject) win.getMember("document");
   JSObject myForm = (JSObject) doc.getMember("testForm");
   }
```

On peut ainsi parcourir l'ensemble des propriétés et méthodes de Javascript par Java.

Pour utiliser ces méthodes on se sert de :

```
JSObject.getWindow().call("NomdeMethode",arguments);
```

et

```
JSObject.getWindow().eval("expression");
```

directement comme ci-dessus ou par instanciation comme dans l'exemple précédent.

En pratique :

```
public void init()
   {
   JSObject win = JSObject.getWindow(this);
   win.eval("alert(\"Bonjour !\");");
   }
```

Un exemple de communication entre Java et Javascript

Au regard de l'éventail des fonctionnalités de Javascript que nous avons pu voir, nous avons constaté qu'il est "naturellement" moins riche que Java en matière de communication. Java est orienté "réseau", il intègre de ce fait en standard des moyens de communication. C'est pourquoi on y trouve entre autres la gestion des *sockets* et des fichiers (Javascript, lui, est beaucoup plus pauvre sur ces points). A contrario Java est "pauvre" pour ce qui est de la gestion d'un document HTML. Javascript s'impose alors pour satisfaire ce dernier critère. Le couple Java-Javascript se révèle alors très performant !

Commençons simplement par utiliser une *applet* Java qui se contente d'afficher "Bonjour", mais en utilisant une fonction Javascript !

Le but n'est pas de vous expliquer Java, mais de vous montrer comment cela fonctionne.

Première ligne :

```
import netscape.Javascript.JSObject;
```

- *Là est la nouveauté, on utilise la classe* JSObject *de la hiérarchie Java de Netscape.*

Important ***Ce fonctionnement n'est possible qu'à partir de Netscape Navigator 3.0.***

```
import java.applet.*;
import java.awt.*;
```

- En bon programmeur C, vous n'aurez bien sûr pas manqué de remarquer que l'*import* est à Java ce que le *#include* est au C ! Il s'agit ni plus ni moins d'indiquer où (dans quelle bibliothèque) le compilateur va chercher la définition des classes qui vont être utilisées. Ici, nous importons la bibliothèque *java.applet.** pour que notre programme puisse se comporter en *applet* (rien de plus normal pour une *applet* !) et *java.awt.** qui est presque toujours appelée puisqu'elle comporte tous les objets graphiques.

```
public class debase extends Applet {
```

- *La déclaration de la classe comporte le mot clé* extends *qui signifie qu'elle hérite de la classe* Applet.

- Commençons par définir notre *applet* qui sera composée d'un objet *fenetre* et des méthodes *init()* (constructeur) et *mouseUp()* :

```
  JSObject win;
```

- *Un objet* JSObject *:*

```
  public void init()
     {
     win = JSObject.getWindow(this);
     }
```

- Construction de notre objet :

```
  public boolean mouseUp(Event e, int x, int y)
     {
     win.eval("alert(\"Bonjour en JS par Java!\");");
     return true;
     }
}
```

- *Fin du source Java de la classe* debase *qui ne fait qu'afficher "bonjour".*

Il faut maintenant compiler ce fichier DEBASE.JAVA en DEBASE.CLASS pour l'utiliser en *applet*.

L'instruction de compilation est la suivante :

```
javac debase
```

Nous ne détaillerons pas davantage la compilation ou l'installation du JDK. Il est en effet difficile en quelques lignes d'expliquer complètement le fonctionnement de Java.

On obtient DEBASE.CLASS que l'on utilise dans une page HTML.

Il est possible avec la balise APPLET, comme avec la balise IMG, de définir une zone d'affichage utilisée par Java. On n'oubliera pas d'utiliser WIDTH et HEIGHT…

Voici maintenant l'exemple complet :

```
<HTML>
<TITLE> Appel des fonctions Javascript par une applet Java
</TITLE>
<BODY>
Voici de l'HTML qui lance une applet Java : <P>
<TABLE
   BORDER=10
   CELLCOLOR="yellow">
<TR>
   <TD CENTER bgColor="yellow">
   <APPLET
      CODE="debase.class"
      HEIGHT=100
      WIDTH=100 Mon Applet Java>
   </APPLET>
   </TD>
</TR>
</TABLE>
<HR>
Il suffit de cliquer dans la zone de l'applet pour voir l'affichage
de l'applet qui réalise l'appel d'une fonction Javascript.
</BODY>
</HTML>
```

- *Voilà pour le code HTML*

```
import netscape.Javascript.JSObject;
import java.applet.*;
import java.awt.*;
public class debase extends Applet
   {
   JSObject win;

   public void init()
      {
      win = JSObject.getWindow(this);
      }
```

```
public boolean mouseUp(Event e, int x, int y)
    {
    win.eval("alert(\"Bonjour en JS par Java !\");");
    return true;
    }
}
```

- *Et voici les sources Java, complets sans commentaire.*

Remarque ***Pour la compilation de la classe Java, n'oubliez pas de bien spécifier les chemins d'accès aux paquetages !***

Javascript 1.1

Chapitre 10

Javascript est en pleine évolution, et ce livre ne peut pas passer sous silence ses développements récents, même s'ils ne sont pas encore finalisés.

Ce chapitre présente donc les différences entre la dernière version du langage livrée avec Netscape Navigator 3.0 et la version qui a été décrite dans le reste de l'ouvrage.

Des évolutions ou une révolution ?

Plus que d'une révolution, c'est bien d'une évolution dont il s'agit. Ce langage a pris ses marques, fait ses preuves (et pour nous en convaincre, n'hésitons pas à aller voir certains sites 100 % Javascript franchement impressionnants dont les URL sont données en annexes)... Il lui faut à présent asseoir son emprise et justifier sa notoriété. Bref, il lui faut monter en puissance.

Quoi qu'il en soit, cette nouvelle version de Javascript atteste, s'il en est encore besoin, d'une bonne santé générale. Le concept est viable, ce langage de script le prouve. Il s'agit donc à présent de "mettre le paquet" et c'est bien ce que semblent avoir décidé ses concepteurs ! Mais, foin de généralités verbeuses, place aux fameuses évolutions.

Les nouveautés

En terme de gestion des événements

Notre navigateur 3.0 est désormais en mesure d'interpréter les mots clés suivants :

L'événement	Ses cibles	Sa description
onAbort	Image	Cet événement se produit quand l'utilisateur interrompt le chargement de l'image en cliquant sur un hyperlien, sur le bouton *Stop*...
onError	Image, Window	Cet événement se produit quand il y a une erreur au chargement de l'image ou du document concerné.
onMouseOut	Area, link	Cet événement se produit quand le pointeur de la souris quitte la zone "cible" en cours.
onReset	Form	Cet événement se produit quand l'utilisateur clique sur le bouton *Reset* du formulaire en cours.

De nouveaux objets

Nous allons passer en revue la liste des nouveautés dans le détail. Lorsqu'il n'y a ni modification, ni ajout, nous passons sur le sujet.

L'objet *Area*

La syntaxe HTML

```
<MAP NAME="nomZoneAMapper">
<AREA
   COORDS="x1,y1,x2,y2…" | "Xcentre,Ycentre,rayon"
   [NAME="unNomDePartitionDeZone"]
   [HREF="uneURL"]
   [NOHREF]
   [SHAPE="rect" | "poly" | "circle" | "default"]
   [TARGET="nomFrameCible"]>
</MAP>
```

Remarque ***Sur cette balise, seules les clauses NAME et COORDS sont obligatoires. Les autres entre crochets "[]" sont facultatives.***

Ses propriétés

hash	Cette propriété correspond à la chaîne de caractères suivant le "#" au sein de l'URL en cours.
host	Cette propriété correspond au nom de machine et au port de l'URL en cours.
hostname	Cette propriété correspond au nom de machine de l'URL en cours.
href	Cette propriété correspond à l'URL en cours dans sa globalité (c'est une chaîne de caractères).
pathname	Cette propriété correspond au chemin complet de la ressource utilisée dans l'URL en cours.
port	Cette propriété correspond au port précisé dans l'URL en cours.
protocol	Cette propriété correspond au protocole précisé dans l'URL en cours.
search	Cette propriété correspond à la chaîne de caractères suivant le "?" dans l'URL en cours (c'est la partie de l'URL relative aux requêtes).
target	Cette propriété correspond à l'attribut TARGET de la balise.

Ses événements

onClick	Cet événement se produit quand l'utilisateur clique sur le bouton de la souris alors que le pointeur de celle-ci se trouve sur la zone concernée.
onMouseOut	Cet événement se produit quand le pointeur de la souris quitte la zone concernée.
onMouseOver	Cet événement se produit quand le pointeur de la souris passe sur la zone concernée.

La pseudo-classe *Array*

Les objets de la pseudo-classe (comme *Math*, *Date*...) sont prédéfinis par le langage de script. Ils ne sont pas propres au navigateur client. Cette pseudo-classe n'a pas de syntaxe HTML associée.

La syntaxe du constructeur d'objet

Pour définir un objet tableau, il faut procéder de la manière suivante :

```
var unTableau = new Array([taille]);
```

où *taille* est un argument facultatif correspondant à la taille du tableau. Ou bien encore de la façon suivante :

```
var unTableau = new Array(listeDesElementsDuTableau);
```

où *listeDesElementsDuTableau* correspond à la suite des éléments du tableau séparés par des virgules.

Sa propriété

length	Cette propriété correspond au nombre d'éléments contenus dans le tableau.

Ses méthodes

La méthode	Son usage	Sa description
join	unTab.join ([UnSeparateur])	Cette méthode permet de concaténer tous les éléments du tableau *unTab* au sein d'une même chaîne de caractères. Chacun des éléments du tableau est séparé de son successeur (si celui-ci existe) par le séparateur *UnSeparateur* passé en argument. Si ce dernier n'est pas spécifié, alors, le séparateur par défaut est une virgule.

La méthode	Son usage	Sa description (suite)
reverse	unTab.reverse()	Cette méthode permet de transposer un tableau, c'est-à-dire de substituer au premier élément le dernier, au second l'avant-dernier et ainsi de suite. Attention, il importe de savoir que celle-ci est destructive ! Ainsi, elle modifie "définitivement" la valeur de l'objet à laquelle elle s'applique.
sort	unTab.sort (FonctionRelationOrdre)	Cette méthode permet de trier les éléments d'un tableau selon la relation d'ordre définie dans la fonction *FonctionRelationOrdre*. Si cet argument n'est pas précisé, c'est l'ordre lexicographique qui est appliqué par défaut.

Quelques exemples

```
<HTML>
<HEAD> </HEAD>
<BODY>
<SCRIPT LANGUAGE="Javascript">
var tableau = new Array("b","o","n","j","o","u","r");
document.write(tableau + " <BR> ");
document.write(tableau.join("") + " <BR> ");
document.write(tableau.join(" +123! ") + " <BR> ");
tableau.reverse();
document.write(tableau.join("") + " <BR> ");
tableau.sort();
document.write(tableau.join("") + " <BR> ");
</SCRIPT>
</BODY>
</HTML>
```

L'exécution du script ci-dessus permet d'obtenir le résultat suivant sur le navigateur. A condition bien entendu d'être sur un navigateur au moins en version 3.xx.

```
b,o,n,j,o,u,r
bonjour
b +123! o +123! n +123! j +123! o +123! u +123! r
ruojnob
bjnooru
```

En somme, nous obtenons les résultats escomptés ! Mais étudions l'exemple suivant :

```
<HTML>
<HEAD>
<SCRIPT LANGUAGE="Javascript">

        • Commençons par définir une fonction qui va nous servir de relation d'ordre :

function RelationOrdre(a,b)
   {
   return (a-b);
   }
</SCRIPT>
</HEAD>

<BODY>
<SCRIPT LANGUAGE="Javascript">
var tab = new Array(2,789,100,)

tab.sort();
document.write(tab.join(",") + " <BR> ");

tab.sort(RelationOrdre);
document.write(tab.join(",") + " <BR> ");
</SCRIPT>
</BODY>
</HTML>
```

Ce script retourne le résultat suivant après interprétation :

```
100,2,789
2,100,789
```

C'est-à-dire, dans le premier cas, la liste des éléments du tableau triés dans un ordre lexicographique (pour cette relation d'ordre, 789 est inférieur à 8 qui est inférieur à "A" qui est inférieur à "a"). Et, dans le second cas, la liste des éléments du tableau triés avec la relation d'ordre des nombres entiers.

Comme nous pouvons le remarquer, ce qui distingue la première commande de la seconde, c'est le fait de passer une "relation d'ordre" en argument de la méthode *sort.*

Remarque ***Si*** **RelationOrdre (a,b)** ***renvoie un nombre négatif, alors*** **b** ***est placé avant*** **a** ***(à un indice moins élevé) dans le tableau. Si*** **RelationOrdre (a,b)** ***renvoie 0, alors*** **a** ***et*** **b** ***ne bougent pas. Si*** **RelationOrdre (a,b)** ***renvoie un nombre positif, alors*** **b** ***est placé après*** **a** ***(à un indice plus élevé) dans le tableau.***

L'objet *FileUpload*

La syntaxe HTML

Cette balise, qui doit être placée au sein d'un formulaire, permet à l'utilisateur client de rechercher un des fichiers de son disque et de le passer en argument au formulaire.

```
<INPUT TYPE="nomDeFichier" NAME="nomDeCetObjet">
```

Ses propriétés

name	Cette propriété correspond à l'attribut NAME de la balise.
value	Cette propriété correspond à l'attribut VALUE de la balise.

La pseudo-classe *Image*

La syntaxe HTML

```
<IMG
   SRC="uneURL"
   [NAME="nomDeLimage"]
   [LOWSRC="uneAutreURL"]
   [HEIGHT="NombrePixels" | "Ratio"%]
   [WIDTH="NombrePixels" | "Ratio"%]
   [HSPACE="NombrePixels"]
   [VSPACE="NombrePixels"]
   [BORDER="NombrePixels"]
   [ALIGN= "left" | "right" | "top" | "absmiddle" | "absbottom" |
        "texttop" | "middle" | "baseline" | "bottom"]
   [ISMAP]
   [USEMAP="uneURL#NomDeZone"]>
```

Remarque ***Sur cette balise <IMG SCR= "URL" > seule la clause SCR est obligatoire. Les autres entre crochets "[]" sont optionnelles.***

Pour définir une instance *Image*, il faut procéder de la manière suivante :

```
unIdentificateur = new Image([largeur,hauteur]);
```

Comme nous pouvons le remarquer, les arguments du constructeur sont facultatifs, il s'agit des dimensions (en pixels) de l'image.

Ses propriétés

border	Cette propriété correspond à l'attribut BORDER de la balise.
complete	Ce booléen permet de savoir si l'image a bien été entièrement chargée.
height	Cette propriété correspond à l'attribut HEIGHT de la balise.
hspace	Cette propriété correspond à l'attribut HSPACE de la balise.
lowsrc	Cette propriété correspond à l'attribut LOWSRC de la balise.
name	Cette propriété correspond à l'attribut NAME de la balise.
src	Cette propriété correspond à l'attribut SRC de la balise.
vspace	Cette propriété correspond à l'attribut VSPACE de la balise.
width	Cette propriété correspond à l'attribut WIDTH de la balise.

Ses événements

onAbort	Cet événement se produit quand l'utilisateur interrompt le chargement de l'image en cliquant sur un hyperlien, sur le bouton *Stop*...
onError	Cet événement se produit quand il y a une erreur au chargement de l'image.
onLoad	Cet événement se produit quand il y a chargement de l'image.

Le tableau des images du document

Chaque objet image chargé au sein du document est référencé dans le tableau *images*. Ainsi *document.images.length* renvoie le nombre d'images du document actif. Pour accéder à celles-ci, on peut faire appel à :

```
document.images[0], …, document.images[length-1].
```

L'objet *mimeTypes* — qui hérite de *navigator*

Cet objet est un tableau composé de tous les types MIME compatibles avec le navigateur client. Chacun des éléments du tableau est lui-même un objet *mimeTypes* avec ses propres propriétés.

Ses propriétés

length	Cette propriété correspond au nombre d'éléments contenus dans le tableau.
type	Cette propriété correspond au nom du type MIME de l'objet courant.
description	Cette propriété renvoie une brève description du type.
suffixes	Cette propriété renvoie la liste des extensions (en 3 lettres la majeure partie du temps, pour être compatibles avec les extensions du DOS) correspondant au type.
enabledPlugin	Permet de savoir si un plug-in est actif ou non.

Effectuons un rapprochement avec le cas du système d'exploitation Unix : un shell UNIX bien connu, le C-shell.

Mode d'emploi de la propriété	Valeur associée
navigator.mimeTypes ["application/x-csh"].type	application/x-csh
navigator.mimeTypes ["application/x-csh"].description	C Shell Program
navigator.mimeTypes ["application/x-csh"].suffixes	csh

L'exemple d'utilisation donné par le constructeur

Cet exemple permet de passer en revue tous les types MIME compatibles avec le navigateur.

```
<HTML>
<HEAD> </HEAD>
<BODY>
<SCRIPT LANGUAGE="Javascript">
```

- *En-tête du tableau :*

```
document.writeln("<TABLE BORDER=1> <TR VALIGN=TOP>",
   "<TH ALIGN=left>i",
   "<TH ALIGN=left>type",
   "<TH ALIGN=left>description",
   "<TH ALIGN=left>suffixes</TR>");
```

- *Corps du tableau :*

```
for (i=0 ; i < navigator.mimeTypes.length ; i++)
   {
   document.writeln("<TR VALIGN=TOP><TD>",i,
      "<TD>",navigator.mimeTypes[i].type,
      "<TD>",navigator.mimeTypes[i].description,
      "<TD>",navigator.mimeTypes[i].suffixes,
      "</TR>");
   }
document.writeln("</TABLE>");
</SCRIPT>
</BODY>
</HTML>
```

L'objet *plugins* — qui hérite de *navigator*

Cet objet est en fait un tableau constitué de tous les *plug-ins* (ou modules d'extension) installés sur le navigateur du client. Chacun des éléments du tableau est lui-même un objet *plugins* avec ses propres propriétés.

Ses propriétés

length	Cette propriété correspond au nombre d'éléments contenus dans le tableau.
name	Cette propriété correspond au nom du *plug-in*.
filename	Cette propriété correspond au nom du fichier *plug-in* sur le disque du client.
description	Cette propriété correspond à une description du *plug-in*.

Sa méthode

```
navigator.plugins.refresh(true)
```

L'emploi de cette méthode avec l'argument *true* permet d'éviter à l'utilisateur de quitter et relancer son navigateur après l'installation d'un module d'extension.

D'autres méthodes

La méthode *javaEnabled* de l'objet *navigator*

Cette méthode permet de savoir si la case "Enable Java" du client (dans les options du navigateur) a été cochée ou non. Si c'est le cas, la méthode renvoie *true*, sinon elle renvoie *false*.

Syntaxe

```
navigator.javaEnabled();
```

Exemple d'utilisation

```
<HTML>
<HEAD> </HEAD>
<BODY>
<SCRIPT LANGUAGE="Javascript">
if (navigator.javaEnabled()==true)
   document.write("Vous autorisez les applets Java <BR>");
else document.write("Vous refusez d'executer des applets Java<BR>");
</SCRIPT>
</BODY>
</HTML>
```

La méthode *scroll* de l'objet *window*

Cette méthode de l'objet *window* permet de faire défiler une fenêtre horizontalement ou verticalement du nombre de pixels indiqué en arguments.

Syntaxe

```
uneFenetre.scroll(PixelAbscisse,PixelOrdonnee)
```

où *PixelAbscisse* et *PixelOrdonnee* correspondent aux coordonnées du décalage.

Remarque ***Les coordonnées du coin supérieur gauche de la fenêtre active sont (0,0).***

La méthode *split* des chaînes de caractères

Cette méthode transforme une chaîne de caractères en un tableau. Elle admet un argument. Celui-ci permet de découper la chaîne en autant de sous-chaînes (plus une) qu'il y a d'occurrences de cet argument. En fait, il joue un rôle de séparateur.

Syntaxe

```
uneChaine.split(unSeparateur);
```

Exemple d'utilisation

Ainsi, dans l'exemple suivant, nous transformons la chaîne de caractères "b,o,n,s,o,i,r" en un tableau de sept caractères par application de la méthode *split*. Comme nous avons choisi de prendre la virgule pour séparateur de caractères au sein de la chaîne, nous passons le caractère "," en argument à la méthode *split*.

```
<HTML>
<HEAD> </HEAD>
<BODY>
<SCRIPT LANGUAGE="Javascript">
var autreChaine = "b,o,n,s,o,i,r";
var tableau = new Array();

tableau = autreChaine.split(",");
document.write(tableau.join("") + "<BR>");
</SCRIPT>
</BODY>
</HTML>
```

Ce script nous permet de lire "bonsoir" sur l'écran de notre navigateur.

La méthode *toString* des chaînes de caractères

Cette méthode s'applique à une chaîne de caractères (ou un objet considéré comme tel puisque Javascript est faiblement typé) et renvoie sa représentation dans la base correspondant à la valeur de l'argument.

Syntaxe

```
uneChaine.toString(uneBase);
```

Exemple d'utilisation

```
<HTML>
<HEAD> </HEAD>
<BODY>
<SCRIPT LANGUAGE="Javascript">
for(var i=0 ; i<16 ; i++)
   document.write(i + " en base 16 s'ecrit : "
      + i.toString(16).big()
      + " <BR> ");
</SCRIPT>
</BODY>
</HTML>
```

Cet exemple permet d'afficher les seize premiers entiers naturels en base 10 et en base 16.

Chargement de code Javascript : les fichiers *.JS

Dans la dernière version de son navigateur, Netscape permet de charger le code Javascript à partir d'un fichier d'extension .JS.

```
<HEAD>
<TITLE> Une Page </TITLE>
<SCRIPT SRC="monFichier.js">
</HEAD>
<BODY>
(...)
```

La balise SRC permet aussi de charger du code Javascript à partir d'une URL.

```
<SCRIPT SRC="http://www.fisystem.fr/base-js.htm">
```

La balise NOSCRIPT

Nous le savons, l'utilisation de Javascript ne peut se faire que sur un navigateur capable d'interpréter ce langage.

Jusqu'à maintenant, pour éviter tout affichage indésirable sur le navigateur du client (c'est-à-dire un joli source Javascript à la place des informations attendues), il fallait placer le code et la balise Javascript au sein de la balise de commentaire HTML, comme ici :

```
<!- il faut placer le script à cet endroit ->
```

Si cette solution est fort pratique, elle ne couvre pas pour autant tous les besoins. En effet, il serait bien pratique de pouvoir afficher simplement une page HTML, sans avoir à "bidouiller", pour avertir par exemple qu'il est préférable d'utiliser un navigateur compatible Javascript. Le but est donc de savoir s'il est possible ou non d'utiliser Javascript sur le client. Ainsi en fonction du contexte on détermine ce que l'on affiche.

De plus il est désormais possible de trouver des navigateurs qui refusent d'interpréter le code Javascript.

La solution aujourd'hui est l'utilisation de la balise <NOSCRIPT>. Elle s'utilise comme la balise <NOFRAME> (pour les même raisons). Elle permet de spécifier entre <NOSCRIPT> et </NOSCRIPT> un ensemble de codes HTML afin d'avertir l'utilisateur qu'il s'agit d'une page Javascript.

Elle s'utilise comme suit :

```
...
<NOSCRIPT>
   Cette page utilise Javascript. Si vous souhaitez découvrir
   son contenu "téléchargez la dernière version de votre
   navigateur" ou "activez l'option Javascript du menu
   préférence réseaux". <BR>
   Pour en savoir plus : <A HREF="http://www.fisystem.fr">
   <IMG SRC="ifipense.gif"> </A>
</NOSCRIPT>
...
```

La gestion des événements directement dans un script

Comme le montre ce qui suit, le "Javascript-nouveau" nous offre la possibilité de gérer les événements directement au sein d'un script. Ainsi, si nous exécutons l'exemple suivant, nous ne verrons jamais apparaître le message "Gestion numero 1" dans notre boîte de dialogue mais plutôt le message "Gestion numero 2".

```
<HTML>
<HEAD>
<SCRIPT LANGUAGE="Javascript">
function capture()
   {
   alert('Gestion numero 2');
   }
</SCRIPT>
</HEAD>

<BODY>
<FORM NAME="unFormulaire">
<INPUT
   TYPE=BUTTON
   NAME=B1
   VALUE=Ici
   onClick="alert('Gestion numero 1');">
</FORM>

<SCRIPT LANGUAGE="Javascript">
document.unFormulaire.B1.onclick = capture;
</SCRIPT>
</BODY>
</HTML>
```

Remarque ***Comme nous pouvons le constater, il faut écrire*** **onclick** ***en minuscules dans le script. C'est un choix que le constructeur justifie par le fait que l'HTML n'est pas sensible aux majuscules contrairement à Javascript.***

Nous avons appelé la fonction *capture* sans lui accoler de parenthèses car l'événement *onclick* est un mot clé du langage.

La sécurité

Javascript et la sécurité

Le navigateur de Netscape intègre, depuis la version 2.02, un niveau de sécurité qui permet d'empêcher un script d'un serveur d'identifier les propriétés d'un client. Ceci permet d'éviter notamment à des programmes Javascript mal intentionnés de parcourir des informations plus personnelles, telles que nos *bookmarks*, l'historique de nos déplacements sur le Web, les *plug-ins* que nous avons installés, etc.

Le couple Java-Javascript offre donc une sécurité de haut niveau. C'est un des points forts de Java, alors que ni VB Script, ni ActiveX ne s'en préoccupent. Il y a donc une approche de la sécurité très différente entre les navigateurs de Netscape et de Microsoft.

Netscape s'oriente "Internet", en intégrant les niveaux de restrictions nécessaires.

Microsoft à l'inverse s'oriente "Intranet" en portant ses efforts sur la facilité d'utilisation, la compatibilité universelle (ActiveX), la portabilité maximale[1], mais au détriment de la sécurité.

Data tainting

Avec le navigateur version 3, une nouveauté vient nuancer le paragraphe précédent. Le "Data tainting" est une fonctionnalité qui permet à Javascript de filtrer les échanges d'informations par une "fenêtre de communication".

A partir de la version 3.0, il est possible de configurer son navigateur afin de rendre active l'option "Data tainting". Nous permettons alors à un programme Javascript de parcourir une liste de propriétés concernant notre navigateur que nous aurons laissées visibles. Dans tous les cas le mécanisme "Data Tainting" nous avertit par une boîte de dialogue de confirmation lorsqu'une opération est en cours.

Pour générer cette liste de propriétés vous disposez de deux fonctions :

taint : ajoute un blocage sur une donnée

et, son pendant :

untaint : supprime ce blocage.

1. C'est bien le but de VB script : rendre portable tous les développements en Visual Basic.

Les autres modifications objet par objet

Objet *Button*

La propriété suivante a été ajoutée à cet objet :

Propriété	Description
type	Cette propriété correspond à la valeur de l'attribut TYPE de la balise.

Objet *Checkbox*

La propriété suivante a été ajoutée à cet objet :

Propriété	Description
type	Cette propriété correspond à la valeur de l'attribut TYPE de la balise.

Objet *Date*

La propriété suivante a été ajoutée à cet objet :

Propriété	Description
prototype	Cette propriété correspond au format de date à utiliser.

Objet *Document*

La propriété suivante a été ajoutée à cet objet :

Propriété	Description
image	Cette propriété correspond à un tableau des images du document.

Objet *Form*

Une propriété et un événement ont été ajoutés à cet objet. Il s'agit de :

Propriété	Description
FileUpload	Cette propriété correspond à l'objet *FileUpload* décrit précédemment.

Evénement	Description
onReset	Cet événement se produit quand l'utilisateur clique sur le bouton *Reset* du formulaire en cours.

Objet *Hidden*

La propriété suivante a été ajoutée à cet objet :

Propriété	Description
type	Cette propriété correspond à la valeur de l'attribut TYPE de la balise.

Objet *Link*

Deux modifications ont été apportées à cet objet.

Le tableau des liens (*links*) contient désormais les hyperliens définis par la balise :

```
<AREA HREF=... >
```

Et cet objet dispose de l'événement :

Evénement	Description
onMouseOut	Cet événement se produit quand le pointeur de la souris quitte la zone concernée.

Objet *Math*

La méthode *atan2* a été ajoutée à cet objet. Par ailleurs, la méthode *random* serait disponible sur toutes les plates-formes.

Math.atan2(x,y) renvoie une valeur numérique correspondant à l'angle en radian du secteur délimité par l'axe des abscisses d'une part et la droite reliant l'origine du repère orthonormé au point de coordonnées cartésiennes (x,y), d'autre part. Il s'agit en somme de l'angle dans la représentation du point (x,y) en coordonnées polaires.

Ainsi, le script suivant (placé en URL sur un navigateur "adéquat") :

```
mocha: Math.atan2(1,1);
```

nous permet de lire en résultat :

```
0.7853981633974482 8
```

valeur que nous pouvons aussi obtenir en calculant *Math.PI/4* puisqu'il s'agit de l'un des points de la première bissectrice du repère, situé dans le "premier quadrant".

Objet *Navigator*

Les propriétés *mimeTypes* et *plug-in* ont été ajoutées à cet objet. Pour plus de renseignement, consultez les objets concernés.

Objet *Password*

La propriété suivante a été ajoutée à cet objet :

Propriété	Description
type	Cette propriété correspond à la valeur de l'attribut TYPE de la balise.

Objet *Radio*

La propriété suivante a été ajoutée à cet objet :

Propriété	Description
type	Cette propriété correspond à la valeur de l'attribut TYPE de la balise.

Objet *Reset*

La propriété suivante a été ajoutée à cet objet :

Propriété	Description
type	Cette propriété correspond à la valeur de l'attribut TYPE de la balise.

Objet *String* (chaînes de caractères)

La propriété suivante a été ajoutée à cet objet :

Propriété	Description
prototype	Cette propriété correspond au format à utiliser.

La méthode suivante a été ajoutée à cet objet :

Méthode	Description
split	Cette méthode transforme une chaîne de caractères en un tableau. Elle admet un argument. Celui-ci permet de découper la chaîne en autant de sous-chaînes (plus une) qu'il y a d'occurrences de cet argument. En fait, il joue un rôle de séparateur. (pour plus d'informations, consultez la section "La méthode split des chaînes de caractères" en page 228).

Objet *Submit*

La propriété suivante a été ajoutée à cet objet :

Propriété	Description
type	Cette propriété correspond à la valeur de l'attribut TYPE de la balise.

Objet *Text*

La propriété suivante a été ajoutée à cet objet :

Propriété	Description
type	Cette propriété correspond à la valeur de l'attribut TYPE de la balise.

Objet *Textarea*

La propriété suivante a été ajoutée à cet objet :

Propriété	Description
type	Cette propriété permet de savoir qu'il s'agit d'un objet de type TEXTAREA.

Objet *Window*

Les modifications suivantes ont été apportées à cet objet.

La propriété *opener* a été ajoutée

Propriété	Description
opener	Cette propriété correspond au nom de la fenêtre à partir de laquelle il y a création d'une nouvelle fenêtre.

Exemple

Quand l'utilisateur clique sur le bouton du formulaire, il y a génération d'une nouvelle fenêtre et, “simultanément”, émission d'une fenêtre de dialogue dans laquelle nous pouvons lire *[object Window]* (il s'agit de l'identifiant de la fenêtre “source”).

```
<HTML>
<HEAD>
<SCRIPT LANGUAGE="Javascript">
function ouvrir()
  {
  var haut = 200;
  var larg = 200;
  var options = "toolbar=no,location=no,directories=no,status=no,"
     + "menubar=no,scrollbars=no,resizable=no,copyhistory=yes,"
     + "width=" + larg + ",height=" + haut;
  maFenetre=window.open("","",options);
  maFenetre.document.open();
  corps = "<CENTER>"
     + "Super non ?!".fontcolor('red')
          .bold().fontsize(5).fixed()
     + "<FORM>"
     + "<INPUT TYPE=button VALUE=Fermer onClick='self.close();'>"
     + "</FORM> </CENTER>";
  maFenetre.document.write(corps);
  alert(maFenetre.opener);
  maFenetre.document.close();
  }
</SCRIPT>
</HEAD>
```

- La partie HTML :

```
<BODY>
<FORM>
<INPUT
  TYPE="button"
  NAME="button1"
  VALUE="Init"
  onClick="ouvrir()">
</FORM>
<HR>
</BODY>
</HTML>
```

Les événements suivants ont été ajoutés

Evénement	Description
onBlur	Cet événement se produit quand il y a perte du focus sur la fenêtre active.
onError	Cet événement se produit quand il y a une erreur au chargement du document concerné.
onFocus	Cet événement se produit quand il y a perception du focus sur la fenêtre concernée.

FAQ "Frequently Asked Questions"

Chapitre 11

Ce chapitre présente les questions les plus fréquemment posées à propos de Javascript sur les forums de discussion. En phase de développement, ce genre d'informations permet de gagner beaucoup de temps. Les FAQ de ce chapitre sont classées en cinq thèmes et peuvent être trouvées sur Internet.

Avant-propos

Javascript est un nouveau langage. Il a pour principale particularité d'être multi-plates-formes et multi-environnements... Il est actuellement en plein essor et en perpétuelle évolution. Mais, même si la tendance globale est à l'assainissement des navigateurs, il reste des "bugs". Ceux-ci sont répertoriés et bien identifiés. Nous avons bien sûr tout intérêt à les connaître (surtout si nous envisageons de développer nos propres scripts en Javascript)... C'est pourquoi nous vous conseillons de vous reporter fréquemment aux dernières versions de FAQ ainsi qu'à la section "Bugs connus" en page 242. Pour plus d'informations consultez le chapitre "Plus d'informations" ou le CD-Rom sur lequel vous trouverez des liens vers les sites hébergeant les FAQ.

Remarque ***Il est souvent encore plus judicieux de se reporter aux sections "Known bugs'" sur Internet pour en avoir réellement la dernière version. Attention, celle-ci est en anglais !***

Questions générales

Pourquoi la gestion des images ne fonctionne-t-elle pas avec Javascript ?

Beaucoup de personnes envoient des messages concernant des problèmes en Javascript suite à l'utilisation des formulaires. En fait si vous souhaitez utiliser Javascript il vaut mieux prendre l'habitude d'employer les balises <HEIGHT> et <WIDTH> à chaque fois que vous proposez une image.

Dans quelle partie de l'HTML doit-on positionner Javascript ?

Entre la balise d'introduction :

```
<SCRIPT LANGUAGE ="Javascript">
```

et la balise de fin :

```
</SCRIPT>
```

Il est préférable de placer le script dans l'en-tête de page HTML (c'est-à-dire entre les balises <HEAD> et </HEAD> après le titre du document). De cette façon, le code des procédures et fonctions est chargé en premier. Cela évite les messages d'erreur en cas de tentative d'accès à des fonctionnalités non encore chargées...

Au cas où vous ne l'auriez pas encore remarqué dans nos différents exemples, voici la structure générale qu'il est préférable de respecter :

```
<HTML>          // Début du document HTML
<HEAD>          // Entete HTML
<TITLE> Le titre HTML </TITLE>
<SCRIPT LANGUAGE="Javascript">
<!- Un commentaire pour masquer le script aux vieux navigateurs

            • Le code Javascript vient ici !

// ->           // fin du commentaire
</SCRIPT>       // fin du Script
</HEAD>         // fin de l'entete HTML
<BODY>          // début du corps HTML

            • Le code HTML vient ici !

</BODY>         // fin du corps HTML
</HTML>         // fin de la page HTML
```

Comment réaliser du code Javascript sans utiliser l'HTML ?

Javascript ne peut pas fonctionner sans HTML. Cependant, dans la version 3.0 de Netscape, vous pouvez utiliser directement des fichiers indépendants ayant l'extension .JS et ne contenant que du Javascript. Le code devient alors réellement réutilisable.

Comment imprimer une *frame* générée par Javascript ?

En fait ce n'est pas encore possible. Toute information générée par Javascript n'est pas imprimable dans l'état actuel des choses.

Il existe un autre problème d'impression bien connu. Ainsi, à l'impression des formulaires avec Netscape 2.0, les zones de saisie ne passent pas !

Comment utiliser la balise <APPLET> ?

Cette balise est utilisée par le langage Java. Ce langage de programmation est, nous l'avons vu, fort différent de Javascript. Sun et Netscape coopèrent pour que du code écrit dans un langage puisse être appelé dans l'autre. Des produits comme *LiveConnect* permettent aujourd'hui de faire communiquer Java avec Javascript. Si vous cherchez plus d'informations sur le sujet reportez-vous au site : http://java.sun.com/

Pour effectuer un appel à une fonction Javascript via Java, nous vous rappelons qu'il est possible d'utiliser une instruction comme celle-ci :

```
showDocument("Javascript:/**/MaFonctionJavascript()")
```

Remarque ***Il apparaît que la syntaxe /**/ est absolument nécessaire pour réaliser l'appel correctement.***

Si vous possédez (au moins) la version 3.0 du navigateur de Netscape, il est possible de réaliser un appel à une *applet* Java au sein d'un script Javascript. Toutes les informations publiques de la classe seront accessibles et modifiables.

La syntaxe appropriée est *document.applets[IndexDeMonApplet]* ou *document.monApplet.*

Est-il possible de faire des animations avec Javascript ?

Non en principe, car vous ne pouvez pas redessiner une partie de la fenêtre du navigateur indépendamment de son contexte graphique. Toutefois, il existe des astuces. Voici quelques suggestions de base, si vous voulez faire une animation :

- Utilisez une *applet* Java avec une image GIF en boucle.
- Utilisez un fichier GIF de type 89a animé. N'oubliez pas dans ce cas d'initialiser toutes les actions.
- Créez une *frame* et programmez *onMouseOver* ou *setTimeout()* et *parent.LaFrame.location = image1.gif, image2.gif, ...*
- Redessinez la page entière avec *document.write()* et la nouvelle image.

Quelles sont les tailles maximales d'un script Javascript ?

La version Windows 16 bits de Netscape 2.x fonctionne dans la limite d'un segment de 64 Ko. Quelques personnes ont annoncé qu'elles ont dépassé ces limites avec des scripts dans la zone des 20 Ko à 40 Ko.

Bugs connus

Certaines de ces erreurs interviennent seulement sur un type de plate-forme. Même si votre navigateur n'est pas concerné par les bugs énoncés dans la liste ci-dessous, vous devez, question de "Netiquette", avertir ceux qui visiteront vos pages avec une plate-forme "à risque". Vous leur éviterez ainsi des difficultés voire des blocages. En somme, vous devez vous familiariser avec tous les problèmes pour être sûr de ne pas écrire du code erroné.

Pourquoi les longues phrases génèrent-elles le message : "Unterminated String Literal" ?

La raison exacte n'est pas claire mais le problème est facile à résoudre. Si la phrase suivante entraîne des problèmes dans votre code :

```
var SuperChaine =
"Voici un exemple d'une phrase très longue qui risque de provoquer
un bug si vous n'y prenez pas garde. Quelqu'un a dit un jour
qu'il semblerait que sous Windows 3.1 la fameuse limite des 254
caractères pouvait poser des problèmes. C'est pourquoi cette
chaine est aussi longue. Qui est capable de définir une telle
chaine ? Tout le monde pourquoi pas..."
```

Vous devez la fragmenter en petites parties sur différentes lignes et utiliser le signe "+" pour concaténer l'ensemble. La solution aura cette forme :

```
var SuperChaine = "Voici un exemple d'une phrase très longue "
   + "qui risque de provoquer un bug si vous n'y prenez pas "
   + "garde. Quelqu'un a dit un jour qu'il semblerait que sous "
   + "Windows 3.1 la  fameuse limite des 254 caractères pouvait "
   + "poser des problème. C'est pourquoi cette chaine est aussi "
   + "longue. Qui est capable de définir une telle chaine ? Tout "
   + "le monde pourquoi pas..."
```

Après avoir passé une variable à une frame que l'on ferme (*unload*), la valeur de la variable est endommagée !

Cette erreur a été résolue dans la version 3.0 du navigateur avec l'introduction des objets *String*. Vous pouvez maintenant passer des objets *String* d'une fenêtre à l'autre sans vous soucier de perdre ou de corrompre des variables. Pour créer un objet *String* utilisez le mot clé *new*.

```
var unMessage = new String("Ceci est un objet String");
```

Si vous êtes intéressé par des solutions pour les vieux navigateurs... L'exemple ci-dessous fonctionne pour les navigateurs de la version 2 :

```
** frame père **
var maVar = "";
function setvar(uneValeur)
   {
   maVar = "" + uneValeur;
   }
```

- *La fonction ci-dessus permet de créer une chaîne dans le contexte de la* frame *"père".*

```
** frame fille **
parent.setvar("maValeurNonCorrompue");
```

- *Cette instruction permet, par un appel à la fonction setvar définie dans la* frame *"père", de conserver la valeur* maValeurNonCorrompue *dans la variable* maVar *de la fenêtre "père" (même après fermeture de la* frame *"fille").*

Pourquoi *eval()* bloque-t-elle le navigateur sous Windows 3.11 version 2.0b6 ou ultérieure ?

Nous n'avons pas de solution immédiate à vous proposer, si ce n'est qu'il est préférable de tester au préalable la version du navigateur client afin de déterminer si l'utilisateur est sous Windows 16 bits. Dans l'affirmative, faites en sorte de ne pas interpréter le code gênant sur la machine cliente, comme dans l'exemple suivant :

```
if (navigator.appVersion.indexOf("Win16") == -1)
    {
    // le client n'est pas sous Windows 16 bits
    eval(...);
    }
else
    {
    // eval ne doit pas être utilisée ici
    SolutionDeRepli();
    }
```

Pourquoi l'appel de *window.open()* crée-t-il une nouvelle fenêtre vide ?

Dans le navigateur 2.0 de Netscape (versions MAC et X), l'URL passée à *window.open()* bloque le navigateur client au chargement. La solution suivante fonctionne :

```
var maFenetre = window.open(monURL,'maWin');
if (navigator.appVersion.indexOf("(X11") != -1 ||
            navigator.appVersion.indexOf("(Mac") != -1)
    maFenetre = window.open(monURL,'maWin');
```

L'astuce est ici d'appeler une seconde fois *window.open()* pour forcer le chargement.

Sur certaines plates-formes X-Windows, les options avec des booléens semblent être ignorées à la création d'une nouvelle fenêtre. Pourquoi ?

La bonne attitude pour spécifier correctement une option est bien d'utiliser : *toolbar=yes* ou *toolbar=1* ou *toolbar*. Cependant sur quelques environnements X-Windows spécifiques, les options seront ignorées. C'est un bug référencé sur X, qui est corrigé dans la version 2.1 de Netscape.

Pourquoi mon tableau de boutons radio est-il indexé dans le sens inverse ?

Quand vous créez un jeu de boutons radio vous supposez qu'ils vont être placés dans l'ordre de la création. Cependant si vous essayez d'y accéder, vous remarquerez qu'ils sont exactement dans l'ordre inverse. Une solution simple à ce problème est l'utilisation d'un gestionnaire d'événements vide pour chaque bouton radio, comme suit :

```
<FORM NAME="radioTest">
   <INPUT TYPE="radio" NAME="test" VALUE="A" onClick=""> A
   <INPUT TYPE="radio" NAME="test" VALUE="B" onClick=""> B
   <INPUT TYPE="radio" NAME="test" VALUE="C" onClick=""> C
</FORM>
```

Là, le bug est corrigé et l'ordre est respecté.

Pourquoi *parseFloat()* et % donnent-ils une valeur étrange ?

Oui, il y a un bug dans la version 2 du navigateur de Netscape qui affecte la fonction *parseFloat ()* et l'opérateur % (modulo).

Il faut faire attention...

Quand je modifie la valeur de la propriété *document.bgColor* le texte de la page concernée disparaît !

La propriété *bgColor* est une propriété de l'objet *document.* Celui-ci peut changer de couleur immédiatement. Les différentes propriétés *fgColor, linkColor, vlinkColor* et *alinkColor* peuvent chacune être activées. Cependant leur modification n'a pas d'impact immédiat sur la page elle-même. Seule *bgColor* peut justement être utilisée pour changer "en temps réel" la couleur de l'arrière-plan de la page en cours. Sur certaines plates-formes cette opération va "masquer" tout le texte de la page ! C'est pourquoi il est préférable de ne pas utiliser ces propriétés pour la série des navigateurs 2.x.

Pour modifier les couleurs de votre page avec Javascript, une solution consiste à utiliser les cookies pour enregistrer (temporairement) les valeurs que vous utiliserez ensuite pour recharger la page.

Pourquoi ne puis-je pas utiliser : *document.write('</SCRIPT>')* ?

Il y a un problème avec Netscape 2.x qui va mal interpréter la ligne suivante :

```
document.write('</SCRIPT>');
```

En fait </SCRIPT> sera interprétée comme la fin du code Javascript. Les lignes de script qui suivront généreront donc forcément des erreurs.

L'astuce la plus souvent utilisée consiste à écrire la ligne suivante :

```
document.write('</SCR' + 'IPT>');
```

C'est-à-dire à découper en deux la chaîne de caractères correspondant à la balise...

La propriété *window.defaultStatus* est défectueuse sur certaines plates-formes (comme Windows 95).

Ce bug pose un problème à tous ceux qui désirent utiliser l'événement *onMouseover* pour changer le message à afficher dans la barre d'état.

En fait vous ne pouvez pas utiliser directement l'écriture dans cette barre d'information. Reportez-vous à notre exemple au début de cet ouvrage (il fonctionne sous Windows 95).

En ce qui concerne les formulaires

Bouton *reload* : comment faire un bouton qui puisse recharger le document en cours ?

Vous pouvez forcer le chargement d'une page en utilisant l'astuce suivante :

```
funtion reloadIt()
   {
   history.go(0)
   }
   ...
<FORM>
<INPUT TYPE="button" VALUE="Reload" onClick="reloadIt()">
</FORM>
```

Remarque *Vous pouvez en faire autant avec le bouton* Back.

Quand j'utilise la méthode *value* sur un bouton radio, la valeur est toujours *<undefined>* !

Essayez l'instruction *MonRadio[i].value* pour *i* entier de l'intervalle {0, *nombreBoutonsRadio*}. En effet, HTML donne le même nom aux différents boutons radio.

Comment puis-je vérifier un formulaire avant de le valider ?

Votre page comporte un formulaire que vous voulez tester à même le client avant de le soumettre au serveur. Votre but est de pouvoir envisager une correction immédiate, en local de la part de l'utilisateur. Pour ce faire, vous devez appeler une fonction de test des données sur l'événement *onSubmit* du formulaire. Celle-ci doit renvoyer une valeur logique.

```
function formulaireValide()
  {
  if (**les données du formulaire sont valides**)
    return true
  else
    {
    alert("Saisie incorrecte !");
    return false;
    }
  }
...
<FORM onSubmit = "return formulaireValide();">
...
```

Comment contrôler la taille des boutons à la création ?

La personnalisation des boutons est très limitée pour l'instant. Il n'y a pas d'attribut qui permette de manipuler le dessin du bouton à proprement parler. La seule action possible est le changement de la longueur, en modifiant le texte lui-même. Les caractères d'espacement vous aideront à ajuster la taille des boutons.

```
<INPUT TYPE="button" VALUE="Sans espace">
<INPUT TYPE="button" VALUE="  Avec des espaces   ">
```

Javascript ne permet pas d'utiliser *<INPUT TYPE="image">*.

Il n'y a pas d'objet de ce type avant la version 3 des navigateurs. Vous ne pouvez donc pas non plus utiliser l'événement *onClick* sur ce type de données.

Vous ne pouvez ni tester, ni modifier les valeurs de champs *password* !

Pour des raisons de sécurité autour de Netscape, il ne vous sera pas possible de capter des informations conçues pour être "cachées".

Les *frames*

Le bouton *Back*

Ceci est très pratique sur des *frames* pour lesquelles le bouton *Back* du navigateur n'agit pas. Supposons que nous ayons deux *frames* définies comme suit :

```
<FRAMESET COLSPAN="50,*">
  <FRAME SRC="outils.html" NAME="nav" NORESIZE>
  <FRAME SRC="frame.html" NAME="info">
</FRAMESET>
```

Vous pouvez ensuite ajouter une barre de navigation de ce style :

```
<FORM NAME="BoutonsNavigation">
<INPUT
  TYPE=BUTTON
  VALUE="Retour(Back)"
  onClick="parent.info.history.back()">
<INPUT
  TYPE=BUTTON
  VALUE="Debut(Home)"
  onClick="parent.info.location='home.html'">
<INPUT
  TYPE=BUTTON
  VALUE="Suivant(Next)"
  onCLick="parent.info.history.forward()">
</FORM>
```

Il est aussi possible d'utiliser les fonctions *history.go(-1)* et *history.go(1).*

Quelle est la meilleure solution pour synchroniser le chargement de deux *frames* afin d'éviter les messages d'erreur de Javascript ?

Vous pouvez bien sûr faire en sorte que Javascript exécute le chargement des *frames*... Mais vous devez utiliser du Javascript pour cela.

Si vous souhaitez attendre la fin du chargement de la *frame* qui se trouve au sommet de la hiérarchie, il faut tester la valeur de sa propriété *loadDone.* Dans toutes les autres *frames* dérivées, vous pouvez alors appeler la fonction suivante afin de tester la fin du chargement de la fenêtre principale :

```
function topWait(expr)
   {
   if (!top.loadDone)
      {
      setTimeout("topWait('" + expr + "')", 500);
      }
   else
      {
      eval(expr);
      }
   }
```

J'ai une page qui utilise des *frames*, comment puis-je faire un lien qui permette de charger un nouveau document sur la fenêtre entière (en écrasant les *frames*) ?

Si vous utilisez la balise <FRAMESET> pour créer une page composée de *frames*, il suffit d'utiliser l'attribut TARGET pour réaliser ce que vous voulez. Pour effacer les *frames* et utiliser la fenêtre entière essayez donc ceci :

```
<A HREF="mapage.html" TARGET="_top"> chez moi ! </A>
```

Comment créer un lien qui va mettre à jour plusieurs *frames* ?

La solution consiste à écrire une fonction qui modifie les URL des *frames* concernées. Cette fonction sera appelée sur l'événement *onClick* d'un hyperlien.

```
function toutChanger()
   {
   parent.frames[1].location = 'foo.html';
   parent.frames[2].location = 'bar.html';
   parent.frames[3].location = 'foobar.html';
   }
   ...
<A HREF="#" onClick="toutChanger()">
   Pour changer 3 frames d'un coup…
</A>
```

L'utilisation de la balise HREF="#" permet à la page en cours de ne pas être rechargée. Inversement, si vous voulez qu'elle le soit, la simple présence du nom fera qu'elle sera rechargée.

```
<A HREF = "nextpage.html" onClick="toutChanger()">
   Pour changer 3 frames d'un coup… et celle-ci aussi !
</A>
```

L'utilisation de tableaux

Comment créer et initialiser un tableau avec Javascript ?

La version 3.0 du navigateur dispose d'une nouvelle pseudo-classe *tableau* que nous utilisons de la façon suivante :

- Cette instruction crée un nouveau tableau vide.

```
var unTableau = new Array();
```

- Cette instruction crée un nouveau tableau avec la propriété *unTableau.length==5*. Ses cinq éléments (*unTableau[0], ..., unTableau[4]*) sont tous initialisés à *null*.

```
var unTableau = new Array(5);
```

- Cette instruction crée un tableau avec la propriété *unTableau.length==3*. Ses trois éléments (*unTableau[0], ..., unTableau[2]*) sont initialisés respectivement à "*merci*", *15.3* et *uneVariable*.

```
var unTableau = new Array("merci", 15.3, uneVariable);
```

Comment modifier la taille de mon tableau ?

Pour définir la taille d'un tableau, il y a deux possibilités. Vous pouvez le faire à l'appel du constructeur ou par la donnée de ses éléments. Pour fixer la taille du tableau à son initialisation, utilisez :

```
var monTableau = new Array(5);
```

Remarque ***Vous ne pouvez pas utiliser directement* monTableau.length *pour changer la taille du tableau, il faut le faire après la création de l'objet.***

```
monAutreTableau[9] = "Voici le 10eme element";
```

En ajoutant un élément dans le tableau vous augmentez d'une unité la longueur du tableau.

Sujets "avancés"

Cette section va s'occuper des problèmes "plus délicats" relatifs à la mémoire, aux tableaux et à la sécurité.

Quels sont les risques liés à la sécurité inhérents à Javascript ?

Voici la liste des "trous" de sécurité corrigés aujourd'hui :

1. Lecture de l'historique d'un utilisateur — corrigé dans la 2.0.
2. Lecture du "cache" des URL de l'utilisateur — corrigé dans la 2.0.
3. Détection de l'adresse E-mail — corrigé dans la 2.01.
4. Lecture récursive des disques locaux — corrigé dans la 2.01.
5. Ouverture d'une fenêtre minimum qui stocke les accès aux URL consultées — toujours présent dans 2.0.

Netscape a réalisé un véritable travail en proposant, dans la version 2.01 de son navigateur, une correction des risques majeurs relatifs à la sécurité.

La possibilité d'envoyer des messages de la façon suivante :

```
<FORM METHOD="POST" ACTION="mailto:fiwebmaster@fisystem.fr">
```

n'est plus offerte. La méthode *Submit()* ne le permet plus. Si vous voulez réellement envoyer ces informations, vous devez demander à l'utilisateur de cliquer sur un bouton de type *Submit.*

Le seul bug qui reste est la possibilité de création d'une fenêtre de 1x1 pixel qui conserve les URL. Cependant sur beaucoup de plates-formes, nous pouvons en faire autant grâce à des primitives système : c'est-à-dire détecter l'ouverture d'une fenêtre, puis capturer son titre !

Pour voir un exemple de ce qui est possible :

```
http://www.osf.org/~loverso/Javascript/track-me.html
```

Pour tester la sécurité de votre version de navigateur, voici quelques adresses vous permettant d'en apprendre plus...

- Pour envoyer l'arborescence de votre disque à un autre serveur :

```
http://www.osf.org/~loverso/Javascript/dir.html
```

- Pour capturer votre historique et votre "cache" et les envoyer à un autre serveur :

```
http://www.c2.org/~aelana/Javascript.html
```

Comment utilise-t-on Javascript avec des “image maps” ?

Comme Javascript n’a toujours pas d’objets pour les balises <MAP> et <AREA>, il faut contourner le problème. La solution consiste à utiliser l’instruction *<AREA HREF = "Javascript :uneFonction()">* pour appeler une fonction Javascript. Attention cependant, lorsque vous utilisez une fonction Javascript, vous privez de vos pages Web tous les utilisateurs dépourvus d’un navigateur compatible Javascript. Voici un exemple :

```
<MAP NAME="ancre">
   <AREA SHAPE="circle" COORDS="169,169,7"
      HREF="Javascript:uneFonction()">
   <AREA SHAPE="poly"
      COORDS="46,107 72,72 79,79 57,112 46,107"
      HREF="Javascript:uneAutreFonction()">
</MAP>
<IMG SRC="uneImage.gif" BORDER=0 USEMAP="#ancre">
```

Comment détecter la présence de Javascript sur un navigateur ?

Il est préférable d’avoir des pages Web visibles sans Javascript et d’autres avec Javascript (certains navigateurs peuvent aussi désactiver l’option Javascript).

1. Proposez une page avec le message “Charger le nouveau navigateur”. Cette dernière doit être visible par les navigateurs ne pouvant pas interpréter Javascript !
2. Dans l’en-tête de cette page HTML et dans le corps du script Javascript, faites un branchement sur la page contenant la version en Javascript, comme suit :

```
<SCRIPT LANGUAGE="Javascript">
<!- début du script
   location = "URL du document en Javascript";
// fin du script ->
</SCRIPT>
```

Que se passe-t-il si on fait des appels récursifs à *setTimeout()* ?

Une fonction récursive est une fonction qui s’appelle elle-même. Avec la fonction *setTimeout()* vous pouvez réaliser des appels récursifs comme ci-dessous :

```
function clock()
   {
   new_date = new Date();
   window.document.form1.f_clock.value = new_date.getSeconds();
   id = setTimeout("clock()",1000);
   }
<BODY onLoad="clock();">
```

Attendez-vous parfois à bloquer les navigateurs de la version 2…

Comment détecter si un utilisateur a tel type de *plug-in* ?

Le Javascript du navigateur 3.0 possède un nouvel objet : *navigator.plugins[n]* qui est un tableau permettant de gérer la liste des *plug-ins* utilisés sur le navigateur du client. Vous pouvez passer en revue ce tableau pour tester si le *plug-in* dont vous avez besoin y est installé. Voici des exemples tirés du *Javascript Authoring Guide.*

Le script suivant permet de savoir si le navigateur possède le *plug-in Shockwave* (Director) installé. Si oui, on l'utilise :

```
var plugin = navigator.plugins["Shockwave"];
if (plugin)
   document.writeln("<EMBED SRC="Movie.dir" HEIGHT=100
         WIDTH=100>")
else
   document.writeln("Pas de plug-in Shockwave sur votre
         navigateur !");
```

Le script suivant teste si le navigateur peut afficher des animations QuickTime :

```
var mimetype = navigator.mimeTypes["video/quicktime"];
if (mimetype)
   document.writeln("Cliquez <A HREF="movie.qt">ici</A> pour
         voir un " + mimetype.description)
else document.writeln("Desole, vous ne verrez pas de film !");
```

Plus d'informations

Ce chapitre n'est pas vraiment une bibliographie, mais c'est aussi plus que cela ; les sources d'informations sont électroniques et en ligne pour les sujets les plus récents.

Nous espérons que ce livre vous aura donné envie de consulter les documents mentionnés ici pour compléter vos connaissances.

Chapitre 12

Quelques précisions sur Internet

Internet ?

Est-ce un simple réseau de machines, un groupe d'utilisateurs spécifiques, ou, maintenant, un ensemble de produits, de fonctionnalités, de publicités ?

En réalité, le "réseau des réseaux" est un peu tout à la fois. Sa principale caractéristique est peut-être son aptitude à être caméléon… c'est-à-dire sa faculté à s'adapter à un environnement perpétuellement changeant.

En fonction de l'environnement technique et fonctionnel, il se transforme, se façonne à l'aide de l'apport de chacun… Depuis sa naissance nous sommes passés d'un petit réseau indépendant regroupant une poignée de chercheurs, à une véritable entité planétaire accessible au plus grand nombre !

Au départ réservé aux militaires, aux chercheurs, puis aux spécialistes, Internet devient progressivement une entité commerciale capable aujourd'hui de générer de nouveaux concepts.

Sans détailler toutes les fonctionnalités d'Internet — le sujet a déjà fait couler beaucoup d'encre — il nous semble important d'en énumérer les principales et, au passage, de citer les différents outils associés.

Des protocoles, des outils

Internet est un réseau. Cela signifie avant tout : un ensemble de machines capables de communiquer et d'échanger des informations. Pour communiquer de façon intelligente, il est nécessaire d'utiliser des protocoles (ce qui constitue la base de l'interprétation de l'information).

Le protocole de base des couches de communication, sans entrer dans le détail, se nomme TCP/IP, IP signifiant "Internet Protocol". Au-dessus de ce protocole, différentes couches viennent s'installer pour échanger de l'information significative (compréhensible).

Selon le protocole utilisé, l'information n'a pas le même sens. Prenons par exemple deux types de transmissions : le transfert de fichiers et l'échange de messages. Il y a "transfert d'information" dans les deux cas, cependant, selon le cas, l'information a une valeur différente. C'est pourquoi on utilise des protocoles.

Si nous revenons à notre exemple nous utilisons le protocole "ftp" (File Transfer Protocol) pour le transfert de fichiers et le protocole "mail" pour l'échange de messages. Ce mécanisme est nécessaire puisque dans un cas nous échangeons de l'information binaire en déposant ou en prenant des fichiers alors que dans l'autre nous échangeons du texte avec un ou plusieurs utilisateurs.

Ces protocoles de communication sont le plus souvent associés à des outils spécifiques. Pendant longtemps, on a donc échangé de l'information avec un ensemble d'outils sur Internet. Les plus connus sont :

- "ftp" pour le transfert de fichiers,
- "telnet" pour l'ouverture de session à distance entre deux machines différentes,
- "rsh" ou "rlogin" pour démarrer une session sur une machine de même type,
- "mail" pour communiquer du texte entre divers utilisateurs du réseau,
- "ping, finger, nslookup, arp, rusers" pour connaître les machines et les utilisateurs accessibles...

Bref, il était nécessaire de posséder quelques bases.

Les besoins aidant, le nombre "d'outils-protocoles" a beaucoup augmenté :

- "Talk / Irc / Chat" pour faire de la communication en direct,
- "Gopher" pour faire des recherches en mode texte à l'aide de mots clés,
- les NewsGroups pour héberger les forums de discussion (centralisation de contributions d'utilisateurs intéressés par un thème de discussion bien identifié).

Le Web

Le Web a contribué au fort développement d'Internet et est à l'origine de ce que l'on nomme aujourd'hui le CyberEspace. Pour cela il y a eu deux évolutions :

1. La première a été la création d'un protocole dédié : HTTP pour HyperText Transfer Protocol (une version plus sécurisée existe aussi aujourd'hui sous le nom de HTTPS). Ce protocole permet de définir un affichage en format hypertexte et d'y inclure la définition d'autres sites distants, d'autres URL. Le déplacement au travers de ces différentes pages se fait avec un navigateur. La norme d'écriture adoptée a été le langage HTML.
2. La seconde évolution a été très rapide et concerne logiquement l'intégration des différents protocoles au cœur du navigateur. Le Web permet aujourd'hui de concentrer ("ou centraliser") les outils nécessaires à l'échange de données en un seul : le navigateur.

L'évolution consiste donc alors à intégrer dans le navigateur un vrai langage de programmation.

Les différents protocoles utilisés sont prototypés au moment de l'appel à l'entité voulue. C'est cet ensemble prototype-protocole+entité qui correspond à une URL (Uniform ou Universal Resource Locator ou Location).

La navigation à travers les sites Web se fait par ces URL. Les opérations sont transparentes ou intuitives pour l'utilisateur. Il ne fait que cliquer pour aller de page en page en passant par exemple d'un site FTP à la rédaction de courrier. Le voyage sur Internet est devenu beaucoup plus souple.

Les URL

L'intégration des protocoles est réalisée grâce à la notion d'URL. Ce mot barbare signifie "Universal Resource Locator". Il s'agit de définir globalement l'accès à une ressource de façon simple et unique.

Une ressource est définie par son nom, sa localisation et son protocole d'accès. En pratique une URL peut bien sûr être un serveur http, protocole du Web comme on vient de le découvrir. Mais elle peut aussi représenter un serveur FTP, un serveur de News (forums de discussion), un serveur Telnet, un serveur Gopher, une image, une adresse E-mail (courrier électronique) ou même un fichier sur votre disque dur.

L'URL utilise les protocoles pour identifier le type de traitement à effectuer pour décoder intelligiblement l'information.

Voici à titre d'exemple la définition des types d'URL utilisés :

Type "file"

Commençons par l'accès local. Le mot clé *file* définit un protocole qui demande au navigateur de chercher sur le poste local une page HTML. Cependant ce type d'URL n'est pas très normalisé et on trouvera, par exemple :

- Sur VAX/VMS :

```
file://vms.host.edu/disk$user/my/notes/note12345.txt
```

- Sur PC :

```
file:///c|tmp/fichier.txt
```

L'opération est tout de même simplifiée par l'option "Parcourir" qui permet de retrouver son fichier !

Type "http"

```
http://serveur:port/repertoire/fichier.html
```

Ce type d'URL permet d'accéder à un serveur Web, généralement sur une autre machine.

Le plus souvent ni le port, ni les noms de répertoires, ni le nom de fichier ne sont mentionnés. Ils ont des valeurs par défaut (ainsi, le port par défaut d'un "démon httpd " est le port 80 sur machine Unix).

Remarque ***L'URL d'un serveur http peut être suivie d'un point d'interrogation et d'une chaîne de caractères servant de chaîne de requête sur le serveur http.***

Type "ftp"

```
ftp://serveur/repertoire/fichier
```

Ce type d'URL permet :

- d'accéder à un serveur ftp,
- d'afficher la liste des fichiers d'un répertoire si aucun nom de fichier n'est spécifié,
- de rapatrier le fichier indiqué sur votre disque local si un nom de fichier est donné.

Un service ftp permet d'écrire ou de lire des fichiers à distance sur une autre machine du réseau.

Type "mailto"

```
mailto:nom@organisation.domaine
```

Ce type d'URL permet d'écrire un message par courrier électronique à l'utilisateur dont l'adresse figure dans l'URL.

Type "telnet"

```
telnet://Nom:Password@serveur:port
```

Ce type d'URL permet d'ouvrir une session telnet sur une machine distante.

Une session telnet est une fenêtre représentant la console d'une autre machine connectée à Internet.

Type "gopher"

```
gopher://serveur:port/repertoire/fichier#marqueur
```

Ce type d'URL permet d'ouvrir un menu Gopher.

Un menu Gopher est une arborescence de fichiers plus "animée" que celle que l'on trouve sur ftp.

Type "news"

```
news:nom.de.la.news
```

ou :

```
news:numero de news
```

Ce type d'URL permet d'ouvrir un forum de discussion sur le serveur de News par défaut précisé dans votre logiciel.

Les "news" sont des forums classés par thème, où les contributions des intervenants sont conservées pendant quelques jours.

Remarque ***Lorsque l'URL précise le nom du serveur de news, il est possible d'utiliser des caractères * (appelés "wildcard" ou joker) pour spécifier un ensemble de news. Par exemple*** **news:alt.binaries.*** ***affichera toutes les contributions commençant par*** **alt.binaries.**

Type "newsrc"

```
newsrc://serveur:port/repertoire/nom.de.la.news
```

Ce type d'URL permet d'accéder à un groupe de discussion bien identifié sur le serveur de news spécifié et non pas sur le serveur par défaut pour le logiciel.

Type "wais"

```
wais://<host>:<port>/<database>
wais://<host>:<port>/<database>?<search>
wais://<host>:<port>/<database>/<t;wtype>/<wpath>
```

Ce type d'URL permet d'accéder à un serveur de base de données WAIS.

Autres types

En principe d'autres services peuvent être déclarés par les serveurs http et les fonctions de configuration du navigateur permettent d'accéder à ces nouveaux services. En pratique aucun serveur http n'utilise d'autres services que ceux décrits ci-dessus sinon pour expérimentation.

Petits conseils

Comme nous avons essayé de le montrer avec notre programme l'éditeur HTML, il est tout à fait possible d'écrire plusieurs centaines de lignes en Javascript.

Par ailleurs le code Javascript est maintenant "détachable" du code HTML grâce à la balise <SCR>. Le code Javascript peut ainsi faire appel à un fichier ou une URL d'extension .JS.

C'est pour ces deux raisons (principalement) que nous avons jugé nécessaire de vous rappeler quelques règles de bon sens concernant la programmation. Bien que le risque de paraître très rébarbatif soit important, n'hésitons plus...

Lisibilité du code

Le propre du code Javascript, en dehors de l'apport des nouvelles fonctionnalités, est sa lisibilité bien supérieure à celle de l'HTML.

C'est un fait, certes ! Encore faut-il respecter quelques règles. Javascript ou pas, vous pouvez très rapidement écrire un programme complètement illisible, c'est un écueil assez fréquent ! Envisageons, un instant seulement, l'éventail de ce qu'il ne faut absolument pas faire :

- écrire des noms de variables non significatifs donc difficiles à retenir,
- ne pas respecter les indentations[1],
- oublier de commenter ses lignes de codes,
- faire un découpage du code en procédures complètement illogiques.

Vous allez peut-être penser : "Ca recommence... je croyais pourtant qu'il s'agissait d'un langage libre et grand public !".

Oui c'est vrai mais c'est aussi un langage dans lequel il est possible d'écrire beaucoup d'instructions... Ce qui finit forcément tôt ou tard par être difficile à maintenir ou à faire évoluer !

Donc, si vous désirez un jour écrire un programme Javascript important, il faut se méfier de l'apparente facilité du langage. Vous devez respecter des règles. Même si ces règles sont au début de votre inspiration (les respecter n'en sera que plus facile pour vous !), votre code sera au moins lisible, voire réutilisable.

Avec la nouvelle version de Javascript ou du navigateur Nescape Navigator 3.0, il est possible de séparer le code Javascript du code HTML. Ceci prouve que le langage est plus ou moins indépendant de l'HTML ou de Java. Vous pouvez donc envisager d'écrire un ensemble de fonctions et procédures Javascript qui seront utilisables à partir de plusieurs documents. Reportez-vous au chapitre "Javascript 1.1" pour plus d'informations.

Les commandements selon Javascript :

- Découpez vos programmes : il ne faut pas concevoir une seule unité de traitement complète capable de tout réaliser. Au contraire il faut découper votre code ! Avec Javascript votre tâche est déjà simplifiée si vous utilisez un appel de fonction par structure HTML.

1. Une bonne indentation est réalisée par une bonne utilisation de la touche tabulation. Indenter un code source revient à décaler en blocs les instructions de même niveau.

- Pensez aussi à regrouper le plus possible ce qui doit l'être : quand les traitements à effectuer sont similaires, il faut réutiliser au maximum ce que vous avez déjà écrit plutôt que de faire du copier-coller puis renommer les méthodes ou fonctions en *monTraitement1()*, *monTraitement2()*, ...
- Commentez autant que faire se peut, mais ne faites pas du commentaire pour le plaisir d'en faire ! Le commentaire doit être placé le plus intelligemment possible, c'est-à-dire qu'il ne doit être ni redondant ni manquant. Il doit surtout apporter un plus et être compréhensible.
- Ecrivez des en-têtes de fonctions afin de mieux parcourir votre programme et comprendre ce qu'il réalise sans entrer dans le détail. Les en-têtes des procédures expliquent en deux mots le traitement qu'elles réalisent et les arguments qu'elles utilisent (vous pouvez aussi donner un exemple d'appel).

Comme Javascript n'a pas encore de débogueur, en cas de problèmes vous devrez vous débrouiller seul ! Sans savoir *a priori* si le problème vient de votre programme, du navigateur ou encore d'une option de configuration. Un code simple et aéré vous sera alors assurément d'un grand secours !

Une référence graphique

Pour vous faciliter la tâche lors de la conception de programmes en Javascript, nous avons réalisé un récapitulatif de référence des objets du langage Javascript.

Si ce qui suit se présente comme une redondance d'informations par rapport au contenu de cet ouvrage, il offre au moins l'avantage de proposer une vision synthétique du langage Javascript.

Remarque ***L'astérisque dans les graphiques indique une nouveauté de Javascript 1.1.***

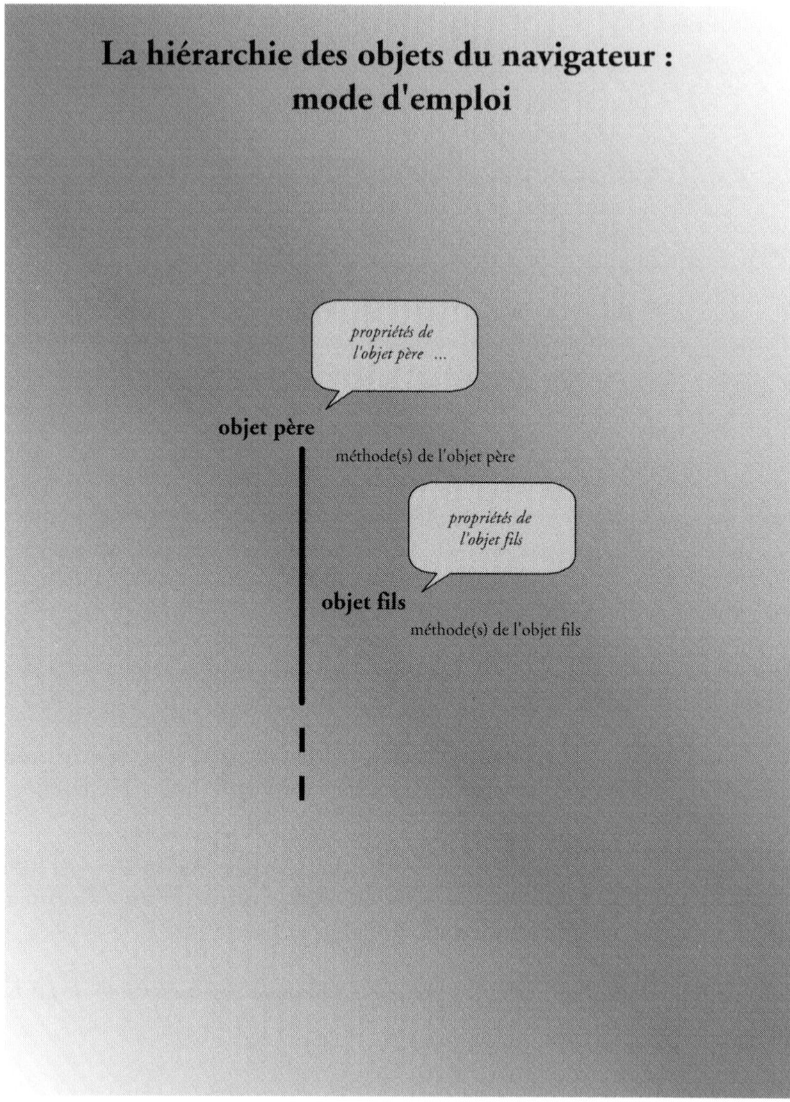

Figure 12-1 : Mode d'emploi de ce qui suit

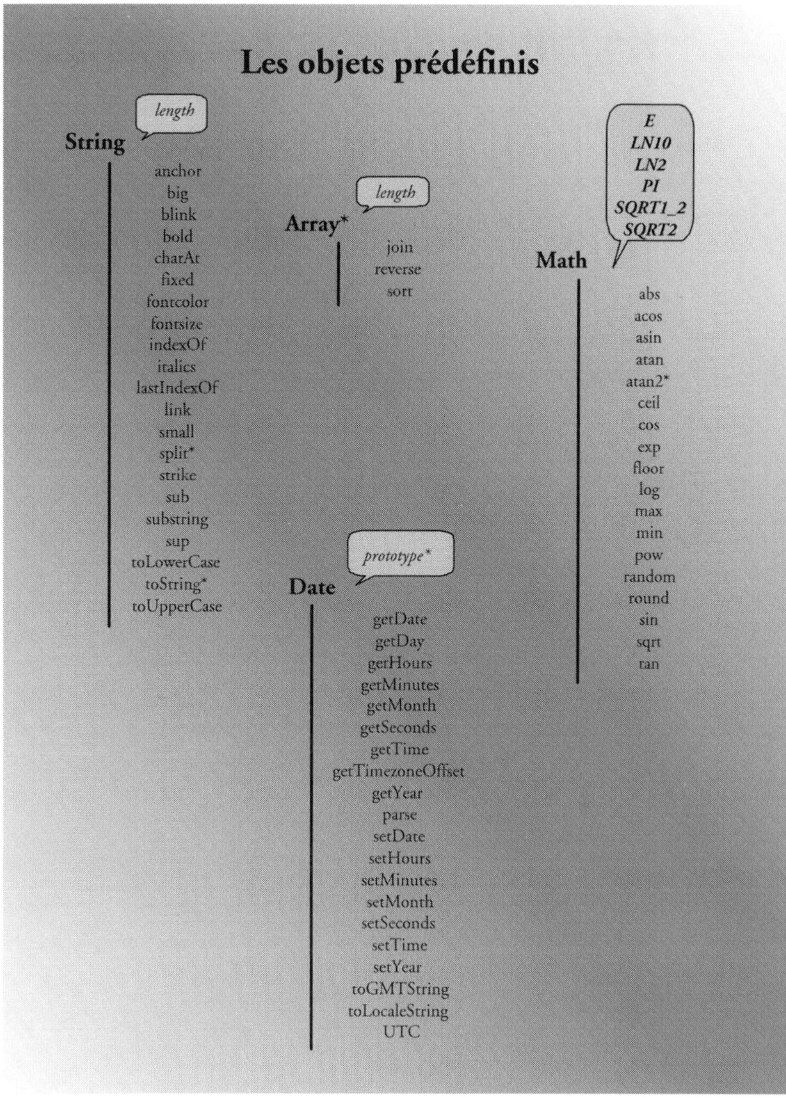

Figure 12-2 : Les objets prédéfinis

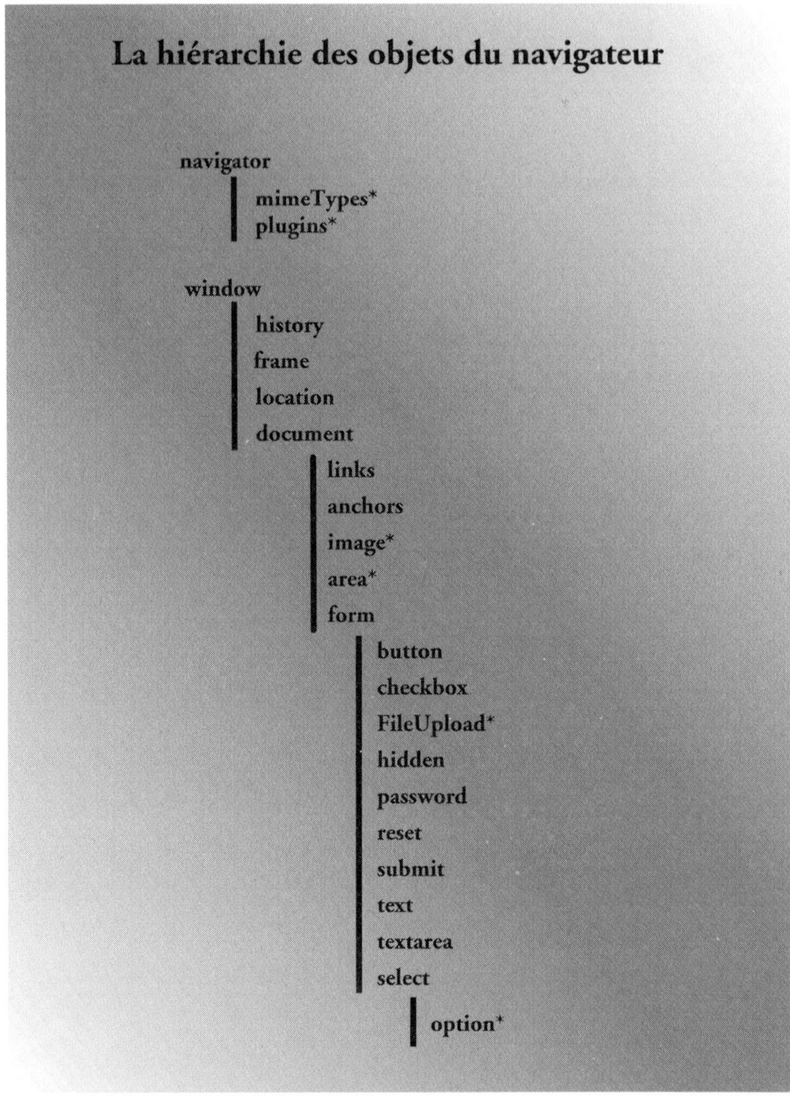

Figure 12-3 : La hiérarchie des objets du navigateur

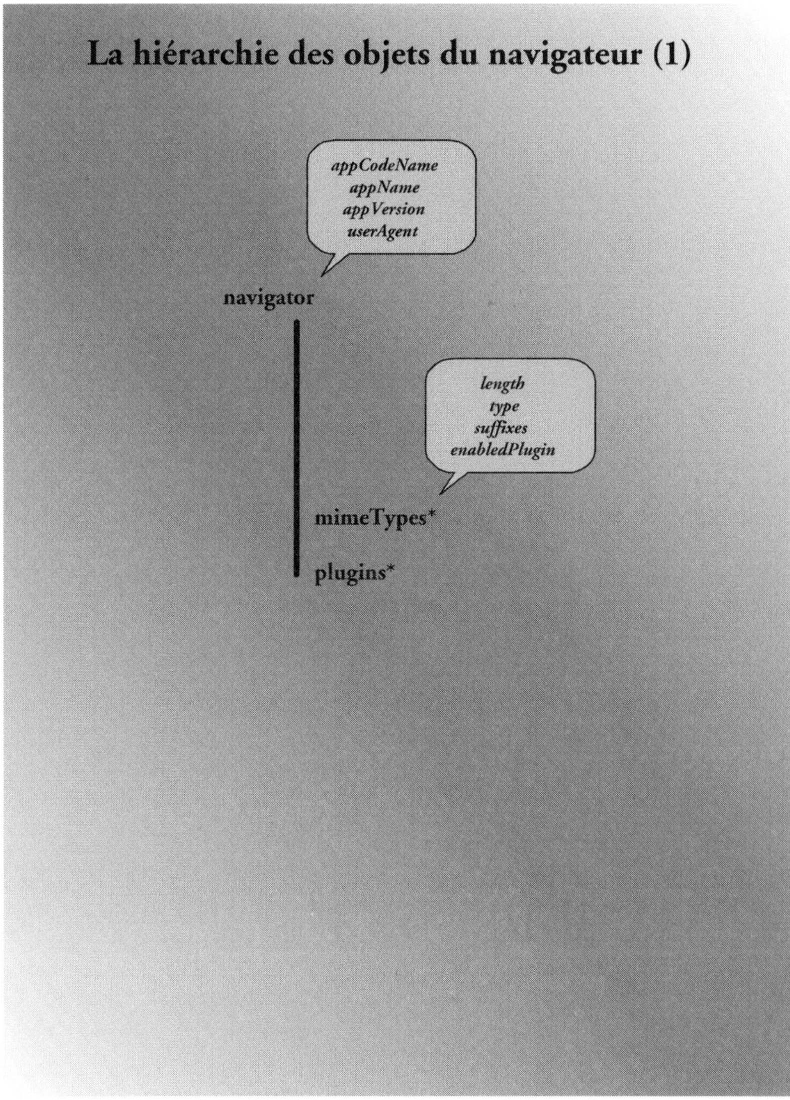

Figure 12-4 : La hiérarchie des objets du navigateur (1)

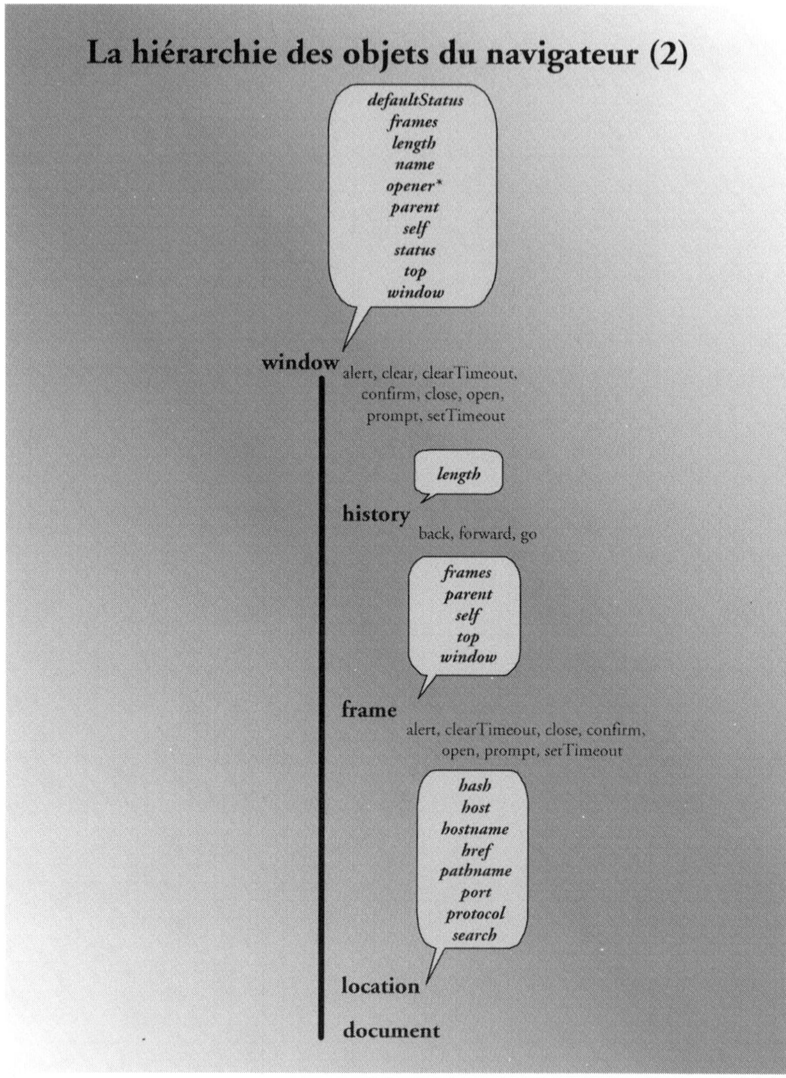

Figure 12-5 : La hiérarchie des objets du navigateur (2)

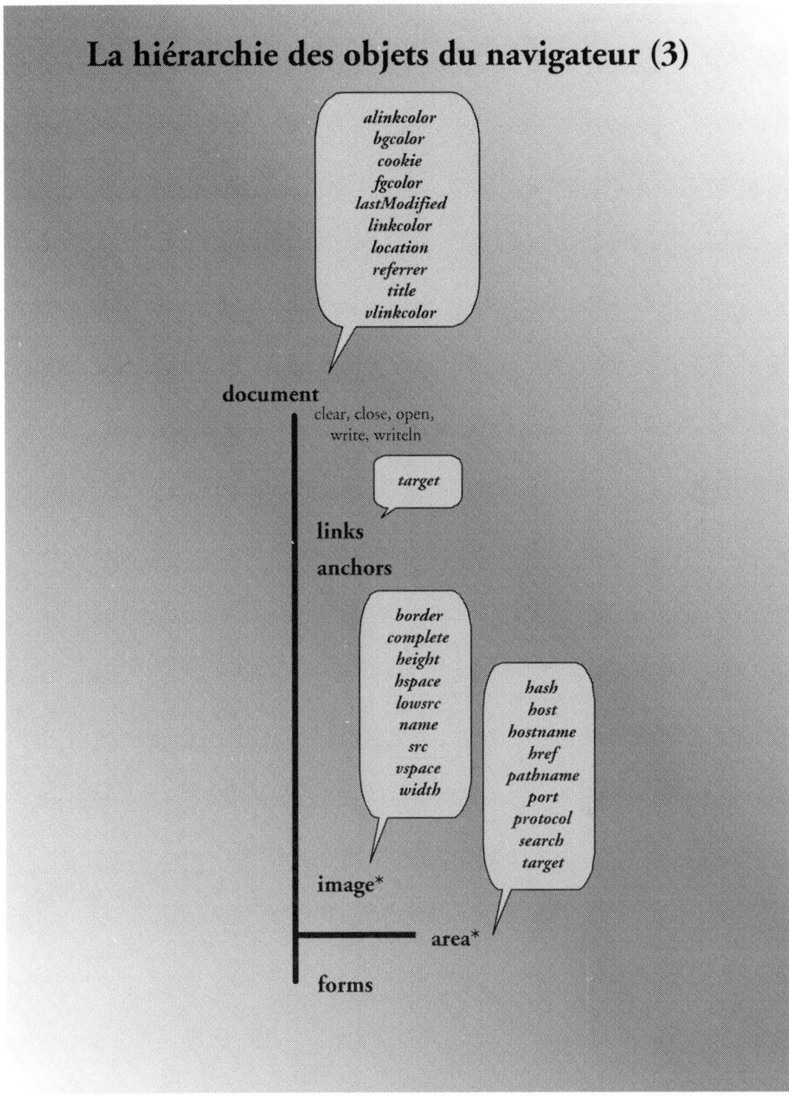

Figure 12-6 : La hiérarchie des objets du navigateur (3)

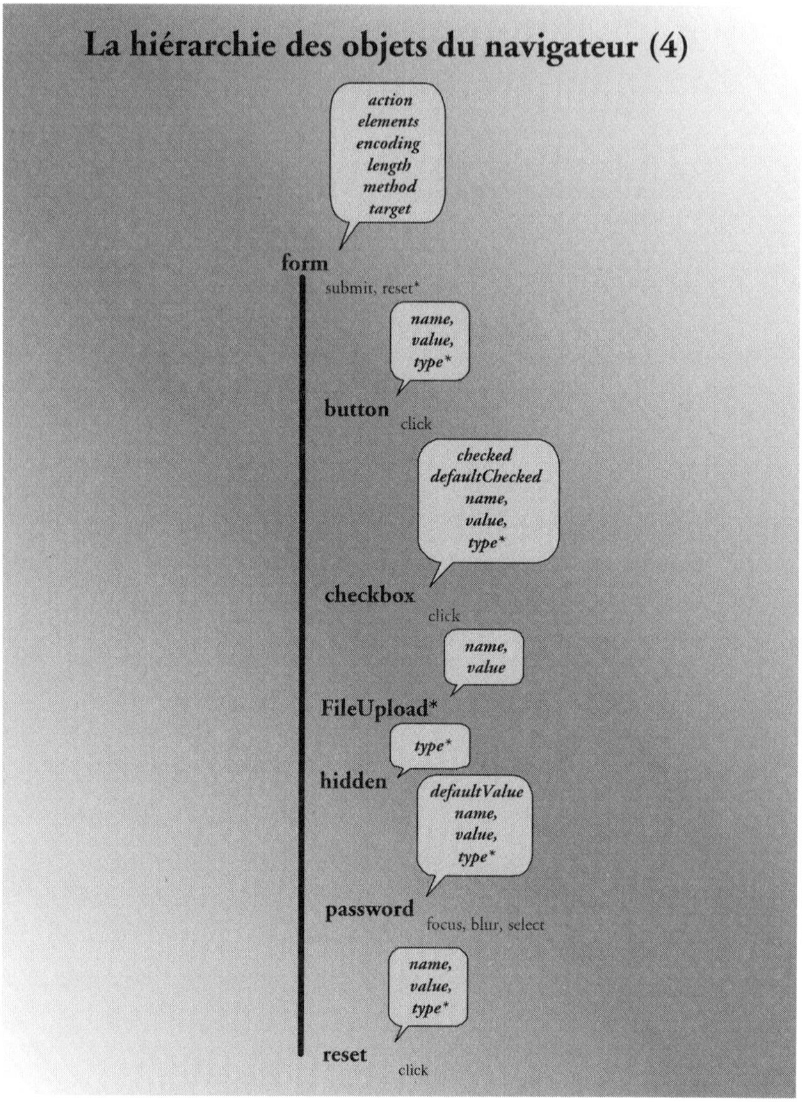

Figure 12-7 : La hiérarchie des objets du navigateur (4)

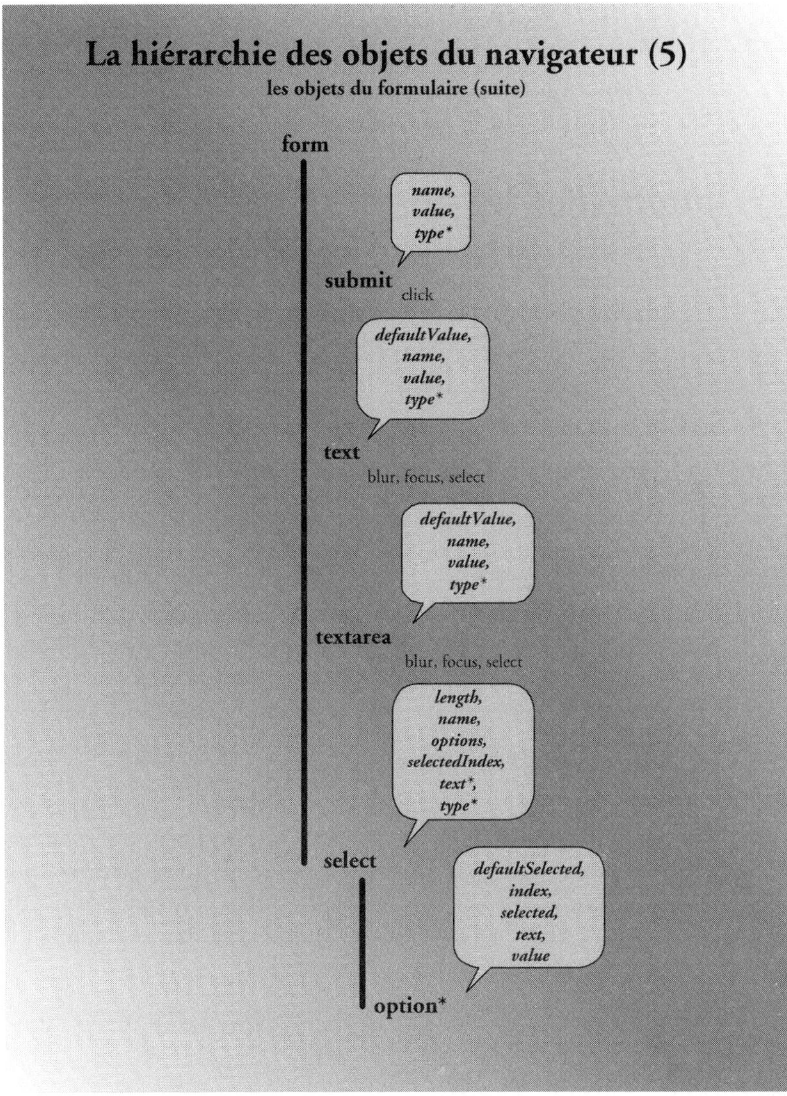

Figure 12-8 : La hiérarchie des objets du navigateur (5)

Les "secrets" de Netscape

Tout ce que vous avez toujours voulu savoir sur votre navigateur Netscape sans jamais oser le demander...

Introduction

Les programmeurs de la "Netscape Communications Corporation" nous ont réservé quelques surprises. Ainsi, notre navigateur a plus d'un tour dans son sac... et ça n'est pas forcément déplaisant. Voici donc répertoriés la majorité des "petits plus" qu'il intègre.

Saviez-vous que...

Il existe un raccourci pour certains types d'URL.

Nous pouvons nous faciliter la vie pour certains types d'URL. Ainsi, pour accéder au site de Borland (par "Open Location", par exemple) en entrant l'adresse "http://www.borland.com/" il suffit d'entrer simplement l'adresse "borland". Ce raccourci est valable pour tous les sites dont l'adresse est du type "http://www.leSite.com/" (accessible alors en entrant uniquement "leSite").

Tester Javascript en direct

Pour ce faire, il suffit d'appeler "mocha:", "LiveScript:" ou "Javascript:" directement en adresse (par un "Open Location", par exemple). Nous obtenons alors un formulaire qui permet d'entrer nos instructions Javascript. Mais nous pouvons aussi procéder plus directement en concaténant l'appel du moteur ("mocha:" par exemple) et les instructions comme dans les exemples suivants :

```
mocha: maintenant = new Date(); alert(maintenant);
mocha: document.bgColor='red';
mocha: "IBP".link('http://www.ibp.fr');
livescript: rayon = 4; circonference = 2*Math.PI*rayon;
Javascript: Math.random();
mocha: 13<<2;
```

Cette dernière instruction correspond à une multiplication par 4, ou encore décalage de 2 bits vers la gauche, du nombre 13.

Cet outil peut donc permettre une mise au point rapide de certaines instructions du code un peu plus complexes.

Afficher directement le code source d'un document

Il suffit pour cela de charger une URL du type : *view-source:monURL*, comme dans les exemples suivants :

```
view-source:http://www-masi.ibp.fr/
view-source:ftp://anonymous@ftp.ibp.fr/
```

La série des "about:"

Nous pouvons en apprendre un peu plus sur notre navigateur et les sites que nous avons déjà visités.

Utilisables dès la version 1 du navigateur Netscape

Mot clé	Commentaire
about:	Cette URL permet d'identifier précisément notre navigateur.
about:authors	Cette URL (abandonnée avec la version 3 du navigateur) permet d'identifier les concepteurs du navigateur Netscape.
about:blank	Cette URL permet de charger une page blanche.
about:license	Cette URL permet de charger le texte de la licence du navigateur Netscape.
about:logo	Cette URL permet de charger le logo de la société.
about:mozilla	Cette URL permet de travailler notre pratique de la langue anglaise.
about:photo	Cette URL (abandonnée avec la version 3 du navigateur) permet de voir la photo de l'équipe des concepteurs du navigateur Netscape.
about:rsalogo	Cette URL permet de charger le logo de la société RSA Data Security, Inc.
about:jwz	Cette URL est un raccourci pour http://home.netscape.com/people/jwz/. Ce site correspond à la home-page de l'un des concepteurs du navigateur. Ce n'est pas le seul et nous vous invitons à aller voir aussi ari, atotic, blythe, chouck, dmose, dp, ebina, hagan, jeff, jg, jsw, karlton, kipp, marca, mlm, montulli, mtoy, paquin, robm, sharoni, terry, timm…

Utilisables à partir de la version 2 du navigateur Netscape

Les éléments de cette série ne fonctionnent pas tous sur Netscape Navigator 3.0.

Mot clé	Commentaire
about:cache	Cette URL permet de charger une page de statistiques sur les documents déjà chargés.
about:document	Cette URL permet de charger une page d'informations sur le document en cours.
about:image-cache	Cette URL permet de charger une page de statistiques sur les images contenues dans le cache de la machine cliente.
about:memory-cache	Cette URL permet de charger une page de statistiques sur les objets contenus dans la mémoire de la machine cliente.
about:global	Cette URL permet de charger une page de statistiques générales (URL et date de passage) sur les sites déjà visités.
about:javalogo	Cette URL permet de charger le logo "Java Compatible".
about:unSite	Cette URL permet de charger une page d'informations sur le site précisé en URL (exemple : "about:http://www.ibp.fr").

Raccourcis Netscape

Enfin, si vous désirez impressionner vos amis, n'hésitez pas à apprendre les raccourcis clavier qui font bien…

Raccourcis	Action
Ctrl Alt f	Cette combinaison de touches permet d'accéder directement au site http://home.netscape.com/fishcam/.
Ctrl Alt t	Cette combinaison de touches nous renseigne sur l'état de la connexion en cours (ne fonctionne que sur certaines plates-formes).
Ctrl Alt w	Cette combinaison de touches permet d'accéder directement (sur certaines plates-formes) au site http://www.whitehouse.gov/

Où trouver d'autres d'informations...

D'abord sur le site http://www.fisystem.fr/intranet/ où vous pourrez accéder aux mises à jour et dernières informations en ce qui concerne les sujets abordés dans ce livre !

Livres

Voici quelques ouvrages pour assouvir votre soif de connaissances :

- I. COHEN, *CGI/Perl et Javascript*, Eyrolles, 1996.
- J.-F. MACARY, C. NICOLAS, *Programmation Java*, Eyrolles, 1996.
- REYNOLDS, *Special Edtion Using JavaScript*, Que, 1996.
- T. RITCHEY, *Programming JavaScript for Netscape 2.0*, New Riders, 1996.
- A. DANESH, *Teach Yourself JavaScript in a Week*, Sams.net, 1996.

Quelques compléments sur HTML :

- P. CHALEAT, D. CHARNAY, *HTML et la programmation de serveurs Web*, Eyrolles, 1996.
- T. SAVOLA, *Le Macmillan HTML*, S&SM, 1996.
- C. MUSCIANO, B. KENNEDI, *HTML: The Definitive Guide*, O'Reilly, 1996.
- I.S. GRAHAM, *HTML SourceBook*, 2nd Edition, Wiley, 1996.

Sites Web

Où trouver des informations générales et des index

- Javascript Index
  http://www.c2.org
  http://www.obscure.org
- The Unofficial Javascript Resource Center
  http://www.intercom.net
- Chez Gamelan
  http://www.gamelan.com
- Chez France Informatique System
  http://www.fisystem.fr
- Des informations sur Java
  http://java.sun.com

- Des exemples
  http://www.oz.net

Les incontournables

- Netscape (ou /fr pour la version française) : vous y trouverez des informations sur les différentes versions des navigateurs, les nouveaux produits de gestion de Web (LiveWire) et les informations officielles sur Javascript.
  http ://www.netscape.com
- Microsoft : pour les dernières version bêta du navigateur Explorer, les évolutions de VB Script, *ActiveX* et des outils de gestion de serveurs Web (Front Page).
  http ://www.microsoft.com
- JavaWorld : ensemble d'informations sur Java.
  http ://www.javaworld.com
- Borland et Javascript : un site à voir…
  http ://www.netserv.borland.com/intrabuilder/javascr.html

Sites de documentation sur javascript

- http://www.javaworld.com/jw-03-1996/jw-03-javascript.intro.html
- http://tanega.com/java/java.html
- http://www.westlake.com/javascript.html
- http://www.ipst.com/docs.html
- http://www.txdirect.net/users/everett/
- http://www.webconn..com/java/javascript/intro/
- http://www.winmag.com/web/tips/
- http://gmccomb.com/javascript/
- http://www.c2.org/~andreww/javascript/
- http://www.inquiry.com/techtips/js_pro/

Informations sur les cookies

- http://www.netscape.com/newsref/std/cookie_spec.html
- http://www.illuminatus.com/cookie_pages/cookie.cgi

Les sites impressionnants

- http://www.geocities.com/SiliconValley/7116/
- http://www.hidaho.com/c3/
- http://www.gold.net/users/ag17/

Javascript en français sur le Net

- http://www.imaginet.fr/ime/manuel.htm
- http://www.labri.u-bordeaux.fr/~chaumett/java/js.html
- http://cosanostra.msh.unicaen.fr/
- http://maya.circp.jussieu.fr/~p6inf290/java.html
- http://cnesc.fr/cnusc/textes/intro_java.html
- http://www.minet.net/java/

Quelques distractions en Javascript !

- http://www.cyberdungeon.com/game/game.html
- http://members.aol.com/intergames/webking.html
- http://www.lhouse.com/~jbloomberg/play/play/missed.html

En images ?

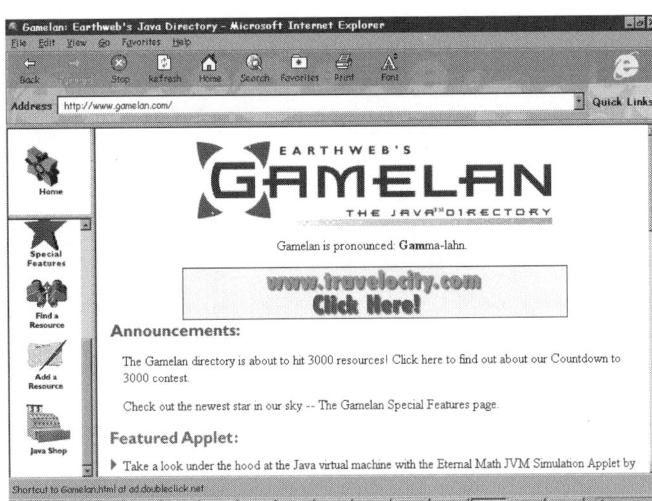

Figure 12-9 : La page de Gamelan

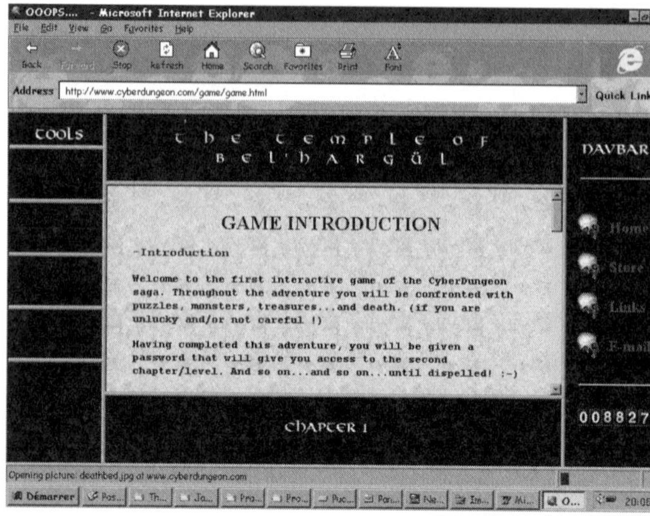

Figure 12-10 : Un jeu de rôle en Javascript sur Internet… hum !

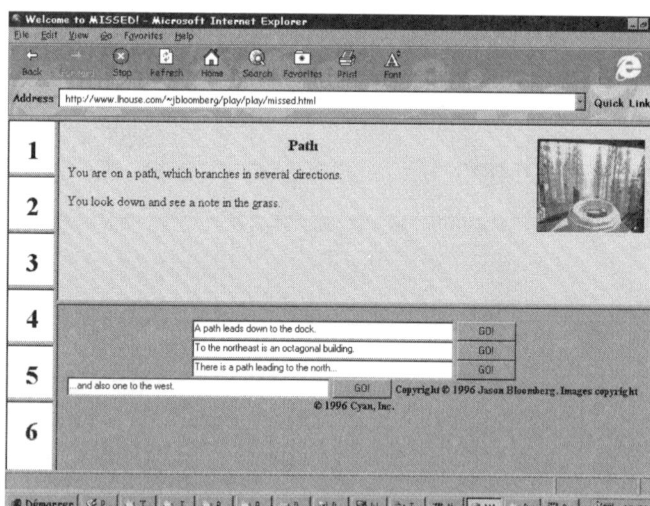

Figure 12-11 : Et enfin un jeu d'aventure ! (un peu de MYST là-dedans, non ?)

NewsGroup

- news://comp.lang.javascript
- news://news.livesoftware.com/livesoftware.javascript.developer
- news://news.livesoftware.com/livesoftware.javascript.examples
- snews://secnews.netscape.com/netscape.devs-javascript

Des listes de distribution très pratiques

- java-request@Neutral.com
- java@borland.com
- java-announce@java.sun.com
- Javascript@Neutral.com
- Javascript-list@inquiry.com

Comment s'inscrire à une liste de distribution ?

C'est tout simple : envoyez un message sur l'une de vos listes de distribution avec, dans le corps du message, *subscribe E-mail.* Un opérateur ou un processus traiteront votre demande en vous retournant un accusé de réception.

Note de frais sur Internet

Chapitre 13

Pour démontrer que Javascript permet de créer des applications à part entière, rien ne vaut un exemple complet.

Cette explication montre ce que peut donner une utilisation intelligente des ressources du client et de son navigateur pour mettre à jour des informations sur le serveur. On peut utilement comparer cette application au développement nécessaire pour créer un serveur Minitel qui aurait la même fonction.

Présentation du sujet

Le but de cet exemple est de présenter la mise en œuvre complète d'une application codée en Javascript. Cette application a une utilité réelle, la réalisation d'une gestion de notes de frais sur Internet.

Les notes de frais, d'une manière générale, sont assez "pénibles" à la fois pour ceux qui doivent remplir un formulaire et pour ceux qui doivent le lire sans compter la vérification qui ne peut se faire sans justificatif (papier). L'objectif à atteindre est bien une simplification du processus de transfert de l'information.

L'utilité de la note de frais pour l'employé est de signaler au plus vite à sa direction les frais qu'il a engagés sur le mois. Ainsi il pourra encaisser plus rapidement le remboursement prévisionnel de ses frais, pour éviter des soucis avec son banquier.

Pour la direction, la note de frais permet d'imputer les coûts exacts d'un projet et de mesurer ainsi les éventuels dépassements ou dérives. La rapidité est donc tout aussi primordiale.

Dans la pratique, probablement à cause du côté fastidieux, rébarbatif et long du calcul de la note de frais, il est plutôt fréquent qu'il y ait du retard.

Vous pourriez penser à juste titre qu'il est possible, pour gagner du temps, d'utiliser des logiciels ou même un simple tableur. Cependant le gain de temps n'est pas toujours si évident…

- tout le monde n'a pas la même version du produit,
- tout le monde ne sait pas s'en servir,
- les plates-formes sont différentes,
- la secrétaire chargée de rapatrier les informations chaque semaine est surchargée de travail,
- la mise à jour des fiches est complexe et varie selon les cas,
- si des changements de règles de gestion doivent être mises en place, il faut le signaler à tous les utilisateurs et vérifier que les modifications ont été effectuées.

Bref, on préférera au bout d'un temps revenir à la bonne vieille version papier avec le formulaire officiel.

En quoi la version Internet va-t-elle apporter un plus ?

Intérêt d'Internet et d'Intranet

Concevoir cette application sur Internet va permettre de simplifier la tâche de la secrétaire et de l'employé en déplacement.

A la fin du mois l'employé saisit sa note de frais sur l'application Internet. Cela va alimenter automatiquement la base de données. Dès lors la secrétaire n'aura plus qu'à vérifier que tout le monde a bien accompli sa tâche sans avoir à faire ni de saisie ni de mise à jour importante.

Les charges de travail sont allégées et le temps de circulation de l'information est réduit. De plus l'information est directement mise en forme et exploitable.

Ces informations doivent rester assez discrètes et n'ont pas de vocation "publiques". L'unique destinataire de l'information est bien l'entreprise. On pourra envisager de développer cette application plutôt dans un circuit Intranet qu'Internet.

Pourquoi utiliser Javascript

Maintenant il reste encore à définir les solutions techniques les mieux adaptées.

Une note de frais est un ensemble de nombres sur lesquels on effectue essentiellement les quatre opérations. Il est également nécessaire d'effectuer des contrôles d'intégrité sur l'ensemble des nombres de la base de calcul.

Ces informations sont toutefois très statiques et ne demandent pas systématiquement un accès à un serveur. Il semble donc judicieux d'utiliser Javascript.

Le succès et la qualité de l'application obtenue dépendra en partie de sa rapidité. Il ne faut pas que chaque validation implique des accès au réseau. Là encore, Javascript correspond au cahier des charges.

Enfin, les spécifications fonctionnelles ne sont pas compliquées.

Notre choix, arbitraire mais réfléchi s'est donc porté sur la solution technique proposée par Javascript. Concernant la communication avec le serveur pour l'authentification, le chargement du "profil" et enfin l'enregistrement des dossiers, la question reste ouverte.

La solution Java semble être un bon compromis pour son intégration à deux facettes : avec Javascript et avec l'HTML. Mais la bonne vieille solution CGI peut aussi convenir. Simplement le résultat obtenu sera statique (page HTML).

Les spécifications fonctionnelles

Nous avons décidé pour l'exemple de ne présenter que la partie Javascript concernant exactement le calcul de la note de frais.

Voici quelques points de l'analyse fonctionnelle :

1. Sur la page de calcul, on ne tiendra pas compte de la notion d'utilisateur.
2. Au lancement de la page, le montant du barème kilométrique sera saisi (information variant selon le type de voiture utilisé).
3. Les frais remboursés sur chaque jour ouvré sont : l'hôtel, le petit déjeuner, le déjeuner et le dîner.
4. Les frais de déplacement sont de trois types : véhicule sur frais, chemin de fer et avion.
5. La saisie brute des frais est limitée par des plafonds dont le montant est paramétrable.

La manipulation de l'interface

On peut compliquer à souhait l'interface en grisant les zones, en utilisant des affichages contextuels…

Le choix de l'interface est donc simple : des zones de libre saisie avec un contrôle *a posteriori* au moment des validations ou des changements de focus.

La maquette

Voici la maquette réalisée en HTML.

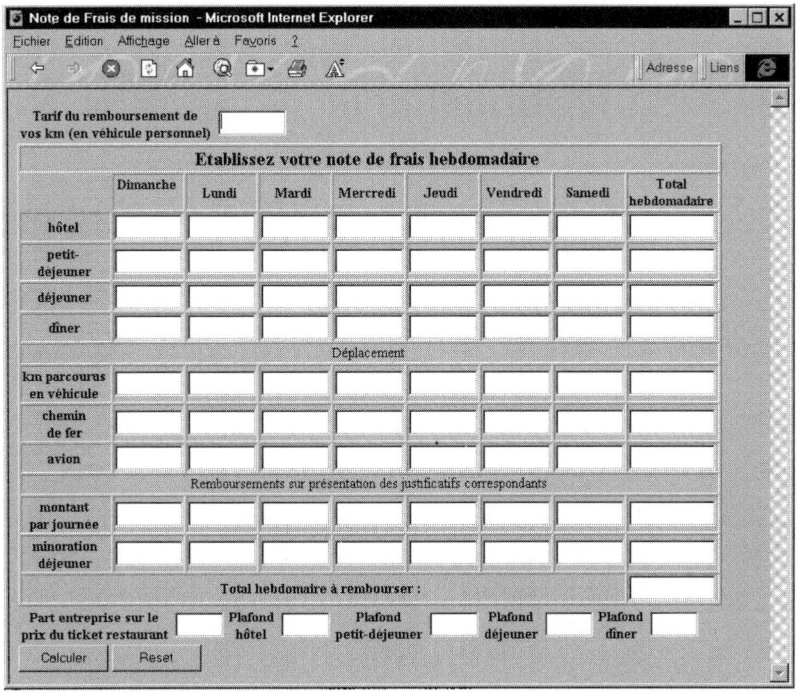

Figure 13-1 : Maquette de la gestion de notes de frais sur Internet Explorer 3.0

La programmation

Les sources Javascript

```
<HTML>
<HEAD>
<TITLE> Note de Frais de mission </TITLE>
<SCRIPT LANGUAGE="Javascript">
<!- le script
```

- Cette fonction réinitialise les champs de saisie. Pour modifier les valeurs des divers plafonds, il faut changer les valeurs suivantes :

```
//-----------------------------------------
//Action   : Reinitialise les champs
//Param    : FORM HTML
//Retour   : VRAI
//-----------------------------------------
function Reset(form)
   {
   form[0].value = 2.88;
   form.AA[0].value = 24;
   form.AA[1].value = 220;
   form.AA[2].value = 30;
   form.AA[3].value = 82;
   form.AA[4].value = 82;

   for (var i = 1; i <= 73; i++) form[i].value = "";
   return true;
   }
```

- Cette fonction “interdit” l’accès à toutes les cases dont le contenu est calculé automatiquement, comme par exemple, les totaux par rubrique, par journée, etc.

```
//---------------------------------------------------
//Action   : Permet de bloquer l'accès à une case
//Param    : FORM HTML et Numéro de case
//Retour   : VRAI
//---------------------------------------------------
function Verrouiller(form,numCase)
   {
   alert("Vous ne pouvez pas remplir cette case !");
   form[numCase].value = "";
   return true;
   }
```

- Cette fonction retourne le minimum de deux nombres.

```
//--------------------------------------------------
//Action   : Minimum de N et M d'une form HTML
//Param    : FORM HTML et les deux nombres
//Retour   : Rien
//--------------------------------------------------
function mini(form,n,m)
   {
   return((eval(form[n].value) < eval(form[m].value)) ?
                form[n].value : form[m].value;)
   }
```

- Si la case correspondante est non vide et non nulle…

```
//--------------------------------------------------
//Action   : Teste si null ou vide et traite les
//           plafonds
//Param    : FORM HTML et Num de case
//Retour   : VRAI
//--------------------------------------------------
function Controler(form,numCase)
   {
   if ((form[numCase].value != null)&&(form[numCase].value != ""))
      {
      if(form[numCase].name == "A")
         {
         self.status = "Plafond hotel : " + form[75].value;
         form[numCase].value = mini(form,numCase,75);
         }
      if(form[numCase].name == "B")
         {
         self.status = "Plafond petit-dejeuner : " + form[76].value;
         form[numCase].value = mini(form,numCase,76);
         }
      if(form[numCase].name == "C")
         {
         self.status = "Plafond dejeuner : " + form[77].value;
         form[numCase].value = mini(form,numCase,77);
         }
      if(form[numCase].name == "D")
         {
         self.status =  "Plafond diner : " + form[78].value;
         form[numCase].value = mini(form,numCase,78);
         }
      if(form[numCase].name == "E")
         {
         var tmp = eval(form[numCase].value * form[0].value)
         self.status = "Prix total du trajet = " + tmp + " FF";
         }
      }
```

- *"end if" global*

```
   return true;
   }
```

- Cette fonction permet de numéroter chacun des champs de saisie. Elle n'a d'utilité qu'au développement de la page… nous la laissons ici pour vérifier la façon de procéder.

```
//---------------------------------------------------
//Action   : Permet de numéroter chaque champs
//Param    : FORM HTML
//Retour   : VRAI
//---------------------------------------------------
function Numeroter(form)
   {
   for (var i = 0; i <= 78; i++) form[i].value = i;

   return true;
   }

//---------------------------------------------------
//Action   : Lance le calcul sur Clic bouton Calcul
//Param    : FORM HTML
//Retour   : VRAI
//---------------------------------------------------
function Calculer(form)
   {
   for(var lg = 0 ; lg < 7 ; lg++)
      {
```

- On calcule le total de la rubrique.

```
      TotalRubrique = 0;
      for(var col = 1 ; col <= 7 ; col++)
         {
         if ((form[lg*8+col].value != null)
             &&(form[lg*8+col].value != ""))
            TotalRubrique + = eval(form[lg*8+col].value);
         }
      if ((form[0].value!=null)&&(form[0].value!="")&&( lg==4))
         TotalRubrique *= eval(form[0].value);
      form[lg*8+8].value = TotalRubrique;
      }
```

- On calcule le total du jour.

```
  for(var col = 1 ; col < 8 ; col++)
     {
     TotalJour = 0;
     for(var lg = 0 ; lg < 7 ; lg++)
        {
        if ((form[lg*8+col].value!=null)
           &&( form[lg*8+col].value!=""))
           {
           if(lg==4)
              {
              TotalJour += eval(form[lg*8+col].value
                 * form[0].value);
              }
           else TotalJour += eval(form[lg*8+col].value);
           }
        }
     form[56+col].value = TotalJour;
     }
```

- On calcule le total avant imputation, puis on lui retire le total des imputations…

```
  TotalAvantImput = 0;
  for (var col = 0 ; col < 7 ; col++)
     {
     TotalAvantImput += eval(form.Y[col].value);
     }
  form.Y[7].value = TotalAvantImput;
  TotalImput = 0;

  for (var col = 0 ; col < 7 ; col++)
     {
     if((form.C[col].value!=null)&&
        (form.C[col].value!="")&&
        (form.C[col].value > 0))
        {
        form.Z[col].value = -eval(form.AA[0].value);
        TotalImput += eval(form.Z[col].value);
        }
     }
  form.Z[7].value = TotalImput;
  //form.TOTAL.value = eval(TotalAvantImput + TotalImput);
  form[73].value = eval(TotalAvantImput + TotalImput);
  return true;
  }
// fin du script Javascript ->
</SCRIPT>
</HEAD>
```

Les sources HTML

```
<!- corps de la page HTML ->
<BODY BGCOLOR = "#C0C0C0">
```

- Encore un bout de Javascript, juste pour afficher une boîte de dialogue modale au lancement de la page.

```
<SCRIPT LANGUAGE="Javascript">
alert("Commencez par cliquer sur le bouton Reset !");
</SCRIPT>
```

- Le formulaire “ndf” : note de frais :

```
<FORM NAME="ndf" METHOD="POST">
```

- Saisie des frais kilométriques :

```
<TABLE>
<TR>
   <TH>
      Tarif du remboursement de<BR> vos km (en véhicule personnel)
   </TH>
   <TD>
      <INPUT
         TYPE=TEXT
         NAME=PPkm
         SIZE=7
         onBlur="Controler(this.form,0);">
   </TD>
</TR>
</TABLE>
```

- Ensemble des titres.

```
<TABLE BORDER>
<TR>
   <TD COLSPAN=9 ALIGN=CENTER VALIGN=MIDDLE>
      <H2> Etablissez votre note de frais hebdomadaire </H2>
   </TD>
</TR>
<TR>
   <TH> </TH>
   <TH ALIGN=CENTER> Dimanche </TH>
   <TH ALIGN=CENTER> Lundi </TH>
   <TH ALIGN=CENTER> Mardi </TH>
   <TH ALIGN=CENTER> Mercredi </TH>
   <TH ALIGN=CENTER> Jeudi </TH>
   <TH ALIGN=CENTER> Vendredi </TH>
   <TH ALIGN=CENTER> Samedi </TH>
   <TH ALIGN=CENTER> Total <BR> hebdomadaire </TH>
</TR>
```

- Définition de la ligne *hôtel*, chaque case est “branchée” sur *Controler* ou *Verrouiller*.

```
<TR>
  <TH ALIGN=CENTER> hôtel </TH>
  <TD> <INPUT TYPE=TEXT NAME=A SIZE=7
         onBlur="Controler(this.form,1);"> </TD>
  <TD> <INPUT TYPE=TEXT NAME=A SIZE=7
         onBlur="Controler(this.form,2);"> </TD>
  <TD> <INPUT TYPE=TEXT NAME=A SIZE=7
         onBlur="Controler(this.form,3);"> </TD>
  <TD> <INPUT TYPE=TEXT NAME=A SIZE=7
         onBlur="Controler(this.form,4);"> </TD>
  <TD> <INPUT TYPE=TEXT NAME=A SIZE=7
       onBlur="Controler(this.form,5);"> </TD>
  <TD> <INPUT TYPE=TEXT NAME=A SIZE=7
       onBlur="Controler(this.form,6);"> </TD>
  <TD> <INPUT TYPE=TEXT NAME=A SIZE=7
       onBlur="Controler(this.form,7);"> </TD>
  <TD> <INPUT TYPE=TEXT NAME=A SIZE=10
       onChange="Verrouiller(this.form,8);"> </TD>
</TR>
```

- Définition de la ligne *petit déjeuner* :

```
<TR>
  <TH ALIGN=CENTER> petit-<BR>déjeuner </TH>
  <TD> <INPUT TYPE=TEXT NAME=B SIZE=7
         onBlur="Controler(this.form,9);"> </TD>
  <TD> <INPUT TYPE=TEXT NAME=B SIZE=7
         onBlur="Controler(this.form,10);"> </TD>
  <TD> <INPUT TYPE=TEXT NAME=B SIZE=7
         onBlur="Controler(this.form,11);"> </TD>
  <TD> <INPUT TYPE=TEXT NAME=B SIZE=7
         onBlur="Controler(this.form,12);"> </TD>
  <TD> <INPUT TYPE=TEXT NAME=B SIZE=7
         onBlur="Controler(this.form,13);"> </TD>
  <TD> <INPUT TYPE=TEXT NAME=B SIZE=7
         onBlur="Controler(this.form,14);"> </TD>
  <TD> <INPUT TYPE=TEXT NAME=B SIZE=7
         onBlur="Controler(this.form,15);"> </TD>
  <TD> <INPUT TYPE=TEXT NAME=B size=10
       onChange="Verrouiller(this.form,16);"> </TD>
</TR>
```

- Définition de la ligne *déjeuner* :

```
<TR>
  <TH ALIGN=CENTER> déjeuner </TH>
  <TD> <INPUT TYPE=TEXT NAME=C SIZE=7
         onBlur="Controler(this.form,17);"> </TD>
  <TD> <INPUT TYPE=TEXT NAME=C SIZE=7
         onBlur="Controler(this.form,18);"> </TD>
  <TD> <INPUT TYPE=TEXT NAME=C SIZE=7
         onBlur="Controler(this.form,19);"> </TD>
  <TD> <INPUT TYPE=TEXT NAME=C SIZE=7
         onBlur="Controler(this.form,20);"> </TD>
  <TD> <INPUT TYPE=TEXT NAME=C SIZE=7
         onBlur="Controler(this.form,21);"> </TD>
  <TD> <INPUT TYPE=TEXT NAME=C SIZE=7
         onBlur="Controler(this.form,22);"> </TD>
  <TD> <INPUT TYPE=TEXT NAME=C SIZE=7
         onBlur="Controler(this.form,23);"> </TD>
  <TD> <INPUT TYPE=TEXT NAME=C size=10
         onChange="Verrouiller(this.form,24);"> </TD>
</TR>
```

- Définition de la ligne *dîner* :

```
<TR>
  <TH ALIGN=CENTER> dîner </TH>
  <TD> <INPUT TYPE=TEXT NAME=D SIZE=7
         onBlur="Controler(this.form,25);"> </TD>
  <TD> <INPUT TYPE=TEXT NAME=D SIZE=7
         onBlur="Controler(this.form,26);"> </TD>
  <TD> <INPUT TYPE=TEXT NAME=D SIZE=7
         onBlur="Controler(this.form,27);"> </TD>
  <TD> <INPUT TYPE=TEXT NAME=D SIZE=7
         onBlur="Controler(this.form,28);"> </TD>
  <TD> <INPUT TYPE=TEXT NAME=D SIZE=7
         onBlur="Controler(this.form,29);"> </TD>
  <TD> <INPUT TYPE=TEXT NAME=D SIZE=7
         onBlur="Controler(this.form,30);"> </TD>
  <TD> <INPUT TYPE=TEXT NAME=D SIZE=7
         onBlur="Controler(this.form,31);"> </TD>
  <TD> <INPUT TYPE=TEXT NAME=D size=10
      onChange="Verrouiller(this.form,32);"> </TD>
</TR>
<TR>
  <TD COLSPAN=9 ALIGN=CENTER VALIGN=MIDDLE> Déplacement </TD>
</TR>
```

- Les kilomètres parcourus :

```
<TR>
  <TH ALIGN=CENTER> km parcourus <BR> en véhicule </TH>
  <TD> <INPUT TYPE=TEXT NAME=E SIZE=7
        onBlur="Controler(this.form,33);"> </TD>
  <TD> <INPUT TYPE=TEXT NAME=E SIZE=7
        onBlur="Controler(this.form,34);"> </TD>
  <TD> <INPUT TYPE=TEXT NAME=E SIZE=7
        onBlur="Controler(this.form,35);"> </TD>
  <TD> <INPUT TYPE=TEXT NAME=E SIZE=7
        onBlur="Controler(this.form,36);"> </TD>
  <TD> <INPUT TYPE=TEXT NAME=E SIZE=7
        onBlur="Controler(this.form,37);"> </TD>
  <TD> <INPUT TYPE=TEXT NAME=E SIZE=7
        onBlur="Controler(this.form,38);"> </TD>
  <TD> <INPUT TYPE=TEXT NAME=E SIZE=7
        onBlur="Controler(this.form,39);"> </TD>
  <TD> <INPUT TYPE=TEXT NAME=E size=10
        onChange="Verrouiller(this.form,40);"> </TD>
</TR>
```

- La ligne *chemin de fer* :

```
<TR>
  <TH ALIGN=CENTER> chemin <BR> de fer </TH>
  <TD> <INPUT TYPE=TEXT NAME=F SIZE=7
        onBlur="Controler(this.form,41);"> </TD>
  <TD> <INPUT TYPE=TEXT NAME=F SIZE=7
        onBlur="Controler(this.form,42);"> </TD>
  <TD> <INPUT TYPE=TEXT NAME=F SIZE=7
        onBlur="Controler(this.form,43);"> </TD>
  <TD> <INPUT TYPE=TEXT NAME=F SIZE=7
        onBlur="Controler(this.form,44);"> </TD>
  <TD> <INPUT TYPE=TEXT NAME=F SIZE=7
        onBlur="Controler(this.form,45);"> </TD>
  <TD> <INPUT TYPE=TEXT NAME=F SIZE=7
        onBlur="Controler(this.form,46);"> </TD>
  <TD> <INPUT TYPE=TEXT NAME=F SIZE=7
        onBlur="Controler(this.form,47);"> </TD>
  <TD> <INPUT TYPE=TEXT NAME=F size=10
      onChange="Verrouiller(this.form,48);"> </TD>
</TR>
```

- La ligne *avion* :

```
<TR>
  <TH ALIGN=CENTER> avion </TH>
  <TD> <INPUT TYPE=TEXT NAME=G SIZE=7
         onBlur="Controler(this.form,49);"> </TD>
  <TD> <INPUT TYPE=TEXT NAME=G SIZE=7
         onBlur="Controler(this.form,50);"> </TD>
  <TD> <INPUT TYPE=TEXT NAME=G SIZE=7
         onBlur="Controler(this.form,51);"> </TD>
  <TD> <INPUT TYPE=TEXT NAME=G SIZE=7
         onBlur="Controler(this.form,52);"> </TD>
  <TD> <INPUT TYPE=TEXT NAME=G SIZE=7
         onBlur="Controler(this.form,53);"> </TD>
  <TD> <INPUT TYPE=TEXT NAME=G SIZE=7
         onBlur="Controler(this.form,54);"> </TD>
  <TD> <INPUT TYPE=TEXT NAME=G SIZE=7
         onBlur="Controler(this.form,55);"> </TD>
  <TD> <INPUT TYPE=TEXT NAME=G size=10
         onChange="Verrouiller(this.form,56);"> </TD>
</TR>
```

- Un petit libellé d'informations :

```
<TR>
  <TD COLSPAN=9 ALIGN=CENTER VALIGN=MIDDLE>
  Remboursements sur présentation des justificatifs
  correspondants </TD>
</TR>
```

- Les lignes des *totaux par journées* :

```
<TR>
  <TH ALIGN=CENTER> montant <BR> par journée </TH>
  <TD> <INPUT TYPE=TEXT NAME=Y SIZE=7
         onChange="Verrouiller(this.form,57);"> </TD>
  <TD> <INPUT TYPE=TEXT NAME=Y SIZE=7
         onChange="Verrouiller(this.form,58);"> </TD>
  <TD> <INPUT TYPE=TEXT NAME=Y SIZE=7
         onChange="Verrouiller(this.form,59);"> </TD>
  <TD> <INPUT TYPE=TEXT NAME=Y SIZE=7
         onChange="Verrouiller(this.form,60);"> </TD>
  <TD> <INPUT TYPE=TEXT NAME=Y SIZE=7
         onChange="Verrouiller(this.form,61);"> </TD>
  <TD> <INPUT TYPE=TEXT NAME=Y SIZE=7
         onChange="Verrouiller(this.form,62);"> </TD>
  <TD> <INPUT TYPE=TEXT NAME=Y SIZE=7
         onChange="Verrouiller(this.form,63);"> </TD>
  <TD> <INPUT TYPE=TEXT NAME=Y size=10
         onChange="Verrouiller(this.form,64);"> </TD>
</TR>
```

- Les minorations si nécessaire :

```
<TR>
<TH ALIGN=CENTER> minoration <BR> déjeuner </TH>
   <TD> <INPUT TYPE=TEXT NAME=Z SIZE=7
           onBlur="Verrouiller(this.form,65);"> </TD>
   <TD> <INPUT TYPE=TEXT NAME=Z SIZE=7
           onBlur="Verrouiller(this.form,66);"> </TD>
   <TD> <INPUT TYPE=TEXT NAME=Z SIZE=7
           onBlur="Verrouiller(this.form,67);"> </TD>
   <TD> <INPUT TYPE=TEXT NAME=Z SIZE=7
           onBlur="Verrouiller(this.form,68);"> </TD>
   <TD> <INPUT TYPE=TEXT NAME=Z SIZE=7
           onBlur="Verrouiller(this.form,69);"> </TD>
   <TD> <INPUT TYPE=TEXT NAME=Z SIZE=7
           onBlur="Verrouiller(this.form,70);"> </TD>
   <TD> <INPUT TYPE=TEXT NAME=Z SIZE=7
           onBlur="Verrouiller(this.form,71);"> </TD>
   <TD> <INPUT TYPE=TEXT NAME=Z SIZE=10
           onBlur="Verrouiller(this.form,72);"> </TD>
</TR>
```

- Le total hebdomadaire :

```
<TR>
   <TH COLSPAN=8 ALIGN=CENTER VALIGN=MIDDLE>
      Total hebdomadaire à rembourser : </TH>
   <TD> <INPUT TYPE=TEXT NAME=TOTAL size=10
           onChange="Verrouiller(this.form,73);"> </TD>
</TR>
</TABLE>
```

- La part de l'entreprise sur le prix du ticket :

```
<TABLE>
<TR>
   <TH>Part entreprise sur le <BR> prix du ticket restaurant</TH>
   <TD> <INPUT TYPE=TEXT NAME=AA SIZE=4
           onBlur="Controler(this.form,74);"> <TD>
   <TH> Plafond <BR> hôtel </TH>
   <TD> <INPUT TYPE=TEXT NAME=AA SIZE=4
           onBlur="Controler(this.form,75);"> <TD>
   <TH> Plafond <BR> petit-déjeuner </TH>
   <TD> <INPUT TYPE=TEXT NAME=AA SIZE=4
           onBlur="Controler(this.form,76);"> <TD>
   <TH> Plafond <BR> déjeuner </TH>
   <TD> <INPUT TYPE=TEXT NAME=AA SIZE=4
           onBlur="Controler(this.form,77);"> <TD>
   <TH> Plafond <BR> dîner </TH>
   <TD> <INPUT TYPE=TEXT NAME=AA SIZE=4
           onBlur="Controler(this.form,78);"> <TD>
</TR>
</TABLE>
```

- Fin des tableaux : le tableau est complet, on réalise le branchement sur les boutons qui vont permettre de "réinitialiser" la page et de lancer les calculs :

```
<INPUT TYPE="button" VALUE="Calculer"
     onclick="Calculer(this.form);">
<INPUT TYPE="button" VALUE="Reset" onclick="Reset(this.form);">
<!- INPUT TYPE="button" VALUE="Numeroter"
     onclick="Numeroter(this.form);" -->
</FORM>
</BODY>
</HTML>
```

Problème rencontré

Nous avons eu des problèmes pour exécuter la note de frais sur la version 3 de Internet Explorer.

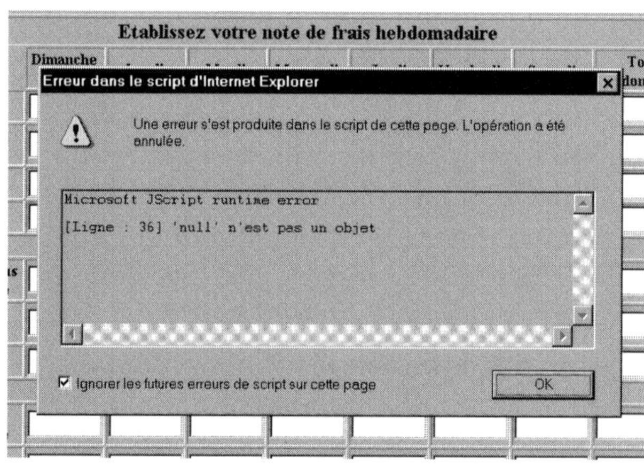

Figure 13-2 : Erreur de runtime sous Internet Explorer

Plus intéressant qu'une nouvelle copie d'écran, vous trouverez sur le CD-Rom la page Web avec l'application "Note de frais".

Glossaire

Vous trouverez dans cette section une définition des termes utilisés dans ce manuel.

Le regroupement de ces définitions permet d'éviter aux lecteurs experts la lecture d'explications inutiles, en laissant aux débutants la possibilité de trouver les informations nécessaires.

Adresse (IP)

Adresse utilisée pour atteindre et identifier une station de façon unique. Aussi appelée adresse de nœud.

Adresse de réseau (IP)

Partie commune de l'adresse d'un ensemble de stations connectées sur un réseau physique. Une adresse de réseau définit un ensemble d'adresses de nœuds.

Adresse électronique (Email)

Equivalent de l'adresse postale pour la messagerie électronique.

Exemple : *president@whitehouse.gov*

Ancre

Une ancre est l'équivalent "local" d'un lien HTTP. C'est-à-dire que le "saut" ne se fait plus sur un autre site Internet mais au cœur même du document.

Applet

Programme Java compilé en "presque binaire" (on parle de p-code), pour être exécuté par un navigateur sur le poste client. Les *applets* circulent aujourd'hui sur le Net.

Application

Logiciel assurant une fonction particulière. Dans le domaine des réseaux, une application est généralement cliente ou serveur.

ASCII

American Standard Code for Information Interchange. Norme de codage caractère-octet. "A" est codé 65 (décimal). L'ASCII 7 bits (USASCII) ne permet pas de coder les caractères accentués.

AU

Format généralement utilisé pour les fichiers son (extension .AU).

Bande passante

Débit maximum utilisable sur une liaison (analogue de la "grosseur" du tuyau). Généralement donné en bits par seconde, nombre de bits que l'on peut transmettre en une seconde et noté bit/s ou bps.

Bit

Unité élémentaire d'information codée sous forme de 0 ou 1. Un octet est codé sur 8 bits.

Boîte de liste (ListBox)

C'est une boîte contenant une liste. L'exemple typique est la liste de choix des noms de fichiers proposée au chargement d'un document.

Bookmark

Ce terme anglais désigne une URL particulière que l'utilisateur enregistre lors de sa navigation sur Internet pour y revenir (directement) ultérieurement. Les "bookmarks" ou "signets" correspondent plus ou moins à un index de sites, enregistrés par le navigateur et souvent accessibles à partir des menus de celui-ci.

CD-Rom

Compact Disk Read Only Memory. C'est un disque compact contenant des données (et pas uniquement de la musique !). Le nouveau terme français est "cédérom".

Client

Un client ouvre une connexion (initie le dialogue) avec un serveur. Voir "client/serveur". Le terme *client* désigne l'application qui s'adresse au serveur ou à la machine où se trouve cette application. Un utilisateur utilise toujours un logiciel client. *Mosaic* ou *Eudora* sont par exemple des logiciels clients.

Client/serveur

Mode de fonctionnement des applications sur internet. Une partie (client) dialogue à travers Internet avec une autre partie (serveur). Ces deux parties sont souvent placées sur deux machines différentes.

Internaute

Tout utilisateur de Internet.

Comprimer / "Zipper"

Réduire la taille d'un fichier à l'aide d'un logiciel spécifique. Beaucoup de fichiers (en particulier les programmes) disponibles sur Internet sont comprimés (pour économiser de la place disque et du temps lors des transferts).

Convivial

Simple et agréable à utiliser.

Domaine public (*freeware*)

Qualificatif des logiciels que l'on peut utiliser gratuitement sans prendre le risque d'être poursuivi pénalement car leurs auteurs les ont placés à la disposition de tous.

E-mail

Votre adresse électronique.

Entry Field

Terme de programmation désignant une zone de saisie sur une ligne (voir *MultiLineEdit*).

Ethernet

Type de réseau local dont le débit le plus courant est de 10 Mbit/s. Normalisé par la directive IEEE802.3

Eudora

Logiciel client de messagerie très répandu sur PC et Macintosh. Utilise le protocole POP.

FAQ

Frequently Asked Questions. Document qui regroupe les questions et les réponses les plus courantes correspondant à un sujet précis.

De nombreux newsgroups et quelques listes de diffusion publient régulièrement des FAQs, TOP 20 des questions posées, de manière à ce que les nouveaux participants trouvent immédiatement les réponses aux questions déjà posées par d'autres.

Finger

Service qui permet d'obtenir des informations sur un utilisateur d'une machine. Exemple de commande sous Unix : *finger jla@ns.urec.fr.*

Focus

On dit d'une fenêtre (en environnement graphique Windows) qu'elle a "reçu" le focus lorsqu'elle est active. C'est-à-dire que sa "barre de titre" n'est pas *estompée.* Par extension, on définit le focus pour tous les éléments d'un formulaire. Un événement reçoit le focus lorsqu'il est sélectionné et le perd lorsqu'il est dessélectionné.

Forum (électronique)

Newsgroup ou liste de diffusion électronique.

Fournisseur de service (service provider)

Entité qui fournit un des services accessibles sur un réseau (accès, assistance, messagerie, hébergement de base de données...).

Fournisseur de service d'accès

Organisation (souvent une société commerciale) qui permet à ses clients d'accéder à Internet et d'utiliser tout ou partie des services de ce réseau.

Freeware

Voir *Domaine public.*

FTP

File Transfer Protocol. Nom du protocole et de l'application utilisés communément sur Internet pour transférer des fichiers. Le serveur FTP anonyme est abusivement appelé FTP seulement.

FTP anonyme (FTP anonymous)

Utilisation de l'application FTP pour, côté serveur, mettre à disposition des documents et côté client, y accéder librement sans mot de passe.

GIF

Format généralement utilisé pour les fichiers d'images fixes (extension .GIF).

Gopher

Protocole et application qui permettent d'accéder à des informations sur Internet de manière conviviale. Il y a des logiciels clients et des logiciels serveurs Gopher.

Handle

Terme de programmation désignant un identifiant unique d'un objet (au sens large), généralement graphique.

Héritage

Faculté des objets à "récupérer" les données et méthodes des objets parents, dans le but de les spécialiser ou de les enrichir.

HTML

HyperText Markup Language. Format des documents hypertexte (avec des liens) utilisés sur le WWW.

HTTP

HyperText Transfer Protocol. Protocole de communication basé sur de l'hypertexte entre un serveur et un client. Attention à ne pas confondre HTTP avec HTML qui est un langage hypertexte.

Hypertexte

Qualifie un document qui contient des liens vers d'autres documents. La sélection d'un lien permet d'afficher le nouveau document.

Interface

Jonction entre deux éléments (exemple : interface de programmation).

Interface (utilisateur)

Perception que l'utilisateur a de l'environnement de travail lors de l'utilisation d'un certain logiciel (exemple : interface graphique).

ISO

International Standards Organization. Organisme qui définit, entre autres, des protocoles de communication autres que TPC/IP, appelés protocoles OSI.

ISO-Latin1 ou ISO-8859

Jeu de caractères (qui inclut les caractères accentués) codés sur 8 bits.

Liste de diffusion électronique (Mailing List)

Un des services de Internet pour établir un forum de discussion, avec les outils de messagerie électronique. Un message envoyé à une liste de diffusion est rediffusé, par un serveur de liste, à un ensemble d'adresses électroniques.

Mail

Message électronique.

MIME

Multipurpose Internet Mail Entensions. Extension de SMTP qui définit un certain nombre de formats (textes formatés, images, vidéo, sons…).

MultiLineEdit

Une zone d'*EntryField* sur plusieurs lignes.

MPEG

Format généralement utilisé pour les fichiers vidéo avec des images animées (extension .MPEG).

Multimédia

Qualificatif de documents qui contiennent différents types de données (texte, tableau, son, vidéo…).

Net

Terme du langage courant qui désigne Internet ou le Cyberspace (ensemble des sites Web).

News

Ensemble des forums électroniques sur Internet qui utilisent le protocole NNTP. Aussi appelés *Usenet.*

Newsgroup

Un des forums électroniques de *Usenet*. Chaque *Newsgroup* possède un thème particulier.

Octet

Mot de 8 bits.

On-line

Connecté à Internet.

Polymorphisme

Appel d'une méthode d'après le type statique d'une variable, en se reposant sur le noyau pour appeler la bonne version de la méthode (nécessite donc héritage et véritable langage objet).

Serveur

Machine ou logiciel qui offre des services (du temps machine, des documents...) à un client consommateur (utilisateur, machine ou logiciel).

Service

Tout ce que peut apporter un réseau. Les applications utilisables sur un réseau sont des services : messageries, transfert de fichiers, forum, Gopher, WWW...

Shareware (logiciel)

Logiciel diffusé librement mais dont l'utilisation suppose l'envoi d'une somme (souvent modique) au concepteur.

Signature

Quelques lignes qui peuvent être ajoutées automatiquement à la fin de chaque message électronique expédié par l'utilisateur (contient généralement le nom et les coordonnées de l'utilisateur).

Socket

Terme de programmation venant du monde Unix. Une *socket* correspond à une sorte de descripteur de fichiers transposé pour le monde IP. Au passage le mécanisme de *socket* s'enrichit de fonctionnalités réseaux. Il s'agit donc d'un outil des couches basses de communication. Deux processus totalement indépendants, sur deux machines distinctes, communiquent entre eux via les *sockets* sur la base de l'IP.

TCP

Transport Control Protocol. Un des protocoles de communication utilisés sur Internet.

TCP/IP

Transport Control Protocol/Internet Protocol. Protocoles de communication utilisés sur Internet.

Telnet

Protocole et application utilisés sur Internet pour se connecter à distance à une station et y travailler comme sur un terminal local. Cette fonction est aussi appelée *remote login* ou *terminal virtuel.*

URL

Uniform Resource Locator. Adresse d'un document (accessible par WWW, FTP anonyme, Gopher...) dans le World Wide Web.

Exemple : http://quartz.dgs.jussieu.fr:8080/

WAIS

Wide Area Information Servers. Système qui permet de créer et d'accéder à des bases de données indexées.

Web (WWW ou W3)

Ensemble "World Wide Web". Système d'informations réparti, basé sur des documents en hypertexte (format HTML). *Mosaic* est un des logiciels clients qui permettent d'accéder aux serveurs WWW.

Conclusion

Javascript est un produit non seulement passionnant de par son positionnement, mais aussi très intéressant en terme de production. Il s'est avéré robuste et stable au cours de nos développements. Javascript est à considérer comme un vrai langage permettant des développements assez lourds.

Il n'a certes pas encore été totalement adopté par tous les acteurs du monde Internet mais est en bonne voie de l'être. La sortie récente des produits Microsoft compatibles Javascript l'atteste.

Il se positionne en fait en tant que prétendant majeur à la "succession" de HTML. Il est en effet fort probable que l'évolution de ce dernier puisse dépendre de celle de Javascript !

Pour ce faire, il doit d'abord séduire le grand public. Mais à plus long terme il faut probablement penser que Javascript va se positionner en tant qu'outil de développement de serveurs Web d'un nouveau type (pour embarquer le code du traitement dans la page traitée par le navigateur).

Javascript en tant qu'interpréteur de commandes d'un système d'exploitation basé, par exemple, sur du Java serait un doux rêve, mais rien ne laisse présager à ce jour d'une réelle prise de position du produit en ce sens.

Index

A

B

C

D

E

F

G

H

I

J

L

M

N

O

P

R

S

T

U

V

W

X

Contenu du CD-Rom

Sur ce CD-Rom, vous trouverez, au gré d'une navigation hypertexte assez simple :

- les exemples de programmes Javascript commentés dans le livre,
- Netscape Navigator 3.0 pour différentes plates-formes Windows, Macintosh et Unix,
- des pointeurs vers des sites Web dédiés à Javascript et à des thèmes voisins (Java...),
- des pointeurs vers des moteurs de recherche sur l'Internet,
- des pointeurs vers des serveurs FTP, des serveurs de News et des listes de diffusion.

Utilisation du CD-Rom

La procédure à suivre varie selon que vous possédez déjà ou non un navigateur compatible JavaScript.

Si vous possédez votre propre navigateur compatible Javascript (Netscape Navigator 2.0, Netscape Navigator 3.0 ou Internet Explorer 3.0), il faut alors ouvrir, à partir du navigateur, le fichier CENTRAL.HTM qui se trouve immédiatement à la racine du CD-Rom. Sur certaines plates-formes, il suffit de double-cliquer sur le nom (ou l'icône) du fichier pour lancer automatiquement le navigateur Web.

Si vous ne possédez pas encore de navigateur compatible Javascript, ne paniquez pas... vous allez trouver sur ce CD-Rom une version d'évaluation de Netscape Navigator 3.0 vous permettant de tester ce produit sur votre plate-forme pendant 90 jours.

Les versions de Netscape Navigator 3.0 fournies sur ce CD-Rom sont des versions d'évaluation que vous pouvez utiliser librement pendant 90 jours. Si vous souhaitez continuer à utiliser Netscape Navigator 3.0 au-delà de cette période d'essai, vous devez en acquérir la licence auprès d'un des distributeurs officiels de Netscape :

France :

Softway
32, Avenue de l'Europe
78140 Vélizy
Tél : 01 39 26 50 00

Azlan
25 Quai Galliéni
92150 Suresnes
Tél : 01 41 38 15 15

TOP LOG Interquad
Les Rives de Bagatelles
7, allée de l'ancien pont
92150 Suresnes
Tél : 01 41 18 35 00

Access Graphics
8-10, rue de la ferme
92100 Boulogne
Tél : 01 46 10 49 40

SIT France
9, rue Pierre Poli
92130 Issy les Moulineaux
Tél : 01 41 46 19 30

Belgique :

Comsol
Koningin Av. Reine Astrid 59A
101780 Wemmel
Tél : 32 2 461 01 70

Suisse :

Instrumatic
Hertistr. 29
8304 Wallisellen
Tél : 41 18 77 37 37

VTX Services
Pré de la tour 10
1009 Pully
Tél : 41 21 721 11 11

Pour les autres pays, veuillez consulter le site Web de Netscape (*www.netscape.com*), sur lequel vous trouverez aussi des informations complètes sur l'ensemble de la gamme de produits Internet proposée par Netscape.

Note

Aucun support technique n'est fourni par Netscape sur les versions d'évaluation incluses sur ce CD-Rom.

Pour installer Netscape Navigator 3.0, commencez d'abord par identifier votre type de plate-forme (est-ce un PC sous Windows 3.1x, un PC sous Windows 95 ou Windows NT, un PC sous Linux, un Macintosh, une station de travail Unix...). Une fois ce dur labeur accompli, n'hésitez plus et retroussez-vous les manches, car il va falloir charger (c'est-à-dire transférer sur votre propre disque dur) le fichier d'installation qui se trouve sur le CD-Rom dans un des sous-répertoires de CONTENU/NETSCAPE/.

- pour le Macintosh (hqx), chargez le fichier :
  CONTENU/NETSCAPE/MAC/n3mac.hqx
- pour le Macintosh (bin), chargez le fichier :
  CONTENU/NETSCAPE/MAC/n3mac.bin
- pour le PC sous Windows 3.1, chargez le fichier :
  CONTENU/NETSCAPE/WIN/n16e30.exe
- pour le PC sous Windows 95/NT, chargez le fichier :
  CONTENU/NETSCAPE/WIN/n32e30.exe
- pour l'Unix Aix, chargez le fichier :
  CONTENU/NETSCAPE/UNIX/n3aixtar.gz
- pour l'Unix BSD/386, chargez le fichier :
  CONTENU/NETSCAPE/UNIX/n3bsdtar.gz
- pour l'Unix HP-UX, chargez le fichier :
  CONTENU/NETSCAPE/UNIX/n3hputar.gz
- pour l'Unix Irix, chargez le fichier :
  CONTENU/NETSCAPE/UNIX/n3iritar.gz
- pour l'Unix Linux, chargez le fichier :
  CONTENU/NETSCAPE/UNIX/n3lintar.gz
- pour l'Unix OSF/1, chargez le fichier :
  CONTENU/NETSCAPE/UNIX/n3osftar.gz
- pour l'Unix SunOS 4.1.3, chargez le fichier :
  CONTENU/NETSCAPE/UNIX/n3suntar.gz
- pour l'Unix Sparc Solaris 2.3, chargez le fichier :
  CONTENU/NETSCAPE/UNIX/n3so3tar.gz
- pour l'Unix Sparc Solaris 2.4, chargez le fichier :
  CONTENU/NETSCAPE/UNIX/n3so4tar.gz

Une fois le fichier placé sur votre propre disque, la procédure varie selon votre type de plate-forme. Ainsi :

- Si vous êtes sous Unix, il faut commencer par dézipper le fichier, avant d'en extraire les fichiers Netscape au moyen de la commande *tar*. C'est-à-dire que vous devez, par exemple, taper les deux instructions suivantes sous un Shell : `gzip -d n3***tar.gz`, puis `tar xvf n3***tar`. Attention, prenez bien soin de remplacer les `***` par les caractères correspondant au nom du fichier qui vous concerne, par exemple : `n3lintar.gz` pour une plate-forme Linux.
- Si vous êtes sur un PC sous Windows, les fichiers d'installation sont des exécutables (.EXE). Il suffit donc de double-cliquer sur leur nom ou sur l'icône les représentant à partir d'un gestionnaire de fichiers. L'installation s'opère alors d'elle-même.
- Si vous êtes sous Macintosh, vous pouvez, au choix, décomprimer le fichier N3MAC.HQX à l'aide de l'utilitaire StuffIt Expander ou StuffIt Lite, ou le fichier N3MAC.BIN à l'aide de MacBinary II+.

Une fois l'installation terminée, il ne vous reste plus qu'à lancer votre version de Netscape Navigator 3.0 et à ouvrir le fichier CENTRAL.HTM qui se trouve immédiatement à la racine du CD-Rom.

Ce CD-Rom est organisé comme un site Web. Pour accéder aux exemples de programmes JavaScript ou aux listes de pointeurs vers des sites Internet en rapport avec le thème de l'ouvrage, il vous suffit de cliquer sur l'hyper-lien (ancre) de votre choix... et de vous laisser guider !

Il ne nous reste donc plus qu'à vous souhaiter de prendre beaucoup de plaisir à surfer sur ces pages.

LES AUTEURS.

Note

Tous les efforts ont été faits pour tester avec soin ce CD-Rom et les applications qu'il contient. Néanmoins, les Editions Eyrolles ne pourront en aucun cas être tenues pour responsables des préjudices ou dommages de quelque nature que ce soit pouvant résulter de l'utilisation de ces applications.